ABREGÉ

DE

L'HISTOIRE

GÉNÉALOGIQUE

DE LA

MAISON DE LORRAINE,

DÉDIÉ

A

SON ALTESSE ROYALE

MADAME,

DUCHESSE DOUAIRIERE DE LORRAINE
ET DE BAR, PRINCESSE SOUVERAINE DE COMMERCY, &c.

Par EUGÈNE-FRANÇOIS, MARQUIS DE LIGNIVILLE,
Rhétoricien, Pensionnaire au Collège de la Comp. de Jesus.

A COMMERCY,
Chez H. THOMAS, Imprimeur Ordinaire de S. A. R.
MADAME.

AVEC PERMISSION. 1743.

A

SON ALTESSE ROYALE
MADAME,

ELIZABETH CHARLOTTE D'ORLEANS,
DUCHESSE DOÜAIRIERE DE LORRAINE ET DE BAR,
SOUVERAINE DE COMMERCY, EUVILLE, &c.

MADAME,

*Le sujet de cet Exercice justifie la liberté que
je prens d'en faire hommage à* VOTRE ALTESSE
ROYALE. *Dans l'étude de l'Histoire, qui fait
naturellement partie de l'éducation que je reçois,*

a 2   les

les bontés particulières dont VOTRE ALTESSE
ROYALE m'a prévenu dès ma plus tendre enfance, autant que la voix du sang, & la reconnoissance de mes Maîtres, m'ont fixé sur les fastes
de l'Auguste Maison dans laquelle le Ciel vous a
fait entrer, MADAME, pour le bonheur de cet
Etat. Au défaut de ces puissans motifs, les avantages d'une pareille étude auroient seuls suffi pour décider mon choix. Quelle Histoire en effet plus féconde en modèles de toutes les vertus? On y voit avec
admiration les Grands Hommes se succéder presque
sans interruption; & dans chacun se réünir aux
qualités brillantes qui font les Héros, ces vertus
encore plus estimables & plus rares qui font les
Pères du Peuple. Ce sont surtout ces vertus bienfaisantes qui semblent caractériser d'une manière
plus spéciale l'Auguste Maison dont l'Histoire a fait
l'objet de mon application. C'est la parfaite conformité des mêmes vertus qui forma d'abord, & serra
ensuite les nœuds de l'union de VOTRE ALTESSE
ROYALE, avec le Grand Prince qui les possedoit
toutes dans le dégré le plus éminent. C'est cette

conformité

conformité qui, même après sa perte, nous l'a fait retrouver tout entier dans la Régence de VOTRE ALTESSE ROYALE, & qui conserve encore dans votre Cour, MADAME, & dans vos Etats, cet attachement poussé jusqu'à la tendresse, & cette douce satisfaction qui furent toûjours les précieux effets de son gouvernement.

Puisse ce témoignage public de mon dévouëment héréditaire pour l'Auguste Maison au Service de laquelle mes Ancêtres se sont successivement consacrés, être en même tems une preuve éclatante du respect inviolable, & de la vive reconnoissance avec lesquels je me ferai toûjours gloire d'être,

MADAME,

DE VOTRE ALTESSE ROYALE,

Le très-humble, très-obéïssant, & très-fidèle Serviteur, DE LIGNIVILLE.

PRÉFACE.

E N travaillant d'abord à cet Abregé de l'Histoire de la Maison de Lorraine, on étoit fort éloigné de penser qu'il dût jamais devenir public, autrement que par l'Exercice même dont il a été le sujet. C'est une méthode établie depuis peu, & pratiquée avec succès dans la Maison des Pensionnaires du Collège de la Compagnie de Jésus de Pont-à-Mousson, de faire faire, durant le cours des Classes, aux Jeunes-Gens qui y sont élevés, une espèce de cours des Sciences les plus propres à leur orner l'esprit, ou à leur former le cœur. L'étude de l'Histoire Sainte, ou le Catéchisme Historique, est le partage des Commençans. A mesure qu'ils avancent dans les Classes, le Blason, la Géographie, l'Histoire de France, celle de la Religion Chrêtienne tournée en preuve de sa Divinité, l'Art de la Guerre dans la Fortification, l'attaque & la défense des Places, & enfin les Mathématiques deviennent successivement les objets de leur application. Afin de ne point retarder leurs progrès dans les Classes, parmi la nombreuse & florissante Jeunesse dont cette Maison est aujourd'hui composée, on a attention de ne choisir pour ce travail de surérogation, que ceux qui sont en état de suffire à ces deux genres d'Etude. Pour les y animer, outre l'honneur de rendre compte dans un Exercice Public de ce qu'ils ont appris en particulier, on leur propose des Prix qui se distribuent

publi-

publiquement chaque année à ceux qui, dans l'exa-
men préfupposé aux divers Exercices, ont donné
la plus haute idée de leur capacité.

Celui dont le nom paroît à la tête de cet Ouvrage, avoit déjà fourni avec honneur une grande partie de cette carrière. Appliqué fucceffivement à la Géographie, à l'Hiftoire, au Blafon, il
avoit rendu au Public un compte toujours également fatisfaifant de ces diverfes études. Comme,
après avoir rempli la tâche prefcrite à l'élite même de fes Compagnons, il lui reftoit toujours,
grace à fon extrême facilité, affez de loifir pour
fuffire à quelque chofe de plus : on crut devoir en
profiter pour étendre de plus en plus fes connoif-
fances, & lui mettre en même tems devant les
yeux de nouveaux modèles des vertus, & des fentimens convenables à fa Naiffance. Un Traité affez étendu fur l'Art de la Guerre dans la Fortification, l'attaque & la défenfe des Places felon la
méthode du célèbre Maréchal de Vauban, étoit
cette année le partage de ceux de fa Claffe. Avant
que de l'appliquer à ce travail, dont il a répondu
depuis avec beaucoup de fuccès, on le rappella à
l'Hiftoire, & ce fut celle de l'Augufte Maifon de Lorraine, qui de toutes parut la plus propre à remplir, dans toute leur étendue, les vûës qu'on s'étoit
propofées. Le dégoût inféparable à fon âge de
tout ce qu'on appelle étude, fe trouvoit ici fauvé
par le choix même du fujet infiniment intéreffant
pour lui. Il s'agiffoit de lui faire connoître cette
longue fuite de Souverains, qui depuis leur établiffement en Lorraine, où fa Famille a toujours

tenu

tenu un des premiers rangs parmi les plus Illuftres,
ont de fiécle en fiécle éprouvé de la part de fes
Ancêtres, une fidélité inviolable dans les principaux Emplois de l'Etat, & les ont comblé fucceffivement d'honneurs & de bienfaits. Le nom feul
à jamais refpectable de Léopold I, le reftaurateur
de l'Etat en général, & de cette Famille en particulier, fuffifoit pour l'attacher par préférence à
l'Hiftoire de la Maifon d'un Prince fi digne par
mille endroits de fon attachement & de fa vénération. A ces motifs fe joignoit l'inclination de
fes Maîtres. La reconnoiffance des bienfaits fans
nombre dont leur Compagnie n'a cefsé depuis fon
origine de fe voir comblée par les Princes de la
Maifon de Lorraine; reconnoiffance qui fubfiftera
auffi longtems que cette Compagnie même, leur
faifoit fouhaiter avec ardeur une occafion de la
faire éclater. Tout cela réüni, lui fit une efpèce
de devoir de ce genre d'étude.

Avant que d'en rendre compte au Public, il
follicita & obtint de MADAME la Ducheffe Doüairière de Lorraine, la permiffion de lui faire hommage de fon travail. Le Livret préfenté à SON
ALTESSE ROYALE, outre un précis exact de
l'Hiftoire en forme de demandes, contenoit l'E-
pître Dédicatoire & un Prologue en Vers, qu'il
eut l'honneur de lui réciter, avec les articles les
plus intéreffans de l'Hiftoire même. Il fe vit am-
plement dédommagé de fon travail, plus encore
par le parfait contentement que daigna lui en marquer cette Augufte Princeffe, que par les Préfens
dignes d'Elle dont il fut gratifié en cette occafion.

L'Exercice

L'Exercice annoncé à Commercy, se fit à Pont-à-Mousson le dernier jour de Janvier 1742. On n'avoit rien oublié pour rendre, par sa solemnité, cette Fête aussi digne qu'il étoit possible de l'Auguste Souveraine à laquelle elle étoit consacrée. L'intérêt qu'on prend généralement dans tout cet Etat à la gloire des Princes qui durant tant de siécles en ont fait le bonheur, avoit rendu l'Assemblée très nombreuse. Elle applaudit également aux justes éloges qui leur furent donnés, & à la netteté avec laquelle le jeune Répondant développa les actions de leur vie les plus intéressants.

Il ne restoit plus après cela à l'Auteur de cet Ouvrage, que de le mettre en état d'être présenté à SON ALTESSE ROYALE, qui lui avoit fait l'honneur de l'exiger de lui de la manière la plus flateuse. Comblé de ses bienfaits, il n'avoit cru pouvoir lui mieux prouver sa respectueuse déférence pour ses volontés, qu'en leur sacrifiant la répugnance qu'il avoit de laisser paroître un Ouvrage de cette nature. C'étoit le fruit précipité de quelques parties d'un tems que d'autres devoirs indispensables dans sa situation présente, lui demandoient tout entier. D'ailleurs, afin de ne pas surcharger la mémoire du Jeune-Homme pour lequel seul il avoit été fait, il s'étoit vû obligé d'entasser les faits les uns sur les autres, d'en omettre un grand nombre, & de ne donner que le précis des plus intéressans. Pour entrer dans les vûës de SON ALTESSE ROYALE, qui souhaitoit une Histoire courte, mais suivie, dans laquelle les Princes de sa Famille, & de l'Auguste Maison, pussent

b   trouve

trouver réüni ce que ses fastes offrent de plus important ; on sent assez la nécessité qu'il y avoit de refon-
dre entièrement tout l'Ouvrage. C'est à quoi l'on a
emploïé, autant qu'on a pû, le peu de mois écoulés
depuis l'Exercice. Dans ce nouveau travail, comme
c'est la satisfaction de l'Auguste Princesse qui l'a souhaité, qu'on a eu en vûë, on se croira abondamment
dédommagé, quelque jugement que puisse en porter le Public, si on a le bonheur de parvenir à ce but
qu'on s'est uniquement proposé.

Ce n'est pas qu'on ait généralement lieu d'espérer
pour cet Ouvrage un accueil favorable. Indépen-
damment des noms fâmeux, des faits mémorables,
& des vertus éclatantes qui nulle part peut-être ne se
trouvent, ni en aussi grand nombre, ni dans un dégré aussi éminent. Aucun sujet n'est plus propre, sur
tout dans les circonstances présentes, à réveiller l'attention du Public. La fin de la domination de la
Maison de Lorraine dans le Païs qui lui a donné son
nom, & où elle régnoit depuis sept cent ans ; son élevation sur le Trône de Toscane ; sa réünion avec la
célèbre & puissante Maison d'Autriche qui se fond
dans elle, & qu'elle va remplacer en Europe ; l'intérêt
que prennent à l'accroissement où à la diminution
de sa grandeur naissante, les différentes Puissances
de cette partie de l'Univers ; la figure qu'y fait ac-
tuellement le Prince qui en est le Chef : tout cela
rassemblé, forme pour elle une époque à jamais remarquable, & qui doit rendre son Histoire infiniment intéressante.

Malgré le grand nombre d'Ouvrages sur ce sujet,
on peut dire que l'Histoire de cette Maison man-

quoit

quoit au Public. En vain l'iroit-on chercher dans
cette foule d'Ecrivains des deux derniers siécles, que
leurs sistêmes arbitraires sur l'origine & les premiers
Princes de cette Maison, ont aujourd'hui si univer-
sellement & si justement décrédité. Depuis mêmeque
par les laborieuses recherches du P. Jérôme Vignier
de l'Oratoire, l'origine de la Maison de Lorraine
n'a plus été un problême. Parmi ceux qui ont travaillé sur cette matière, les uns paroissent avoir eu
plus en vûë d'appuyer ou de rectifier par de savantes
Dissertations, les découvertes de cet Ecrivain, que
de donner une Histoire suivie de cette Maison : Les
autres, bornés à l'Histoire du Païs où elle a régné,
ne se sont appliqués à faire connoître que les Princes
qui ont occupé le Trône, sans entrer dans aucun détail sur les differentes Branches Collatérales si fécon-
des en Grands Hommes en tout genre, & par-là même si propre à illustrer la Tige d'où elles sont sorties.

On a profité de leurs lumières, sans s'assujettir à
leur méthode. En s'en tenant sur l'origine de la Maison de Lorraine, au sistême le plus communément
reçu, on l'a supposé assez établi par les Auteurs qu'-
on a suivis & cités à ce sujet. On peut voir dans leurs
Ouvrages si c'est avec fondement. Les longues Dissertations n'auroient point été à leur place dans un
Abregé comme celui-ci. Au défaut de ces savantes
conjectures, on trouvera des faits énoncés avec beaucoup de simplicité, & la plus scrupuleuse exactitude.
Comme on n'a prétendu nullement faire un gros Vo-
lume, & que les événemens se sont trouvés en assez
grand nombre pour remplir l'espace qu'on s'étoit
prescrit, il en est peu resté à perdre en ornemens

&

& en réflexions. Le Lecteur se passera aisément des premiers, & suppléera lui-même au défaut des autres. Il ne peut qu'y gagner, & pour l'agrément & pour l'utilité. On s'est attaché à rendre la Chronologie la plus exacte qu'il a été possible, non-seulement pour l'année, mais pour le mois & le jour des principaux événemens. Ils en sont plus liés & plus aisés à retenir. Quelques personnes auroient souhaité dans cet Ouvrage des Tables Généalogiques. On y a suppléé par la manière dont on a exposé les différentes Filiations; & les alliances mêmes : manière si naturelle qu'on ne croit pas qu'il puisse se trouver pour ce point aucun embarras.

Le Duché de Lorraine sorti de la postérité masculine de Gérard d'Alsace à la mort du Duc Charles II, porté par sa fille aînée dans la Maison d'Anjou, revenu ensuite aux descendans mâles des premiers Ducs, & réüni à celui de Bar dans la personne de René II, forme dans l'Histoire de la Maison de Lorraine trois époques remarquables, qui ont donné lieu à la division de cet ouvrage. La première Partie contient l'Histoire de l'Auguste Maison depuis son origine jusqu'à l'avénement des Princes de la Maison d'Anjou au Trône de Lorraine. Dans la seconde, on voit le détail du règne des trois Princes de cette Branche de la Maison de France. La troisième, renferme l'Histoire de la Branche régnante de la Maison de Lorraine, issuë de Gérard d'Alsace par Férri I. Comte de Vaudémont, frère puîné du Duc Charles II, & de la Maison d'Anjou par Iolande d'Anjou, mère du Duc René II. On a renvoyé à la quatrième partie du détail

des

des Branches collatérales forties de la Branche régnante.

A raison de la difette d'Hiftoriens contemporains, de la fituation même des premiers Ducs de Lorraine entourés de petits Souverains peu propres à leur procurer des occafions bien éclatantes de fignaler leur courage, les commencemens de cette Hiftoire pourront fembler moins interelfans. Auffi a-t'on cru devoir ne toucher qu'en paffant des événemens qui n'ont rien de fort remarquable. Dès le règne du Duc Raoul, l'Hiftoire commence à fournir de quoi attacher. Celui de Charles II. fon petit fils, eft intéreffant par le mérite perfonnel de ce Prince, & l'influence qu'il lui donna dans les principales affaires de fon tems. Les grandes prétentions des Princes de la Maifon d'Anjou-Lorraine, donnèrent lieu à diverfes expéditions dont le détail eft curieux. La vie de René II. eft pleine d'événemens mémorables. Dans celle des quatre Ducs fes fucceffeurs, on aime à voir une continuité de ces vertus bienfaifantes, qui font les vrais Pères du Peuple. Le régne turbulent & extrémement varié de Charles IV, eft fuivi de la vie triomphante de Charles V. Pour l'Hiftoire de Léopold I, fur laquelle on a infifté davantage ; outre des Mémoires exacts rédigés dans un grand détail par le R. P. Petitdidier de la Compagnie de Jéfus, témoin de la plûpart des faits qu'il rapporte, & qui a communiqué fon Ouvrage de la manière la plus obligeante, on a confulté les regrets de fon Peuple, & fur tout des Perfonnes refpectables qui ont paffé toute leur vie à la Cour de ce Prince. Avec de

pareils

pareils garants, quelque chargé que puisse paroître
son portrait , on se croit à l'abri de tout soupçon
de flaterie ou d'exagération. A l'égard des Princes
ses Enfans, on en a parlé sur la voix publique, &
comme l'Histoire en parlera dans quelques siécles.

Il seroit au reste fort inutile de s'étendre sur l'é-
loge de la Maison de Lorraine, à la tête d'un Ouvrage qui, bien loin d'y pouvoir donner quelque
lustre, ne peut être redevable de son succès qu'au
sujet même qu'on y traite. On verra dans le corps
de cette Histoire l'origine & la suite généalogique
des Grands Hommes qui ont fait l'ornement de
leur siécle, autant que celui de cette Maison. Il
ne nous reste ici qu'à traiter un point qui n'a pu
trouver place dans l'Ouvrage même; c'est l'expli-
cation de l'Ecu de la Maison de Lorraine , & des
prétentions désignées par les différens quartiers de
leurs Armoiries.

Dans les monumens des Princes de cette Maison , qui ont régné en Lorraine avant le treizième
siécle, on ne voit point d'Armes fixes. Depuis ce
tems l'Ecu de Lorraine a toujours été d'or à la ban-
de de gueules chargée de trois Alérions d'argent.

A ces premières Armes les Ducs de Lorraine ont
ajouté, depuis le mariage de René d'Anjou avec
Isabelle fille & héritière du Duc Charles II, celles
de plusieurs autres Etats sur lesquels cette alliance
& quelques autres leur ont donné des droits.

L'Ecu des derniers Ducs est coupé d'un trait &
parti de trois.

Au premier quartier, burelé d'argent & de gueules de huit pièces, qui est de Hongrie. Une branche

che de la première Maison d'Anjou-Naples, issuë de Charles d'Anjou frère de S. Louis, avoit possédé ce Royaume. Ses droits passèrent aux Princes de la seconde Maison d'Anjou par adoption qu'en firent en divers tems les deux Jeannes Reines de Naples.

Au second, d'azur semé de fleurs de lys d'or, brisé en chef d'un lambel à trois pendans de gueules, qui est de Naples & Sicile, depuis la conquête de ces deux Royaumes par Charles I. d'Anjou, René II. Duc de Lorraine, petit fils par sa mère du Roi René d'Anjou, hérita de tous les droits de ce Prince.

Au troisième, d'argent à la Croix potencée d'or cantonnée de quatre croisettes de même, qui est de Jérusalem. Isabelle, fille de Jean de Brienne Roi de Jérusalem, transporta son droit sur ce Royaume à Charles I. d'Anjou Roi de Naples; de ses successeurs il a passé à la seconde Maison d'Anjou, & delà à celle de Lorraine.

Au quatrième, d'or à quatre vergettes de gueules, qui est d'Arragon, prétention de la seconde Maison d'Anjou, du chef d'Iolande d'Arragon, mère du Roi René d'Anjou.

Au Cinquième, d'azur semé de fleurs de lys d'or, brisé d'une bordure de gueules, qui est d'Anjou. Après la mort de Charles IV. d'Anjou Comte du Maine sans postérité, René II. Duc de Lorraine, fils d'Iolande d'Anjou, se trouva l'unique descendant des Princes de cette Maison.

Au sixième, d'azur au lion contourné d'or, armé, couronné & lampassé de gueules, qui est de Gueldres.

Au

Au septième, d'or au lion de sable, armé, couronné & lampassé de gueules, qui est de Juliers. Ces deux prétentions sont fondées sur le mariage de René II. avec Philippe de Gueldres, sœur de Charles d'Egmont Duc de Gueldres & Comte de Zutphen, mort sans enfans l'an 1533.

Au huitième, d'azur semé de Croix recroisettées au pied fiché d'or, à deux Barbeaux adossés & brochant de même, qui est de Bar. René II. hérita ce Duché de René d'Anjou son aïeul, petit neveu de Louis Cardinal Duc de Bar.

Sur le tout de Lorraine comme ci-dessus. Le grand Ecu sommé, depuis le régne de Léopold I. de la Couronne Royale de Jérusalem ; suporté par deux Aigles au naturel, couronnés d'or, & accollés d'un chapelet d'argent d'où pend une Croix à double traverse d'or ; enveloppé d'un manteau fourré d'hermines, & armoïé des quartiers de l'Ecu sur les replis.

Les Princes issus des Branches collatérales, brisent le grand Ecu en chef d'un lambel à trois pendans de gueules, & ne portent que la couronne de Duc ; leur livrée est le vert. Celle des Ducs de Lorraine a fort varié ; le Duc Léopold I. après avoir fait porter assez longtems à sa Maison la couleur verte, reprit le rouge qui paroit avoir été plus constamment la couleur de sa Maison. Pour la Croix de Lorraine elle tire son origine de celle de Hongrie, qui est de gueules potencée aux extrémités. René II. la fit mettre en or à deux croisons inégaux, dans ses drapeaux pendant ses guèrres avec le Duc de Bourgogne. Ses successeurs l'ont toujours portée de même.

HIST.

HISTOIRE
DE LA
MAISON
DE LORRAINE.

PREMIERE PARTIE.

Depuis son origine jusqu'à l'avénement de la Maison d'Anjou au Trône.

L'AUGUSTE MAISON DE LORRAINE, à laquelle son antiquité, ses alliances avec toutes les Couronnes de l'Europe, la multitude des Grands Hommes qu'elle a produits, & son attachement inaltérable à la Religion, donnent un rang distingué parmi les plus Illustres de l'Univers, tire son nom du Païs où elle a régné pendant l'espace de sept cens ans.

Cet Etat borné présentement au Septentrion par le Duché de Luxembourg, & l'Archevêché de Trêves ; à l'Orient par l'Alsace, au Midi par la Franche-Comté, à l'Occident par le Duché de Bar, & une partie de la Champagne, faisoit autrefois partie du Royaume d'Austrasie, ou de la France orientale. L'Austrasie étant échuë vers le milieu du neu-

A   viéme

viéme fiécle à Lothaire fils de l'Empereur Lothaire I, prit de lui le nom de Roïaume de Lorraine.

Après fa mort, ce Roïaume demeura dans la Maifon de Charlemagne, jufqu'à la prifon du Roi de France Charles le Simple à Péronne. Alors les Seigneurs Lorrains fe donnerent à Henri I. de Saxe, furnommé l'Oifeleur, fucceffeur de Conrad, le premier des Allemands qui porta le titre de Roi ou d'Empereur d'Allemagne, dignité héréditaire jufqu'à lui dans la Maifon de Charlemagne.

Avant ce tems, & dès le commencement du dixiéme fiécle, on avoit vû, dans le Roïaume de Lorraine, comme en France & en Allemagne, des Ducs & des Comtes, qui fimples Gouverneurs dans leur premiere inftitution, avoient profité de la foibleffe des defcendans de Charlemagne pour s'ériger en Souverains dans leurs Gouvernemens, pour y faire la guerre & la paix, & difpofer de tous les emplois. Delà vint ce grand nombre de petites Souverainetés, qui dans ce fiécle & le fuivant, fe formerent entre la France & l'Allemagne. Tels furent les Comtés de Lunéville, de Dafbourg, de Salm, de Blamont, de Sarwerden, de Sarbourg, de Deuxponts, de Commercy, d'Apremont, de Bar, de Chiny & de Luxembourg. Delà vint auffi la puiffance des Evêques de Metz, de Toul, de Verdun, & de leurs Villes Epifcopales qui fe gouvernoient comme Républiques, & Villes libres relevantes de l'Empire. Delà enfin l'efpéce d'indépendance des premiers Ducs de Lorraine. Cette dignité cependant ne fut pas dès-lors héréditaire; & fi quelquefois on la vit paffer du pere au fils; ce ne fut qu'autant que la crainte de leur pouvoir, ou la reconnoiffance pour quelque fervice rendu, engagerent les Rois & les Empereurs à fouffrir ces fortes de fucceffions.

906. Ce fut fur ce pied que Renier premier Duc, & après lui Gifilbert ou Giflibert fon fils, poffederent la Lorraine. Ce
939. dernier s'étant révolté contre l'Empereur Othon I. fon beaufrere. Henri frere d'Othon, fut nommé Duc de Lorraine; mais la part qu'il prit auffitôt à la révolte de fon Prédéceffeur, lui fit perdre ce titre dès l'année fuivante. Othon fils de
944. Ricuin prit fa place, & la laiffa par fa mort quatre ans
après

après à Conrad, que fa révolte fit deftituer en 952. L'Empereur Othon donna enfuite le Duché à Brunon Archevêque de Cologne fon frere. Ce Prélat prit le titre d'Archiduc de Lorraine, & en partagea le gouvernement avec Frideric I, déjà Comte de Bar fon neveu. Ce partage donna lieu à la diftinction des deux Duchés de Baffe-Lorraine, appellée depuis Brabant, & de Haute-Lorraine ou Lorraine-Mofellane qui conferva fon premier nom, & que Frideric I, époux de Béatrix fœur du Roi Hugues Capet, laiffa à Théodoric fon fils, avec le Comté de Bar. Frideric II. fils de Théodoric, étant mort fans enfans mâles, Sophie fa fille orta le Comté de Bar à Louis Comte de Monçon, tige es Comtes & Ducs de Bar, voifins puiffans & rivaux toûouts formidables des Ducs de Lorraine, jufqu'à la réünion des deux Duchés en 1418.

1032

Pour la Haute-Lorraine, Gothelon déjà maître du Brabant, l'obtint de l'Empereur Conrad le Salique. Après fa mort Henri III. fils de Conrad, en donna l'inveftiture à Albert ou Adelberr. Ce Prince aïant été tué en 1048. par Godefroy le Barbu, fils de Gothelon, Gérard d'Alface fut mis en poffeffion du Duché, & le tranfmit aux Princes fes defcendans.

L'ancienne Maifon d'Alface tenoit depuis longtems par fes grandes alliances & fon pouvoir, un rang diftingé parmi les plus illuftres de l'Europe, quand au milieu du onziéme fiécle elle reçut un nouveau luftre par cette inveftiture du Duché de la Haute-Lorraine, conferée à Gérard III. d'Alface, premier Duc héréditaire de Lorraine.

Des divers fiftêmes fur l'origine de ce Prince, le plus fuivi & le feul probable, eft celui qui lui donne pour aïeul Adalbert d'Alface Comte de Metz, & Fondateur de l'Abbaye de Bouzonville. Quand la Maifon de Lorraine ne pourroit point montrer avant Adalbert des traces fûres de fon origine, elle n'en feroit pas moins une des plus illuftres de l'Univers; puifqu'elle fe trouveroit, au tems même auquel on voudroit fixer fes commencemens, parvenuë à un dégré de pouvoir & de Nobleffe capable de la faire refpecter des Rois mêmes, & de lui procurer des alliances

A ij   avec

avec ce qu'il y avoit alors en Europe de plus grand. Adal
bert avoit épouſé Judith, tante de l'Imperatrice Sainte Cu-
negonde; Gérard ſon frere avoit pour femme Eve de Luxembourg, ſœur de la même Imperatrice; Adelaïs ſœur de
ces deux Princes, fut mere de l'Empereur Conrad le Salique; & c'eſt au ſujet de cette Princeſſe que Wipon Hiſto-
rien contemporain, parlant d'eux dans la Vie de cet Empereur, nous les repreſente les armes à la main contre les
Rois d'Allemagne & les Ducs des deux Lorraines, & va
chercher leur origine dans le Sang des anciens Rois de
Troyes, dont les deſcendans, ajoûte-t'il, étant paſſés dans
les Gaules, furent convertis à la Foi par Saint Remi. Origine fabuleuſe ſi l'on veut, mais preuve inconteſtable que
telle étoit dès le dixiéme ſiécle l'antiquité de cette Maiſon,
que pour en trouver les commencemens on ſe croïoit obligé de remonter juſques aux tems fabuleux.

Mais ſans chercher à illuſtrer par des conjectures, une
Maiſon dont la grandeur eſt trop ſolidement établie, pour
ne pas dédaigner de ſi foibles appuis, on en fait remonter
la Généalogie, (1) adoptée aujourd'hui par preſque tous
les Hiſtoriens, bien au-delà d'Adalbert, & juſqu'au tems
d'Athic ou Adaltic fait Duc d'Alſace ou d'Allemagne ſur la
fin du ſeptiéme ſiécle. Ce Seigneur fils, ſelon la plûpart,
de Leudeſie, & petit fils d'Erchinoald, tous deux Maires
du Palais, & alliés des Rois de France de la premiere Ra-
ce, épouſa Bereſinde, ſœur de Bilichilde, femme du Roi
Childeric II. Il en eut, outre Adalbert Duc d'Allemagne,
& Ste. Odile Abbeſſe d'Hohembourg, Ethic (2) Comte du
Suntgau, dont le fils Alberic Comte en Alſace, fut pere
d'Eberard I.

(1) *Voyez-en les Preuves dans le P. Vignier, véritable Origine des
Maiſons d'Alſace, de Lorraine, d'Autriche & de Bade, &c. Paris 1649.
in-fol. Ces Preuves ont été adoptées & fortifiées par Blondel, Imhof, le
P. Benoît de Toul, Baleicour, Dom Calmet, & pluſieurs autres Auteurs.*

(2) *Vie de Sainte Odile, écrite par un Auteur contemporain, chez
le P. Vignier, pag. 71.*

d'Eberard I, & aïeul d'Eberard II. (1) Comte en Alſace du tems de Lothaire Roi de Lorraine. Hugues I. Comte de Ferrete, fils d'Eberard II, eut d'Hildegarde ſon épouſe, trois fils, (2) tiges d'autant d'illuſtres Maiſons.

D'Eberard III. l'aîné, deſcend celle de Lorraine par (3) Adalbert, fondateur de l'Abbaïe de Bouzonville, frere de Gérard I. Comte de Metz, & pere de Gérard II, qui de Giſele niéce de l'Empereur Conrad le Salique, eut entre autres enfans Gérard III. d'Alſace, premier Duc héréditaire de Lorraine, (4) & Odelric dit de Nancy, (5) vraiſemblablement du nom de ſon Appanage.

De Hugues fils puîné du Comte Hugues I, tiroit ſon origine la Maiſon d'Egensheim ou Daſbourg, dont étoit le Pape Saint Léon IX.

Enfin de Gontran le Riche, Comte d'Altenbourg, troiſiéme fils du même Prince, vient l'Auguſte Maiſon d'Autriche par les anciens Comtes de Hapſbourg, aïeux de Rodolphe I. couronné Empereur l'an 1273.

De ces differentes branches de l'ancienne Maiſon d'Alſace, la ſeconde fut éteinte dans le douziéme ſiécle; les deux autres, environ huit cens ans après la mort de Hugues I. Comte d'Alſace & de Ferrete leur tige commune,
viennent

(1) *Vie de Saint Deicole Abbé de Lurre, chez Bollandus 17. Janvier. Chap. 7. (2) La même.*

(3) *Voyez chez Dom Calmet, Généalogie des Ducs de Lorraine, les preuves de cette filiation.*

(4) *Pluſieurs Auteurs donnent pour frere à Gérard III. Albert ſon prédéceſſeur; d'autres croient qu'il n'étoit que ſon oncle; il y en a qui prétendent qu'ils n'étoient point parens.*

(5) *Ce Prince nommé ſimplement Adelec dans le titre de la fondation de Bouzonville, eſt nommé Odelric dans une Charte d'Adalberon Evêque de Metz, & Odelric de Nancy dans un titre d'Eudes Evêque de Toul de l'an 1069. Ce dernier ſurnom qui étoit inconteſtablement ſous les premiers Ducs de Lorraine, celui de la Maiſon de Lenoncourt, a porté Mr. le Laboureur & d'autres ſavans Généalogiſtes à regarder ce Prince comme la tige de cette illuſtre Maiſon, dont d'autres rapportent l'origine aux anciens Comtes de Chaumontois.*

viennent d'être réünies par le mariage de François III. Duc de Lorraine, Grand-Duc de Toſcane, avec Marie-Thereſe d'Autriche, fille aînée & héritiére de l'Empereur Charles VI. dernier mâle de l'Auguſte Maiſon d'Autriche.

Pour ne rien oublier de ce qui peut faire connoître la premiere de ces trois Auguſtes Maiſons, dont l'Hiſtoire ſeule fait l'objet de cet Ouvrage; nous nous attacherons, en donnant un précis exact de l'Hiſtoire des Ducs de Lorraine iſſus de cette premiere branche, à faire connoître en même tems les differentes Maiſons éteintes à préſent, qui en tiroient leur origine.

GERARD

GÉRARRD III.
D'ALSACE,
PREMIER DUC HÉRÉDITAIRE
DE LORRAINE.

Depuis 1048. jusqu'en 1070.

LE titre de Duc de Lorraine conféré par l'Empereur Henri III. à Gérard d'Alsace, en donnant un nouveau luftre à fa Maifon, n'augmenta que de très-peu fa puiffance. Le Domaine qu'il avoit reçu de fes Ancêtres, comprenoit, outre une partie de l'Alface, & de l'Archevêché de Trèves, prefque toute la Lorraine-Allemande, avec de grands biens dans le Saintois & fur la Meufe. Il étoit Voué ou Protecteur des plus puiffantes Abbaïes de la Lorraine, & en cette qualité Adminiftrateur de leur temporel, avec jurifdiction fur tous leurs Vaffaux.

Cette étenduë du pouvoir de la Maifon d'Alface dans tout le Païs, avoit déjà autôrifé Adalbert aïeul de Gérard, à prendre le titre de Duc de Lorraine. Il y joignit celui de Marchis, par lequel il prétendoit vraifemblablement défigner la fituation de fon Domaine fur les *Marches* ou Frontiéres de la France & de l'Empire. Ce fut là auffi fans doute ce qui, autant que la parenté, porta l'Empereur, petit fils d'Adélaïs d'Alface fœur d'Adalbert, à donner en 1048. l'inveftiture du Duché de Lorraine au petit fils de ce Prince, comme ce fut en même tems ce qui en affura l'héritage à fa Famille.

Godefroy le Barbu, Duc de la Baffe-Lorraine, avoit déjà pris occafion d'un pareil choix en faveur d'Albert frere, felon la plûpart, du nouveau Duc, pour fe foulever contre l'Empereur. Il fut d'autant plus irrité de fe voir derechef fruftré d'un Païs qu'il regardoit comme une partie de

l'héritage

l'héritage de ſon pere, qu'il ſe voyoit en même tems dé-
pouïllé de ſon Duché de Baſſe-Lorraine, que Henry pour
le punir de ſa premiere révolte, & de la mort du Duc
Albert, venoit de donner à Frideric de Luxembourg.

Les commencemens de la guerre qu'il ſuſcita à ſes deux
concurrens, ne furent point heureux pour Gérard. Ce Prince fait Priſonnier dans un combat, demeura un an entier au
pouvoir de ſon ennemi; & ce ne fut qu'à la ſollicitation
du Pape Saint Léon IX. ſon couſin, qu'il recouvra ſa
liberté & ſes Etats. L'Empereur lui en confirma la poſſeſſion du conſentement de Godefroy même, dont le Pape
venoit de ménager la reconciliation avec ce Monarque.

Au défaut de l'Hiſtoire qui nous apprend peu de particularités de la ſuite du règne de Gérard, la conſidération
qu'eut toujours pour lui le Saint Pape Léon, les grands
biens qu'il fit aux Egliſes, & la paix dont il ſçut faire gou-
ter à ſon Peuple les précieux avantages dans les tems cri-
tiques d'une domination nouvelle, font de ſa piété & de
ſa ſageſſe, l'éloge le plus complet.

Sa fermeté conſtante à maintenir ſon autôrité contre ſes
principaux Vaſſaux, qui regardoient ces commencemens
d'une Souveraineté nouvelle, comme une occaſion favorable d'aſpirer eux-mêmes à l'indépendance, abrégea, dit-on,
ſes jours. Du moins eſt-il certain qu'il mourut preſque ſu-
bitement à Remiremont dans un âge peu avancé. Son
corps, ſur lequel on trouva quelques indices de poiſon,
fut enterré dans cette Abbaïe.

Il avoit épouſé Hadvide de Namur, petite fille par ſa
mere de Charles de France, ſucceſſeur de Brunon Archevêque de Cologne dans le Duché de Baſſe-Lorraine, & oncle de Louis V. dernier Roi de France de la Maiſon de
Charlemagne. Il en eut Thierry ſon ſucceſſeur dans le Duché, Gérard tige de la premiere Maiſon de Vaudémont,
& Bertriçe Abbé de Moyen-Moutier. La Ducheſſe Hadvide
fixa après la mort de ſon mari, ſa demeure dans le Château de Chatenoy, ſéjour ordinaire de ce Prince, qu'elle
avoit eu pour ſon douaire. Elle y mourut, & fut enterrée
dans le Monaſtere qu'elle y avoit fondé.

1070

MAISON

MAISON

DE

VAUDÉMONT,

Premiere Branche Collatérale de celle de Lorraine.

GÉRARD, fils puîné du Duc Gérard d'Alsace, fut tige de la premiere Maison de Vaudémont. Ce Prince, au sujet de son appanage dont il n'étoit pas content, fit quelque tems la guerre au Duc Thierry son frere. Leur different fut terminé par l'entremise de l'Empereur Henri IV. Le Duc céda à son frere la meilleure partie du Saintois, que l'Empereur érigea en Comté sous le nom de Vaudémont. Gérard premier Comte de Vaudémont, Prince inquiet & entreprenant, eut des démêlés avec presque tous ses voisins; il fit Prisonnier Louis fils du Comte de Bar & de Monçon, obligea quelque tems après les Habitans de Commercy à lever le siége de Toul, & fit ensuite la guerre à Humbet Duc de Bourgogne. Celui-ci l'aïant fait Prisonnier, le retint longtems dans les fers, & lui fit acheter cher la liberté qu'il lui accorda enfin l'an 1089. Cette disgrace adoucit l'humeur un peu féroce du Comte, & le fit rentrer en lui-même. Il fonda le Prieuré de Belval, & y choisit le lieu de sa sépulture. *Vers* 1071 *ou* 1072

1107

Il avoit épousé Hadvide de Dasbourg, niéce du Pape St. Léon IX; il en eut Hugues Comte de Vaudémont, & Gertrude épouse de Godefroy II. Seigneur de Joinville. Hugues I. fut pere de Gérard II, & d'Eudes Evêque de Toul, mort dans un voïage de la Terre-Sainte en 1196. Hugues II. fils du Comte Gérard II. & d'Adelaïde de Joinville, eut pour freres Gérard de Vaudémont Evêque de Toul en 1218, & Godefroy de Vaudémont Seigneur de Deüilly. Ses descendans prirent le nom de cette Terre, qui en 1410. par un mariage avec l'héritiére de la branche aînée

de

de Deüilly, paſſa à la Maiſon du Châtelet. Hugues III. Comte de Vaudémont, fils de Hugues II, fit le voïage de la Terre-Sainte en 1237, & mourut en 1246. Henri I. Comte de Vaudémont ſon fils, aïant vers le milieu du treiziéme ſiécle entrepris contre le Duc Ferry III. une guerre ruineuſe, ſe trouva tellement accablé de dettes, qu'il fut obligé d'engager ſon Comté de Vaudémont, qui juſqu'alors avoit toujours été une Souveraineté indépendante, à Thiebaut Comte de Bar, auquel il en fit hommage. Henri II. ſon fils hérita de ſon humeur inquiete. Après quelques guerres avec le Duc de Lorraine & les Princes ſes voiſins, il ſe retira en Sicile, & périt dans un combat ſur mer contre les Aragonois. Il laiſſa d'Héliſende de Vergy ſon épouſe, Henry III. Comte de Vaudémont, qui d'Eliſabeth de Lorraine, fille du Duc Ferry III, eut Henry IV. ſurnommé le Libéral, tué l'an 1346. à la Bataille de Crecy, ſans laiſſer d'enfans de Marie de Luxembourg, fille de l'Empereur Charles IV. Marguerite ſa ſœur, épouſe d'Anſelme de Joinville, Sénéchal de Champagne, hérita de ſes Etats, & les laiſſa à Henry V. ſon fils, Comte de Vaudémont & Seigneur de Joinville. Ce fut par la fille aînée de ce Prince, que le Comté de Vaudémont rentra dans la Maiſon de Lorraine.

II.

II.
THIERRY.

Depuis 1070. jusqu'en 1115.

THIERRY, fils aîné de Gérard d'Alsace, n'attendit point l'investiture de l'Empereur pour prendre possession du Duché, immédiatement après la mort de son pere; & l'Empereur, loin de désaprouver cette démarche, le maintint dans cet héritage contre Louis Comte de Bar, & de Monçon. Ce Comte du chef de son épouse Sofie, dont le pere Frideric II. avoit gouverné la Lorraine avant que le Duché fut entré dans la Maison d'Alsace, formoit des prétentions sur cet Etat. Thierry dans un âge peu avancé, & dans la cinquiéme année de son régne, commença à mériter par ses exploîs, le surnom de Vaillant, qui lui fut donné dans la suite.

Il se distingua dans l'armée de l'Empereur Henry IV. **1075** dans la guerre contre les Saxons. Les Historiens de cette guerre font de grands éloges de la bravoure de ce Prince, & de celle de ses Troupes.

Son attachement pour l'Empereur alla jusqu'à lui faire oublier pendant quelque tems ce qu'il devoit à sa Religion. Dès le commencement du Schisme occasionné par le differend sur les investitures, il prit contre le Pape Grégoire VII. le parti de ce Monarque, s'empara de la Ville de Metz, & envahit les biens de cette Eglise dont l'Evêque Heriman **1078** étoit demeuré attaché au Souverain Pontife. Le Prélat opprimé réitéra contre le Duc la Sentence d'excommunication que ce Prince avoit déjà encouruë par son attachement au Schisme. Il est assez vraisemblable qu'il n'en attendit pas la fin pour rentrer dans son devoir; puisque dès l'an 1090 il se trouvoit revêtu de la charge de Vicaire de l'Empire en deçà du Rhin, pendant que la division du Sacerdoce &

de

de l'Empire perpétuoit dans l'Eglise & dans l'Etat, le trouble & l'agitation.

Il signala le reste de son régne par des Fondations pieuses & de grandes libéralités envers les Eglises. Sa piété le porta même à se croiser pour le voïage de la Terre-Sainte; mais la foiblesse de sa complexion ne lui aïant pas permis de remplir cet engagement, il envoïa quelques-uns de ses Chevaliers.

Thierry mourut l'an 1115. Dans son Testament il avoit ordonné à ses enfans de le faire enterrer à la maniere des Nobles François, desquels il tiroit son origine.

De Gertrude son épouse fille de Robert le Frison Comte de Flandres, il laissa Simon I. son successeur, Thierry Seigneur de Bitch, & ensuite Comte de Flandres; Gérard qui eut pour appanage les Terres de sa Maison en Alsace; & Henry Evêque de Toul & Grand-Prévôt de St. Diey, qui pendant quarante ans qu'il occupa le siége Episcopal, se distingua par son application aux devoirs de son ministere, par son zéle pour l'honneur de l'Eglise, & par son habileté dans les affaires. Des deux filles du Duc Thierry, l'une fut Abbesse de Remiremont, l'autre de Bouxieres.

COMTES

COMTES
DE
FLANDRES,
DE LA
MAISON DE LORRAINE.

APRES la mort de Baudouin VII. Comte de Flandres, & de Charles de Dannemark son neuveu, la
succession de ce Comté se trouva ouverte en faveur des
enfans de Gertrude de Flandres, Duchesse de Lorraine,
tante de Baudouin. Thierry d'Alsace Seigneur de Bitch, fils
puîné de cette Princesse & du Duc Thierry, eut à la disputer quelque tems contre Guillaume de Normandie. La
mort de celui-ci arrivée au siége d'Aloft l'an 1128, assura
cet Etat à Thierry. Ce Prince héritier du courage & du
zéle de son pere, fit plusieurs voïages dans la Terre-Sainte *En*
avec sa femme Sibille, fille de Foulques d'Anjou, & sœur 1138,
d'Amauri, tous deux Rois de Jérusalem, auxquels il ren-1147,
dit des services signalés contre les Infidéles. Son Epouse,1157,
s'étant de son consentement consacrée à Dieu dans la Pale- *&*
stine, y mourut dans une haute réputation de vertu. Pour1163.
Thierry, de retour en Flandres, après y avoir donné autant de preuves de sa piété, qu'il en avoit donné dans la
Terre-Sainte de sa valeur & de son habileté dans la guerre,
il mourut à Gravelines l'an 1168. *

Avant

* *Quelques Auteurs distinguent deux Thierrys Comtes de Flandres; le premier fils du Duc Thierry de Lorraine, qui épousa Sunéchilde fille de Robert II. Comte de Flandres; le second fils du premier, eut pour femme Sibille d'Anjou. Mais l'opinion commune n'en reconnoit qu'un, & lui donne pour épouse Sunéchilde, ou Sibille d'Anjou.*

Avant fa mort il avoit affocié au Gouvernement Philippe fon fils aîné qui fut fon fucceffeur. Le mérite reconnu de ce Prince lui fit déférer pendant la minorité de Philp-

1180 pe-Augufte Roi de France, la tutelle de ce Monarque, & la régence du Roïaume. La Reine Mere irritée de ce choix, fe retira fur les Terres des Seigneurs de la Maifon de Champagne fes freres, & les engagea dans fa révolte, qu'elle appuïa de toute la puiffance de Henry II. Roi d'Angleterre. Pendant que ce Prince paffoit la mer, le Régent ména le jeune Roi contre le Comte de Sancerre, l'un des freres de la Reine; il lui enleva Châtillon & le rafa, & fit enfuite célebrer à Bapaume les Nôces du jeune Monarque, avec Elifabeth de Hainaut, fille de fa fœur Marguerite. En faveur de ce mariage, il céda à la France la partie occidentale de la Flandres appellée depuis le Comté d'Artois, & ftipula en même tems que le Comté de Vermandois qu'il poffedoit du chef d'Ifabelle fon époufe, feroit auffi après la mort de cette Princeffe réüni à la Couronne. Cependant le Roi d'Angleterre après avoir joint les Comtes de Blois & de Sancerre, parut à la tête d'une armée fur les Frontieres de Normandie. Le Roi & le Comte de Flandres s'avancerent vers lui avec leurs Troupes; leur bonne contenance fit confentir le Roi d'Angleterre à une conférence qui aboutit à un accommodement entre Philippe & la Reine fa mere. Le retour de cette Princeffe fut une fource de chagrins pour le Régent dont le mécontentement alla jufqu'à lui faire prendre les armes contre le Roi fon Pupille.

1190 Il fit fa paix en 1182, accompagna enfuite ce Monarque dans fon voïage de la Terre-Sainte, & y mourut au fiége d'Acre l'an 1191, fans laiffer d'enfans de fes deux mariages; le premier, avec Ifabelle de Vermandois; le fecond, avec Mathilde de Portugal, fille d'Alphonfe I. Roi de Portugal.

1173 Mathieu d'Alface Comte de Boulogne fon frere, étoit mort dix-huit ans avant lui, & n'avoit laiffé de Marie héritiére de Boulogne, fille d'Etienne Roi d'Angleterre, que deux filles; Ide l'aînée laiffa le Comté de Boulogne à Mathilde fa fille, époufe de Philippe de France Comte de

1216 Clermont, fils de Philippe-Augufte; & Mathilde la cadette époufa Henry I. Duc de Brabant.

Philippe Comte de Flandres voïant ainſi ſa Maiſon s'é-
teindre, engagea Pierre ſon autre frere élû Evêque de
Cambray, à renoncer à cette Dignité & à l'état Eccléſiaſtique, pour épouſer Mahaud de Bourgogne, dont il n'eut
qu'une fille motte en bas-âge. Ainſi cette riche ſucceſſion
paſſa après la mort de Philippe à Marguerite ſa ſœur, épouſe de Baudouin V. Comte de Hainaut, dont elle eut Baudouin IX. Comte de Flandres, & Henry, tous deux Empereurs de Conſtantinople, Iſabelle épouſe de Philippe
Auguſte Roi de France, & Yolande ſeconde femme de
Pierre de Courtenay, Empereur de Conſtantinople.

I I I.

S I M O N I.

Depuis 1115. juſqu'en 1139.

PENDANT que cette branche puînée de la Maiſon de
Lorraine s'étendoit ainſi en Flandres, & augmentoit
par tant d'alliances illuſtres la gloire de cette Maiſon, Simon I. troiſiéme Duc de Lorraine, ne faiſoit pas moins
briller ſur le Trône de ſes Peres la valeur & la piété qui
paroiſſoient dès-lors héréditaires dans ſa Famille. Il défit au
combat de Makeren les troupes combinées de l'Archevêque
de Trêves, de l'Evêque de Metz, & du Comte de Bar,
leur prit quelques Places, & leur accorda enſuite la paix à la
priere de l'Empereur Lothaire II. ſon beaufrere. Elle fut de
peu de durée. Les troupes de l'Archevêque étant rentrées
en Lorraine, Simon, après un combat déſavantageux, ſe
vit aſſiégé dans ſon château de Nancy. Mais il fit bien-tôt
lever le ſiége, & rétablit ſes forces avec tant de ſuccès,
qu'il ſe vit en état de porter le ravage juſqu'aux portes de
Trêves. C'étoit fait des Etats de l'Archevêque, s'il eût eu
pour

pour ennemi un Prince moins religieux. Le respect pour les foudres de l'Eglise, derniere ressource du Prélat vaincu, désarma son Vainqueur; il s'en rapporta au jugement du Pape Innocent II, qui mit fin à la guerre.

Le Duc ne tarda point à y rentrer de nouveau. L'Evêque de Liége opprimé par le Duc de Brabant, implora son secours; Simon marcha contre l'Oppresseur, & l'obligea à donner à l'Evêque une satisfaction telle que pouvoit la souhaiter ce Prélat.

L'Empereur Lothaire II. l'engagea l'an 1137, à le suivre en Italie. Il y combattit avec gloire en qualité de Lieutenant Général de ce Monarque, contre Roger Roi de Sicile, & ne revint dans ses Etats qu'après la mort de l'Empereur, arrivée sur la fin de cette année.

Mais un titre plus glorieux pour lui que celui d'heureux guerrier, c'est la qualité d'ami de Saint Bernard & de Saint Norbert. En differens tems il eut le bonheur de les voir l'un & l'autre à sa Cour. L'Abbaye de Sainte-Marie-aux-Bois, Ordre de Prémontré, fondée par ce Prince près de son Château de Preni, & depuis transferée à Pont-à-Mousson, & celle de Stultzbronn, Ordre de Cîteaux, qu'il fonda aussi dans sa Terre de Bitch, sont des monumens de son estime & de son affection pour ces deux grands Hommes, & pour leurs premiers Disciples.

Il mourut l'an 1139, & fut enterré dans l'Abbaye de Stultzbronn.

Adélaïde de Saxe-Querfort son épouse, sœur de l'Empereur Lothaire II. fit de grands progrès dans la piété sous la conduite de Saint Bernard. Cette Princesse distinguée par son esprit & ses connoissances, embrassa après la mort du Duc son mari, l'état Religieux dans l'Abbaye du Tart près de Dijon, & y vêcut avec grande édification jusqu'à sa mort.

De son mariage avec Simon I, elle eut, outre Mathieu Duc de Lorraine, Agate épouse de Renaut Comte de Bourgogne, dont la fille Béatrix par son mariage avec l'Empereur Frideric I. dit Barbe-rousse, fut mere ou ayeule des Empereurs de la Maison de Souabe, Robert tige de la Maison de Florenges, dont l'article suivant fournira la généalogie,

néalogie; Hélvide mariée à Frideric IV. Comte de Toul;
Adalberon Religieux à Clairvaux; Gautier Seigneur de Gerbéviller qui épousa Anne d'Haraucourt; Baudouin & Jean
dont on ne sait que la naissance.

MAISON
DE
FLORENGES,

*Troisiéme Branche Collatérale de la Maison
de Lorraine.*

ROBERT, fils puiné du Duc Simon I. fut tige de cette
branche. Elle tira son nom du Château de Florenges
près de Thionville, donné pour appanage à Robert, & qui
fut ruiné par l'Empereur Charles-Quint quand il vint faire
le siége de Metz. Robert épousa Demunde fille & héritiére
d'Oalde Comte de Boulay, & en eut Philippe Seigneur de
Florenges, pere de Gilles Seigneur de Florenges, & de Philippe Evêque de Merz & Grand Prévôt de Saint Diey. Ce
Prélat après avoir gouverné son Diocèse avec édification
pendant l'espace de quatre ans, se voyant contester la possession de ce Siége, sacrifia ses droits à la paix de son Eglise, & abdiqua l'an 1263. après avoir fait bâtir pendant
son Episcopat le château de Condé sur Moselle, l'un des
plus beaux & des plus forts du pays; qui fut ruiné vers le
milieu du dernier siécle.

Robert II. Seigneur de Florenges, fils de Gilles de Florenges & d'Alix de Passavant, fut pere de Philippe II. qui
de son mariage avec Alix de Septfontaines, eut Philippe
III. pere de Robert III. Ce dernier n'aïant point eu de
postérité de Diane de la Marck son épouse; Lise de Flo-

B   renges

renges fa fœur, porta cette Terre en mariage à Colard
de Lénoncourt. Jeanne de Lénoncourt Dame de Florenges,
leur fille unique, épousa Jean de Marley Seigneur de Saulcy, & en eut Colard de Marley Seigneur de Saulcy, de
Dun, de Jametz & de Florenges, qui de son épouse Ide
du Châtelet, ne laissa qu'une fille unique, qui porta la
Terre de Florenges dans la Maison de la Marck par son
mariage en 1446. avec Robert de la Marck Seigneur de
Sedan.

IV.

I V.

MATHIEU I.

Depuis 1139, jusqu'en 1176.

LE régne de Mathieu I. comme celui de ses prédécesseurs, ne nous offre que quelques courtes guerres, & un grand nombre de fondations pieuses. Il fit avec avantage ses premieres armes contre Etienne de Bar Evêque de Metz. Leur démêlé fut suivi d'une liaison étroite. A son retour de la guerre de Lombardie, où Mathieu avoit accompagné l'Empereur Frideric I, il joignit ses armes à celles de l'Evêque; prit & fit raser Sarwerden, & s'empara du Château d'Epinal qu'il remit à ce Prélat.

1156

Doublement allié de Frideric I. & par sa niéce épouse de ce Monarque, & par Berthe de Soüabe sa femme, sœur du même Prince, le Duc porta l'attachement aux intérêts de cet Empereur, jusqu'à adhérer au Schisme qu'il fomentoit contre le Pape Alexandre III. Les plaintes qu'avoit fait de lui à Rome, sous le précédent Pontificat, Henry Evêque de Toul son oncle, au sujet de quelques entreprises du Duc sur les biens de cette Eglise, avoient déjà indisposé le St. Siége contre lui: Mais sa promptitude à se soumettre au Chef légitime, ne tarda pas à effacer ces impressions désavantageuses, déjà fort affoiblies par sa reconciliation avec l'Evêque son oncle; reconciliation dont ses libéralités envers l'Eglise de Toul, avoient assez prouvé la sincérité.

Pendant les dernieres années de son régne, ce Prince véritablement Chrétien, ne parut appliqué qu'à réparer par une vie consacrée à la pratique de toutes les vertus chrétiennes, le scandale qu'avoient pu donner ses premiers égaremens. On le voïoit chaque jour avec admiration servir

B ij   de

de fes propres mains un grand nombre de pauvres, dans la perfonne defquels la vivacité de fa foi lui faifoit reconnoître & chérir les membres de JESUS-CHRIST.

Tous les huit jours il fe confeffoit, & jeûnoit tous les Vendredis. Attaqué à Nancy d'une maladie de langueur, il fe fit porter dans l'Abbaïe de Clairlieu, qu'il avoit fondée à une lieuë de cette Ville; & là au milieu des Religieux touchés de fon édifiante piété, il mourut le 14. Mai jour de l'Afcenfion l'an 1176, après un régne de trente-fept ans.

De fes enfans les plus remarquables, furent Simon II. fon fucceffeur, & Frideric ou Ferri de Bitch, que la plûpart des Hiftoriens font fuccéder à fon frere dans le Duché, & nomment Ferri I, quoiqu'il foit beaucoup plus probable qu'il céda fon droit à Ferri II. fon Fils, dont on a des titres datés de l'année même de l'abdication de Simon II. En embraffant ce dernier fentiment, nous ne laifferons pas, pour fuivre l'ufage, de conferver à Frideric de Bitch le nom de Ferri I. fous lequel il eft connu. Ce Prince eut de Ludomille de Pologne fon époufe, Ferri II. Duc de Lorraine, après Simon II. fon oncle; Thierry dit d'Enfer, Seigneur du Châtelet, tige, à ce que l'on croit, de l'illuftre Maifon de ce nom; Philippe Seigneur de Gerbéviller; Agathe Abbeffe de Remiremont en 1236; Judith époufe de Henry II. Comte de Blâmont & de Salm; Mathieu Evêque de Toul, Prince dont la vie peu digne de fon nom & de fon caractere, fut terminée de la maniere la plus tragique; & enfin Henry dit le Lombard, Seigneur de Bayon.

Outre Simon II. & Ferry I, le Duc Mathieu I. avoit eu de Berthe de Souabe fon époufe, Thierry IV. de ce nom, élû Evêque de Metz l'an 1172. Comme il étoit parvenu à cette dignité pendant le Schifme, à la follicitation de l'Empereur Frideric I, il ne fut point reconnu par le Pape Alexandre III. Alix fœur de ce Prélat, époufa Hugues III. Duc de Bourgogne, & fut mere d'Eudes III. dont l'arriere-petite-fille Beatrix de Bourgogne héritiére de Bourbon, fut alliée à Robert de Clermont fils du Roi S. Louis. C'eft

d'eux

d'eux que defcend l'Augufte Maifon de Bourbon aujourd'-
hui fur le Trône de France. Mathieu dernier fils de Mathieu I, époufa Beatrix fa coufine, fille unique & héritiére
de Frideric IV. Comte de Toul & d'Helvide de Lorraine. Il
fut par ce mariage Comte de Toul , & Seigneur de Fontenoi
& de Charmes. Ses deux fils Frideric V. Comte de Toul,
& Renard Sire de Couffey, firent deux nouvelles branches
de la Maifon de Lorraine, éteintes l'une & l'autre ; la premiere par la mort d'Eudes II. Seigneur de Fontenoi en
Vôge ; de Frideric Seigneur de Charmes ; & d'Ulric Chevalier du Temple ; tous trois fils d'Eudes II. Comte de
Toul , & petit-fils de Frideric V ; la feconde , dans la perfonne de Mathieu de Lorraine, Sire de Couffey, fils de Renard , qui ne laiffa que deux filles alliées l'une à Jean de
Condé, l'autre à Frideric de Ludres.

V.

SIMON II.

Depuis 1176. jufqu'en 1205.

SIMON II. montra dès fon avénement au Trône, les
fentimens les plus propres à faire tout efperer de la
fuite de fon gouvernement. On en trouve le précis dans
une Chatte datée de la premiere année de fon régne,
pour la confirmation des donations faites à l'Abbaïe de
Beaupré par Drogon ou Dreux, chef de la Maifon dite
alors de Nancy, * & depuis de Lenoncourt, que le Duc y
qualifie

* Cette Maifon avoit échangé dès l'an 1155. la Ville de Nancy dont
elle étoit en poffeffion, contre la Châtellenie de Rofieres aux Salines , le Ban
de Moyen, & la Terre de Lenoncourt, fe refervant cependant le furnom
de Nancy, qu'elle quitta enfuite pour prendre celui de Rofieres, & enfin
celui de Lenoncourt.

qualifié d'Homme Noble & Puiſſant, de Sénéchal, & de Conſeiller du Duc Mathieu I. ſon Pere. Après avoir déclaré dans cet acte, qu'il reconnoiſſoit devoir ſon élévation plus encore au choix de la Providence, qu'à celui de ſes Sujets, & à ſon droit ; ce Prince ajoûte, qu'il ſe croit obligé en conſéquence d'enviſager comme les plus indiſpenſables de ſes devoirs, les qualités de défenſeur des Egliſes, de pere des pauvres, de conſolateur & d'appui de la veuve & de l'orphelin. Ce fut ſur un plan ſi béau qu'il s'appliqua à régler toute la ſuite de ſon régne.

1177   L'ambition de Frideric ſon frere, en troubla deux fois la tranquillité. Il arma d'abord ſes Sujets contre le Duc, qui après l'avoir vaincu, ne laiſſa pas d'augmenter conſidérablement ſon appanage. Une conduite ſi généreuſe auroit

1178 dû le déſarmer pour toujours ; mais l'ambition s'en tient rarement à l'accompliſſement de ſes premiers projets. Frideric mécontent de nouveau preſqu'auſſitôt que ſatisfait, ſe retira chès Philippe Comte de Flandres ſon couſin ; & avec les troupes qu'il en obtint, recommença la guerre contre ſon frere. Simon plus jaloux du repos de ſon Peuple que de ſa propre grandeur, conſentit ſans peine à un ſecond démembrement de ſes Etats en faveur de celui qui en étoit

1279 l'héritier préſomptif, dans un tems ſur tout où il avoit à les défendre contre des ennemis étrangers.

Les Meſſins s'étoient jettés dans la Lorraine, & fiers de quelques avantages qu'ils remportèrent d'abord, ils ſe flattoient d'y faire de grands progrès. Le Duc les combattit dans la plaine de Boulay, & après les avoir mis en déroute, il alla enlever les débris de leurs troupes dans Frieſtroff qu'il prit & ſaccagea.

Le reſte de ſon régne fut emploié à purger ſes Etats des bandits nommés Colleraux, qui ne vivans que de rapines, y commettoient de grands déſordres. Il en extermina auſſi les Juifs qui appauvriſſoient ſes Sujets par leurs uſures, & les ſcandaliſoint par leurs impiétés. Il en uſa avec plus de rigueur encore contre les blaſphemateurs qu'il condamna à être noiés auſſitôt qu'ils ſeroient convaincus. Il n'y eut gueres de Maiſon Religieuſe dans les Etats qui n'eut part à ſes libéralités.   Réſolu

Réfolu enfin de mettre quelqu'intervalle entre les embarras du Trône & la mort, il fe retira vers l'an 1205. dans l'Abbaye de Stultzbronn. On prétend qu'il y prit l'habit Religieux, & y vêcut encore deux ans dans la pratique des exercices que prefcrit la Régle de Cîteaux. Il mourut l'an 1207. fans laiffer de poftérité d'Ide de Mâcon fon époufe.

VI.
FERRY II.

Depuis 1205. jufqu'en 1213.

FERRY II. monta fur le Trône l'année même * de l'abdication du Duc Simon fon oncle, par les intrigues de Thiebaut Comte de Bar, dont il avoit époufé la fille. La bonne intelligence ne dura pas longtems entre le beaupere & le gendre. Thiebaut mécontent de l'alliance que Ferry avoit faite avec Bertram Evêque de Metz fon ennemi, après avoir ravagé à la tête d'une nombreufe armée les Terres de ce Prélat, fe jetta fur celles du Duc, où il prit & fit rafer le Château de Prehy, qui du côté du Pays Meffin en étoit le boulevart.

Ferry ufa de repréfailles l'année fuivante fur les Terres de l'Abbaye de Gorze, dont le Comte étoit Protecteur; il y brûla quelques Villages, & répendoit partout la terreur, quand Thiebaut ayant ramaffé de nouvelles troupes, vint 1208 l'attaquer à l'improvifte, le battit, & le fit prifonnier avec Thierry du Châtelet, & Philippe de Gerbéviller fes freres.

Après

* *Voïés en les Preuves dans l'Hiftoire de Dom Calmet Tom. II. pag. 131. dans fa Généalogie des Ducs, & fa Chronologie à la tête du Tome I. il fait régner Frideric de Bitch depuis 1205. jufqu'en 1207.*

Après sept mois de prison, il les remit en liberté à des conditions assez onéreuses, dont il se relâcha pourtant dans la suite en permettant au Duc de rétablir les Forteresses de ses Etats, & en particulier celle de Preny. Ferry travailla ensuite à assurer la Couronne Impériale à Frideric II. de Souabe son cousin, Compétiteur d'Othon IV. de Brunsvick.

1212 Il assiégea & prit la Ville de Hagueneau, & soumit à Fri-déric la plus grande partie de l'Alsace.

Il mourut à Nancy le 10. Octobre de l'an 1213, lais-sant d'Agnès de Bar son épouse, Thiebaut I. & Mathieu II, tous deux Ducs de Lorraine; Renault Comte de Castres, par son mariage avec l'héritiére de ce Comté, dont il n'eut point de postérité; & Jacques Evêque de Metz, l'un des plus grands & des plus vertueux Prélats qui aient gouverné cette Eglise. Il occupa ce siége vingt-deux ans, & mou-rut en 1260.

VII.

VII.
THIEBAUT I.

Depuis 1213. jufqu'en 1220.

THIEBAUT I. le Prince le mieux fait de fon tems, fuc-céda à fon pere dans le Duché de Lorraine, auquel il joignit les Comtés de Dafbourg & de Metz par fon ma-riage avec Gertrude de Dafbourg, feule héritiére de fa Maifon, iffuë, comme celle de Lorraine, des premiers Comtes d'Alface.

La feconde année de fon régne, il combattit dans l'ar-mée de l'Empereur Othon IV. à la fameufe bataille de Bouvines. Le parti que prit Thiebaut en cette occafion, fut une fuite de fes démêlés avec Frideric II. Compétiteur d'Othon. Ce Prince, auffitôt après la mort de Ferri II, s'étoit emparé de la Ville de Rofem, engagée à ce Duc 1211 pour le dédommager des frais de la guerre qu'il avoit en-treprife en fa faveur. Thiebaut réfolu de la reprendre, en-voya pour cela en Alface Lambyrin d'Ourches, tige de la Maifon de ce nom, qui fubfifte encore dans le pays. Ce Général après s'être rendu maître de la Place, y fut furpris avec fes troupes par celles de Frideric qui les pafferent au fil de l'épée.

Le Duc pour s'en venger entra en Alface avec fa Cava-lerie, & reprit Rofem. Les dégats qu'il fit enfuite dans 1211 tout le Pays, irriterent tellement l'Empereur, qu'il vint lui-même en Lorraine, & affiégea Thiebaut dans fon Château d'Amance. Le Duc dans cette extrémité, après avoir inu-tilement imploré le fecours de fes Alliés, fe vit obligé de recourir à la clémence de l'Empereur.

Frideric le retint prifonnier, & l'emmena avec lui en Allemagne. Il ne feignit enfuite de fe reconcilier avec ce

Prince

Prince infortuné, que pour le perdre plus fûrement. Comme le Duc après avoir acheté fa liberté au prix d'une rançon confidérable, revenoit dans fes Etats, le perfide Empereur lui fit donner fur la route un poifon lent, dont après un an environ d'une vie languiffante, il mourut à Nancy dans la fleur de fon âge l'an 1220, fans laiffer d'héritiers de Gertrude fon époufe, qui après fa mort porta le Comté de Dalbourg dans la Maifon de Linanges. Pour celui de Metz il fut réüni à l'Evêché de cette Ville.

VIII.
MATHIEU II.
Depuis 1220. jufqu'en 1251.

MATHIEU II. frere de Thiebaut I, fut fon fucceffeur dans le Duché. Après une guerre de peu de durée contre le Comte de Bar fon oncle, il fe ligua avec lui en faveur de Jean d'Apremont Evêque de Metz, contre les Bourgeois de cette Ville. Mais l'argent de ceux-ci fit bientôt changer de parti au Comte, & l'arma de nouveau contre l'Evêque fon Allié, & le Duc fon neveu. Mathieu pour fe venger des dégats faits fur fes Terres, alla brûler la petite Ville du Pont qu'on bâtiffoit alors près du Château de Mouffon. Il mit enfuite le fiége devant le Château de Foug, mais il fut contraint de le lever; & fes troupes ayant été battuës dans leur retraite, il fit l'année fuivante fa paix avec le Comte.

Dans l'affemblée tenuë l'an 1245. pour l'Election d'un Empereur, Mathieu prit fon rang immédiatement après le Roi de Bohême, & avant tous les autres Princes de l'Empire. Il s'engagea enfuite à foutenir le parti du Pape Innocent IV, & de Guillaume Comte de Hollande, élû Roi des Romains, contre l'Empereur Frideric II. Quelques

années

années auparavant il avoit acquis par un Traité fait avec Hugues Comte de Lunéville, le Château de ce nom avec ses dépendances. Il maintint contre le Comte de Bar, l'ancien droit des Ducs de Lorraine, de connoître des duels qui se font entre la Meuse & le Rhin.

Il mourut l'an 1251, avec la réputation d'un des plus grands Princes de son tems. Il eut la principale part à toutes les affaires de quelqu'importance qui se traiterent dans le voisinage de ses Etats pendant tout le cours de son régne, & se distingua également par sa valeur, sa sagesse, sa justice & sa libéralité. Il avoit épousé Catherine de Limbourg, fille de Valeran Comte de Limbourg & de Luxembourg, dont il eut Ferry III. son Successeur ; Lorre mariée en premieres nôces à Jean de Bourbon Seigneur de Dampierre, & en secondes à Guillaume II. de Vergi Sénéchal de Bourgogne ; Catherine épouse de Richard, Comte de Montbelliard ; & Isabelle femme de Henry Comte de Vienne.

I X.

F E R R Y III.

Depuis 1251. jusqu'en 1303.

FERRY III. étoit encore mineur lorsqu'il succeda dans le Duché à Mathieu II. son pere. La Duchesse sa mere nommée Régente, gouverna avec beaucoup de sagesse jusqu'en 1254. qu'elle remit à son fils l'administration de ses Etats. Le premier soin de cette Princesse avoit été d'entretenir ou de rétablir la paix avec ses voisins. Le Duc son fils, Prince d'une humeur douce & bienfaisante, n'en eut pas moins d'inclination pour la guerre. Il la fit avec divers succès pendant presque tout le cours de son règne. La Religion l'arma d'abord en faveur de l'Evêque de Toul, contre des Avanturiers qui ravageoient les Terres de cet Evêché ;

1257 ché; Ferry les attaqua, leur tua deux cens hommes, & les diſſipa entiérement. Après l'hommage qu'il rendit l'année ſuivante à Alphonſe Roi de Caſtille, élû Roi des Romains,

1258 pour les fiefs qu'il tenoit de l'Empire; ce Prince, outre le droit de connoître & de juger des duels des Nobles, qui ſe faiſoient alors avec ſolemnité, ſoit pour découvrir la vérité, ſoit pour terminer leurs differends, lui confirma l'ancienne dignité de Marchis, avec la juriſdiction qui y étoit attachée ſur les frontiéres de l'Empire, & celle de Grand-Sénéchal de l'Empereur, quand ce Prince tient ſa Cour aux environs du Rhin.

L'Hiſtoire nous a conſervé peu de particularités des differentes guerres que ſoutint Ferry d'abord contre le Comte de Deuxpónts, enſuite contre les Evêques de Straſbourg & de Metz, & enfin à diverſes repriſes contre le Comte de Bar. La revolte des Seigneurs du Pays contre ce Prince, ſa priſon de cinq ans dans la toùr de Maxéville, à une demi lieuë de Nancy, la découverte du lieu de ſon empriſonnement, & ſa délivrance par le moyen d'un Couvreur annobli à cette occaſion, & tige d'une Maiſon illuſtre établie en Lorraine, paroiſſent des faits entierement romaneſques, & n'ont pour fondement qu'une tradition populaire, démentie par le ſilence de tous les Hiſtoriens contemporains, & par les monumens divers de preſque toutes les années du régne de ce Prince.

1257
1284 Il acquit par divers échanges les Salines de Roſieres poſſedées alors par differentes branches de la Maiſon de Le-
1291 noncourt. Elles avoient quitté quelque tems auparavant leur premier nom de Nancy, pour prendre celui de Roſieres,
1301 nom qu'on trouve affecté ſous le régne de Ferry III. & de Thiebaut II. ſon fils, aux Ancêtres de l'ancienne Maiſon de Ligniville, qui ayant part au même domaine, l'échangerent en même tems * contre d'autres Terres.

Ferry III. mourut le dernier de Décembre de l'an 1303.

Il

---

* *Cette conformité de nom & de domaine, peut faire conjecturer que ces deux illuſtres Maiſons, l'une & l'autre de l'ancienne Chevalerie de Lorraine, ſont ſorties de la même tige.*

Il avoit épousé Marguerite de Navarre, fille de Thiebaut I. Comte de Champagne & Roi de Navarre. Leurs enfans furent Thiebaut II. Duc de Lorraine; Mathieu Sire de Belrouart, mort l'an 1281. sans enfans d'Alix de Bar son épouse; Ferry Sire de Plombieres, mort aussi sans postérité; Ferry Grand-Prévôt de *St. Diey*, & ensuite Evêque d'Orléans; & Jean qui porta le titre de Comte de Toul, quoiqu'en 1263. le Comté de Toul eût été uni à perpétuité au Domaine de cette Eglise. Ce Prince laissa des enfans qui nous sont peu connus.

Des Filles du Duc Ferry III, Isabelle l'aînée épousa en premieres nôces Louis de Baviere Comte Palatin, & en secondes Henri III. Comte de Vaudémont; Agnès la seconde, fut alliée à Jean II. Baron d'Harcourt, Connêtable & Amiral de France, & n'en eut point d'enfans; Catherine la derniere, fut femme d'Eginon Comte de Fribourg.

X.

THIEBAUT II.

Depuis 1303. jusqu'en 1312.

THIEBAUT II. longtems avant son avénement au Trône, avoit épousé Elisabeth de Rumigny, qui lui apporta en mariage les Seigneuries de Rumigny en Thieraíche, d'Aubenton en Champagne, de Boves en Picardie, de Mattigny, & de Bures en Flandres.

L'année qui précéda la mort de son pere, il fut fait prisonnier à la bataille perduë à Courtray contre les Flamans. Son épouse engagea ses Terres de Martigny & de Bures, pour aider à payer sa rançon. Devenu Duc de Lorraine, il montra toûjours le même attachement aux intérêts de la France. Il combattit dans l'armée du Roi Philippe le Bel, 1304

à la

à la bataille gagnée à Mons-en-Puelle contre les Flamans, & ne contribua pas peu par fes bons offices à leur reconciliation avec ce Monarque.

Thiebaut avoit été obligé auparavant de prendre les armes contre la Nobleffe de fes Etats. Il avoit voulu au commencement de fon régne, retirer quelques priviléges accordés au préjudice de fa Souveraineté, par le Duc fon pere. Les Seigneurs qui en étoient en poffeffion, armerent pour leur défenfe; mais vaincus par le Duc près de Lunéville, il furent punis de leur révolte, les uns par l'exil, d'autres par la démolition de leurs Châteaux, & tous par la réduction de leurs priviléges dans de juftes bornes.

Philippe le Bel étant venu en Lorraine vers l'an 1305, le Duc l'y reçut avec beaucoup de magnificence, & l'accompagna d'abord à Paris, enfuite à Lyon où il affifta au
1305 couronnement du Pape Clément V. Pendant la Cavalcade qui fuivit cette cérémonie, un vieux mur fur lequel s'étoit placé une foule de Peüple, s'étant écroulé tout à coup, renverfa le Pape, écrafa le Duc de Bretagne avec quelques Gentilshommes, & rompit le bras droit & la cuiffe gauche au Duc de Lorraine.

Revenu dans fes Etats immédiatement après fa guérifon, ce Prince eut à repouffer les attaques de Henry III. Com-
1306 te de Vaudémont, qui le défit même en deux differens combats. La paix fe fit par la méditation d'Othon de Granfon Evêque de Toul, & fut affermie par le mariage d'Ifabelle de Lorraine, fœur du Duc, avec le Comte de Vaudémont.

Cette guerre fut fuivie d'une courte tranquillité, pendant laquelle Thiebaut fit régler dans une nombreufe Affemblée tenuë à Colombey, que fi le fils d'un Duc de Lorraine venoit à mourir avant fon pere, fes enfans fuccéderoient au Duché à l'exclufion de tous autres héritiers. Il s'appliquoit ainfi à régler, par de fages Ordonnances, l'intérieur de fes Etats, quand il les vit tout à coup attaqués par Renaud de Bar Evêque de Metz, foutenu d'Edouard Comte de Bar fon neveu, & du Comte de Salm. Ce Prélat vint mettre le fiége devant Frouart, alors l'une des plus
                                    fortes

fortes Places du Duché. Leur armée étoit rangée dans la plaine au deſſous de cette Forereſſe. Le Duc y fondit bruſquement ſur eux, en tua une partie, en culbuta un grand nombre dans la Moſelle, & fit priſonniers les Comtes de Bar & de Salm. Ils n'obtinrent leur liberté qu'après la mort de Thiebaut, aux conditions qu'il plût à ſon ſucceſſeur de leur impoſer.

Thiebaut s'attacha ſur la fin de ſon régne à l'Empereur Henry de Luxembourg ſon couſin, qu'il accompagna d'abord à Aix la-Chapelle, où ce Prince fut couronné ; enſuite **1309** en Italie, où l'on prétend que le Duc fut empoiſonné d'un **1310** poiſon lent qui l'obligea de retourner dans ſes Etats. Il y eut quelques démêlés avec la France, au ſujet des prétentions de Louis Roi de Navarre & Comte de Champagne, fils du Roi Philippe le Bel, ſur l'hommage pour Neufchâteau, & quelques autres Villes du Duché. Thiebaut mourut avant la conclusion de cette affaire au mois de Mai de l'an 1312.

Les enfans de ce Prince furent 1°. Ferry IV. qui régna après lui. 2°. Mathieu, qui ayant épouſé en 1311. Mathilde de Flandres, Fille de Robert de Bethune Comte de Flandres, diſputa cet Etat à Louis de Nevers, & mourut ſans enfans. 3°. Hugues Seigneur de Rumigny & de Boves, marié l'an 1317. à Marguerite Dame de Baumez, dont il n'eut point de poſtérité. 4°. Thiebaut, Archidiâcre de Trêves. 5°. Marie, épouſe de Guy de Chatillon, fils de Gaucher Conêtable de France, auquel la Ducheſſe Eliſabeth de Rumigny s'étoit remariée. 6°. Marguerite, alliée à Guy de Flandres, Comte de Chiny. 7°. Iſabelle, qui épouſa Erard de Bar, Seigneur de Pierrepont, de Pierrefitte & d'Ancerville, fils de Thiebaut II. Comte de Bar.

XI.

X I.

FERRY IV.

Depuis 1312. jusqu'en 1328.

FERRY. IV. naquit au Château de Gondreville le 15.
Avril 1282. Son éducation fut confiée à l'Abbé de
Bonnefontaine. Il n'oublia jamais dans la suite de sa vie,
les sentimens de piété qu'on avoit eu soin de lui inspirer
dans cette Abbaye. L'inclination qu'il fit paroître pour les
armes dès qu'il fut en âge de les porter, & son attention
à ne manquer aucune occasion de signaler son courage, lui
firent donner le surnom de Luiteur. Il eut part à tous les exploits du Duc son pere. Ses premieres armes après son
avénement au Trône, furent employées à réduire des Vassaux rebelles. Il força les Comtes de Dasbourg & de Re-
chicourt, après les avoir vaincu dans un combat, à venir
lui rendre à Nancy l'hommage qu'ils lui contestoient.

1312

Son alliance avec Isabelle d'Autriche, fille de l'Empereur
Albert I. & sœur de Frederic III, lui fit embrasser le parti de ce dernier, contre Louis de Baviere son concurrent
pour l'Empire. Ferry se trouva aux combats d'Ulm, d'Es-
linguen, & de Strasbourg en 1320, & deux ans après à
la fameuse bataille de Muldorff où le Roy des Romains
Fridéric fut fait prisonnier par Louis de Baviere. Le Duc
eut le même sort; mais il ne tarda pas à obtenir sa liberté
à la sollicitation de Charles le Bel Roy de France, à condition qu'il ne donneroit dans la suite aucun secours au
Roy des Romains son beaufrere.

1322

Avant le commencement de cette guerre, & dès la seconde année de son régne, Ferry avoit conclu un Traité
très avantageux avec le Comte de Bar fait prisonnier à la
bataille de Frouart. Ce Prince pour obtenir sa liberté, transporta

porta au Duc l'hommage du Comté de Vaudémont, & lui engagea pour l'affurance du paiement de fa rançon, les Châteaux de la Mothe, de Gondrecour, de la Marche, de Conflans, & de Châtillon.

Ils s'engagerent enfuite par un traité folemnel, à s'aider mutuellement dans toutes leurs guerres. Ferry étant revenu d'Allemagne, entra avec le Comte dans la ligue 1323 concluë entre Henry Dauphin Evêque de Metz, & l'Archevêque de Trêves, contre les Meffeins. Leurs troupes réünies firent de grands dégats aux environs de Metz, dont les Habitans acheterent la paix l'année fuivante, aux conditions qu'il plût aux Princes ligués de leur impofer.

Ferry fe rendit enfuite auprès du Roi de France Char- 1324 les le Bel, & lui mena en Guienne du fecours contre Edoüard Roi d'Angleterre. Il ne témoigna pas moins de zéle pour les intérêts du Roy Philippe de Valois fucceffeur de Charles. Il fuivit ce Prince en Flandres, où on croit qu'il périt à la bataille gagnée à Caffel en 1328. fur les Flamans rebelles.

Il avoit eu de fon mariage avec Ifabelle d'Autriche, Raoul qui lui fuccéda; Frideric Comte de Lunéville; Thiébaut & Albert; tous deux Chanoines de Liége; Agnés époufe de Louis Seigneur de Mantouë, tige de la Maifon de Gonzague; Marguerite qui époufa Olry, Seigneur de Ribaupierre; & Elifabeth mariée à Hugues Duc de Zeringhen.

XII.
RAOUL.

Depuis 1328. jusqu'en 1346.

RODOLPHE ou RAOUL, fils aîné du Duc Ferry IV, étant encore mineur à son avénement au Trône, la Noblesse du Païs dans une assemblée tenuë après la mort de son prédécesseur, déféra la régence à la Duchesse Doüairiere Isabelle d'Autriche. Cette Princesse eut pendant les premières années de son gouvernement, quelques difficultés avec Thomas de Bourlémont Evêque de Toul. Ce Prélat étant entré en Lorraine avec des troupes pour réduire quelques-uns de ses Vassaux rebelles, ses soldats se débanderent, & firent le dégat dans une partie du Duché. Sur les plaintes de la Régente, l'affaire fut mise en arbitrage, & l'Evêque fut condamné à païer à la Duchesse deux mille livres de dédommagement.

Le Duc Raoul prit en 1334. l'administration de ses Etats. 1329 Il avoit épousé quelques années auparavant Eléonore, fille d'Edoüard I. Comte de Bar. Cette affinité n'empêcha point qu'il n'eut de grands démêlés avec Henry IV. frere de cette Princesse. Sur le refus qu'il fit de faire hommage au Duc de quelques fiefs qui relevoient de la Lorraine ; ce Prince voulut l'y contraindre en portant le fer & le feu dans les Terres que possedoit le Comte aux environs de Pont-à-Mousson. Henry usa de représailles en Lorraine, & bien-tôt on ne vit dans tout le Pays que ravages & qu'incendies, tristes effets de ces sortes de petites guerres, auxquelles le plus léger mécontentement déterminoit dans ces premiers tems, les Ducs de Lorraine & les Princes leurs voisins.

Le Roi de France Philippe de Valois, qui dans ses guerres contre Edoüard III. Roi d'Angleterre, l'ennemi le plus redoutable que jamais la France ait eu, avoit besoin des

troupes

troupes du Duc de Lorraine & du Comte de Bar, vint à
bout de les accommoder l'an 1337. Cinq ans auparavant
la Duchesse Eléonore étant morte sans enfans, Philippe
avoit fait épouser au Duc, Marie de Blois, Comtesse de
Guise sa niéce, fille de sa sœur Jeanne de Valois, & de
Gui de Châtillon Comte de Blois. Ce fut cette Princesse
qui fit entrer le Comté de Guise dans la Maison de Lorraine. Raoul témoigna toujours beaucoup d'attachement
pour le Roi son oncle, qu'il servoit avec zéle, surtout dans
la guerre que ce Monarque eut à soutenir contre les Anglois, pendant presque tout le cours de son régne.

La trêve concluë avec eux l'an 1340, obligea le Duc à
aller chercher ailleurs des occasions de signaler ce courage
héroïque qui faisoit son cáractere, & qui lui a mérité le
surnom de Vaillant. Sa religion le décida pour l'Espagne,
d'où les Chrétiens n'avoient pu, encore par près de six cens
ans de combats & de victoires, exterminer les Maures,
qu'une campagne ou deux avoient rendus maîtres de cette
florissante Monarchie. A son arrivée il trouva le Roi Al-
fonse XI. de Castille, prêt à marcher contre la formidable
armée des Maures d'Afrique, qui assiégeoient Tariffe. La
réputation du Duc de Lorraine lui fit donner le commandement de l'aîle gauche de l'armée Chrétienne. La bataille
se donna le 26. Octobre de cette année ; on fit un carnage affreux des Infidéles, dont presque tous les Historiens
font monter la perte à deux cent mille hommes. Cette
victoire fut suivie de la prise d'Algesir peu de jours après.

La guerre de Bretagne allumée l'année suivante entre Jean 1341
Comte de Montfort, & Charles de Blois, fit marcher
Raoul au secours de son beaufrere. Il se trouva avec gloire
à la prise de Châtonceau, & au siége de Nantes, & se
mêla, dit-on, dans un combat de deux cent Chevaliers
François, contre autant de Bretons, où les premiers eurent
tout l'avantage.

La construction de Châteaufalins sur les Terres de l'E- 1342
vêché de Metz, lui attira quelque tems après sur les bras,
presque tous ses voisins, que l'Evêque Adémar vint à bout
de liguer contre lui. Après deux ans de guerre, dont les

C ij   exploits

exploits fe bornerent à faire de part & d'autre de grands, ravages: la paix fe fit en 1345. à l'avantage du Duc.

L'année fuivante Edoüard III. étant débarqué en Normandie avec une puiffante armée, Raoul vola au fecours de Philippe de Valois, & le joignit à Abbeville, où par un fecret preffentiment de fa mort prochaine, il fit fon teftament le 25. Août. La bataille fe donna le lendemain près de Crecy. L'armée Françoife fatiguée d'une longue marche, fe trouva affez en défordre en préfence de celle d'Angleterre. Philippe vouloit differer le combat, mais il ne fut point maître de l'impétuofité de fes troupes. On fe mêla d'abord, & le carnage fut horrible fur tout dans l'armée de France. Le Duc Raoul y fit des prodiges de valeur; nul ne pénétra fi avant dans les bataillons ennemis; il leur difputoit encore la victoire, lorfqu'enveloppé par un corps d'Anglois & de Gallois, il périt avec le Comte Louis de Blois fon beaufrere.

Son corps fut rapporté en Lorraine, & enterré dans l'Abbaïe de Beaupré; quoique ce Prince eut choifi fa fépulture dans l'Eglife Collégiale de St. Georges de Nancy, 1349 qu'il avoit fondée, & dont Mathieu de Nancy ou de Lenoncourt, fils de Thierry Grand Bailly de Lorraine, fut le premier Prévôt. Jean, Dauphin de France, & les Princes fes freres, honorerent de leur préfence les obfeques de ce grand-homme. Toute la fuite de fa vie ne fut qu'une guerre continuelle; fa valeur héroïque fit l'admiration, & le foutien des deux plus puiffantes Monarchies du monde. Il fut d'autant plus regretté de fes fujets, qu'il ne laiffa qu'un fils en bas-âge parmi des voifins jaloux de fa gloire, qui ne cherchoient qu'une occafion favorable pour fe dédommager de leurs pertes.

XIII.

XIII.

JEAN I.

Depuis 1346. jufqu'en 1390.

MARIE de Blois, déclarée Régente dans le teſtament du Duc Raoul ſon mari, gouverna pendant
la minorité de Jean I. ſon fils unique. Cette régence fut
fort orageuſe. Marie, Princeſſe courageuſe & entrepre-
nante, pouſſa avec vigueur la guerre ſuſcitée de nouveau
par l'Evêque de Metz, au ſujet de Châteauſalin. Les ſuccès furent variés, mais toûjours funeſtes aux Sujets des
deux Puiſſances, dont les troupes bornoient leurs exploits
après de légers combats, à faire le dégat, tantôt autour
de Metz, tantôt autour de Nancy, ſelon que l'un ou l'autre parti ſe ſentoit ſupérieur. Enfin l'Evêque prit & raſa   1349
Châteauſalin, avec quelques autres petites fortereſſes. La
paix qui ſuivit cette expédition, fut de peu de durée. La
Régente ayant groſſi ſes troupes des ſecours que lui fournirent le Comte de Virtemberg & ſes autres alliés, ſe crut
en état de former le ſiége de Metz. Le bon état où elle   1350
trouva cette Ville remplie d'un peuple nombreux & ag-
guerri, lui fit abandonner ce projet. Elle ſe contenta donc
d'y répandre la terreur en ruinant les Villages les plus voiſins, & ſe retira enſuite en Lorraine. Les Meſſins ayant
tout ravagé ſur leur route, vinrent peu de tems après in-
ſulter Nancy; puis aidés de Thiebaut Comte de Blamont,
ils battirent à leur retour le Comte de Linanges, époux de
la Régente, qui croyoit les ſurprendre à leur retraite.

En conſéquence de ſon mariage avec ce Comte, la Ducheſſe avoit été obligée quelque tems auparavant, pour ſe
conformer à une clauſe du teſtament du feu Duc Raoul,
de partager le gouvernement du Duché, avec le Comte de
Virtemberg,

Virtemberg, qui envoya en Lorraine, en qualité de ſon
Lieutenant, Bochard Sire de Féneſtrange.

Ce fut pendant leur régence, que les Comtés de Luxembourg & de Bar furent érigés en Duchés par Charles IV.
de Luxembourg élû Roi des Romains. D'autres prétendent
que ce fut de Jean Roi de France, que Robert Comte de
Bar obtint le titre de Duc, en épouſant Marie de France
ſœur de ce Monarque.

1360 Quatre ans avant le mariage de Robert de Bar, le Duc
Jean qui avoit été élevé à la Cour de France, étoit venu
prendre le gouvernement de ſes Etats. A peine y avoit-il
paſſé trois ans, qu'à la ſollicitation du Roi Jean, que les
affaires de ſon Royaume mettoient hors d'état de remplir
les engagemens qu'il avoit pris d'aller combattre les infidéles, il prit la Croix à la place de ce Monarque, & alla
en Pruſſe au ſecours des Chevaliers Teutoniques, contre
les Lithuaniens encore Idolâtres.

Son armée ayant été conſidérablement groſſie en chemin par différens Seigneurs d'Allemagne animés du même
1363 zéle, il attaqua à la tête de l'avangarde, le Duc de Lithua-
nie dans la plaine d'Hazelandt. La bataille fut ſanglante,
& la victoire complette.

Le Duc au retour de cette glorieuſe expédition, repouſſa les Anglois qui ravageoient la Champagne. Vers le mê-
1364 me tems des Avanturiers Bretons, au nombre de quarante
mille hommes, s'étant jettés dans ſes Etats, il les ſurprit
entre le village de la Neuveville & St. Nicolas, en tua un
grand nombre, & diſſipa le reſte. Ils reparurent l'année
ſuivante aux environs de Thionville, le Duc leur donna la
chaſſe de nouveau, & ce fut avec le même ſuccès.

La guerre s'étoit cependant rallumée entre les Comtes
de Montfort & de Blois, qui, appuïés de toutes les forces
de l'Angleterre & de la France, ſe diſputoient le Duché de
Bretagne. Le Duc de Lorraine y marcha au ſecours de Charles de Blois ſon oncle, & ſe trouva à la journée d'Avray,
ſi fatale au parti de ce Prince qui y périt. Le Duc ſon
neveu fut fait priſonnier, & recouvra bientôt après ſa liberté, à la priere de la Comteſſe de Montfort même. Il
conſerva

conserva tant de vénération pour la mémoire de son oncle, Prince d'une vertu exemplaire, qui avoit été trouvé sur le champ de bataille avec une haire sous ses armes, & à qui on attribua plusieurs miracles, qu'il fonda dans la suite en son honneur une Chapelle dans l'Eglise de St. Georges de Nancy.

Les Etats du Duc à la fin de cette guerre, avoient besoin de sa présence. Henry V. Comte de Vaudémont, & Seigneur de Joinville, s'y étoit jetté, & y faisoit du dégat. 1365

Jean se ligua à son retour avec le Duc de Bar, & les Evêques de Metz & de Toul, tous également intéressés à réprimer un Voisin inquiet & entreprenant, aïant joint leurs forces aux siennes, il porta la guerre dans le Comté de Vaudémont, & y mit tout à feu & à sang. Le Comte hors d'état de résister par lui-même, aima mieux appeller à son secours ces Avanturiers de toutes les Nations qui désoloient le Païs, que de recourir à la clémence du Duc dont il étoit Vassal. Jean, pour arrêter les désordres affreux que commettoient dans la Lorraine ces brigants rassemblés sous les étendarts de Henry, le joignit avec ses troupes, engagea le combat auprès de St. Blin, lui tua dix mille hommes, & fit quatre cent prisonniers. Pour achever ensuite d'exterminer ces ennemis publics, il se ligua avec le Roi de France Charles V. & le Duc de Bar, & vint à bout d'en nettoïer entiérement la Lorraine. 1366

La même année l'Empereur Charles IV. le fit son Lieutenant-Général dans tout le Païs situé sur la Moselle, & ordonna aux Villes Episcopales de lui obéir en cette qualité. Aussi habile politique qu'il étoit grand guerrier, Jean emploïa les intervalles de paix que lui procuroient ses victoires, à retirer ses Domaines engagés ou aliénés, à bannir les abus, suite ordinaire du tumulte des armes, & à faire fleurir la Religion dans ses Etats. Il chercha & fit punir sévérement les Hérétiques, & s'appliqua également à encourager la vertu par ses libéralités, & à faire rendre une exacte justice à ses Sujets, sur tout aux pauvres, au jugement desquels on le voïoit souvent assister lui-même.

Comme il se trouvoit souvent à la Cour de France, où
il étoit

il étoit extrémement confidéré, il eut part, ou pour le Confeil, ou pour l'exécution aux affaires les plus importantes
1372 de l'Etat. Pendant fon abfence les habitans de Neufchâteau, dont il avoit fait punir févérement une premiere fé-
dition, fe mutinerent de nouveau, & porterent contre le
Duc des plaintes à la Cour de France dont ils relevoient
alors. Ils vinrent à bout d'aliéner de ce Prince l'efprit du
jeune Roy Charles VI. qui venoit de fuccéder à fon pere.
1382 Jean ne laiffa pas de joindre fes troupes à l'armée que le
Roi ména en Flandres, & fe diftingua à la bataille gagnée
à Rofebecq fur les Flamans,

De retour à Paris avec fes troupes, il fe préparoit à paffer en Italie avec Louis d'Anjou oncle du Roy, adopté par
Jeanne I. Reine de Naples, qui l'avoit déclaré héritier de
fes Etats, lorfqu'il fut, dit-on, empoifonné par un de fes
Sécretaires. Si ce fait eft vrai, le poifon fut longtems à
produire l'effet qu'en attendoient les rebelles de Neufchâteau accufés de cet attentat, puifque le Duc ne mourut que fix ans après fur la fin de l'année 1390.

Il avoit époufé en premières nôces Sophie fille d'Eberard IV. Comte de Virtemberg, qui pendant fa minorité
avoit eu part à la régence du Duché. Après fa mort en
1360, il s'allia avec Marguerite héritière des Comtés de
Loff & de Chini, dont il n'eut point d'enfans. Ceux du
premier lit furent Charles I. dit vulgairement II. fon fuc-
cefleur; Ferry, tige de la feconde Maifon de Lorraine-
Vaudémont, qui monta fur le Trône du Duché l'an 1473;
& Ifabelle alliée en premières nôces à Enguerrand VII. du
nom, Sire de Coucy, Comte de Soiffons & de Marle,
Grand Boutillier de France, tué à la bataille de Nicopolis
contre les Turcs. Elle contracta une feconde alliance avec
Etienne II. Duc de Baviere, dont elle n'eut point d'enfans,

XIV.

XIV.
CHARLES II.

Depuis 1390. jusqu'en 1431.

CHARLES, que l'usage peu fondé de compter parmi les Ducs de Lorraine, Charles de France oncle du Roi Louis V. a fait regarder comme le second de ce nom, monta sur le Trône à l'âge de vingt-cinq ans. Elevé à la Cour de France auprès du Roi Charles V. son parrein, il avoit dès l'enfance formé une liaison étroite avec Philippe Duc de Bourgogne, frere de ce Monarque. Le surnom de Hardi que l'intrépidité de Philippe à la funeste bataille de Poitiers lui avoit fait donner dès l'âge de quatorze ans, Charles le mérita par un courage égal, soutenu tout le cours de sa vie dans une foule d'occasions éclatantes, qui en firent un des plus grands Capitaines de son siécle.

Il eut pour maître dans l'art de la guerre, le Duc Jean son pere, & combattit à ses côtés à la bataille de Rosebecq, & aux siéges d'Ypres, de Gand & de Tournay, qui malgré les secours envoïés aux Flamans par les Anglois, furent emportés dans le cours de cette guerre.

Après avoir réglé à son avénement au Trône, l'appanage de son frere Ferry, à qui il céda le Comté de Guise, & les autres Terres possédées par sa Maison en Thierasche, & puni avec la derniere rigueur les habitans de Neufchâteau acculés de la mort du Duc son pere, il passa en Affrique avec le Duc de Bourbon. L'Armée Chrétienne débarqua malgré les efforts des Infidéles ; battit ensuite leur armée près de Cartage, & obligea le Roi de Tunis à remettre en liberté les Esclaves Chrétiens, & à païer dix mille écus d'or pour les frais de cette expédition.

La quatriéme année de son régne fut signalée par la dé- 1394
faite

faite des habitans de Strasbourg, qui avoient voûlu l'obliger les armes à la main à les décharger du tribut que cette Ville lui païoit. A la priere de l'Empereur Venceslas, il leur accorda la paix, à condition qu'outre le tribut ordinaire, ils lui païeroient une somme considérable pour le dédommager des frais de cette guerre. Son zéle ensuite, autant que l'ardeur de se distinguer, le fit marcher en Prusse contre les 1399 Lithuaniens infidéles. Il eu la principale part aux grands avantages remportés sur eux pendant cette campagne.

Les troubles de l'Allemagne lui fournirent à son retour 1400 de nouvelles occasions de se signaler. Rupert de Baviere venoit d'être élû Empereur à la place de Venceslas de Luxembourg, que ses débauches & son incapacité avoient fait déposer par les Princes de l'Empire. Le Duc Charles, qui dès la troisiéme année de son régne, avoit épousé Marguerite de Baviere, fille du nouvel Empereur, ne manqua pas de prendre avec vivacité le parti de son beaupere contre Venceslas, & Sigismond Roi de Hongrie son frere, qui lui disputoient la Couronne.

1401 Comme les Villes de Metz & de Toul refusoient de reconnoître Rupert, le Duc leur déclara la guerre ; & la commença par le siége de Toul, assisté de Ferry Comte de Vaudémont son frere, & d'Edoüard Marquis de Pont-à-Mousson, fils aîné du Duc de Bar. Les Assiégés eurent recours au Roi Charles VI, & obtinrent de ce Monarque un ordre au Bailli de Vermandois de saisir tout ce que les Princes ligués possédoient dans l'étendüe de son Bailliage. Mais avant que cet ordre pût avoir son exécution, la Ville avoit été obligée de se rendre faute de vivres, après deux mois de siége.

Sigismond Roi de Hongrie, s'étant sur ces entrefaites fait déclarer Vicaire de l'Empire par son frere Venceslas ; le Duc de Lorraine marcha contre lui au secours de Ru- 1402 pert, défit son armée, & soumit les Villes de Francfort, & de Nuremberg.

Pour soutenir les restes de son parti chancelant, Venceslas engagea en même tems son Duché de Luxembourg à Louis Duc d'Orléans frere du Roi Charles VI. Ce Prin-

cc

ce attaché par là de plus en plus au parti de l'Empereur déposé, voulut contraindre le Duc de Lorraine à renoncer à celui de son concurrent. Après s'être fortifié de l'alliance du Duc de Bar, de l'Evêque de Verdun, des Comtes de Nassau, de Salm, & de Sarwerden, du Damoiseau de Commercy, & de quelques autres Seigneurs voisins, il envoïa ordre au Grand Maréchal de Luxembourg, de déclarer la guerre à Charles. Ce Général se vit bientôt à la tête d'une puissante armée; & aïant été joint par les Princes alliés du Duc d'Orléans, il envoïa à Nancy un Héraut avec ordre au 1407 Duc de lui faire apprêter à dîner, & aux Seigneurs de son armée, dans son Palais de cette Ville. Charles répondit à cette bravade des ennemis: Qu'il iroit au devant d'eux, & auroit soin de les bien recevoir. Leur armée s'étant approchée de Nancy, le Duc avec des troupes fort inferieures en nombre, en sortit, & les attaqua entre cette Ville & le Village de Champigneule. Après un combat opiniâtre, la victoire se déclara pour lui; le Maréchal avec les Comtes de Sarwerden, de Salm, de Sarbruch, & plusieurs autres Seigneurs tombèrent en son pouvoir, & dînèrent en effet à Nancy, non dans le Palais, mais dans les prisons de cette Capitale. Charles fut redevable de cette victoire à la piété de la Duchesse son épouse, du moins autant qu'à sa valeur. Cette vertueuse Princesse faisoit faire dans la Ville, durant le combat, des prieres publiques & une procession solemnelle. Elle y assista elle-même nuds pieds, & ce ne fut pas là la seule occasion où sa piété attira la bénédiction du Ciel sur les entreprises du Duc son époux. Ce Prince après sa victoire, fit ravager les Terres de ses ennemis, & ne remit en liberté ceux qui étoient en son pouvoir, qu'à des conditions avantageuses pour ses Sujets.

L'assassinat du Duc d'Orléans commis la même année à Paris par les ordres de Jean Duc de Bourgogne, aïant divisé la France en deux partis; Charles, & par ressentiment contre le Duc d'Orléans, & par une suite de son attachement pour le pere du Duc de Bourgogne, se rangea du côté de celui-ci. Il l'accompagna à Paris, & appuïa sa pré- 1408 tenduë justification. Dans la guerre que ce Prince fit ensuite

aux Liégeois révoltes contre Jean de Baviere leur Evêque,
le Duc de Lorraine qui commandoit l'arriere-garde de son
armée, eut beaucoup de part à la victoire remportée sur
eux près de Maftricht. Son attachement pour le Bourguignon, le fit regarder de fort mauvais œil à la Cour de
France. Il en étoit si mécontent en ce tems là, que dans son
restament il avoit réglé que ses filles ne pourroient s'allier
à aucun Prince du sang de France. L'intérêt de ses Etats
le fit changer de sentimens quelques années après.

La situation de la Cour de France, ne tarda pas aussi à
changer. La faction de Bourgogne y prit le dessus, & le
Duc Charles qui en étoit toujours un des plus fermes sou-
tiens, après avoir défait près de Pont-à-Mousson l'armée
des Seigneurs pris à la bataille de Champigneule, & mécontens des conditions qu'il leur avoit imposées en leur ac-
cordant la liberté, alla offrir ses troupes au Roy Charles
1412 VI. contre le Duc de Berry oncle de ce Prince, & plusieurs Seigneurs opposés au Duc de Bourgogne. La peste
qui se fit sentir dans les deux armées, hâta la paix. Elle fut
1415 suivie de la guerre avec l'Angleterre, à laquelle le Duc
Charles eut peu, ou point de part. Les troubles de France
continuoient cependant toujours; le Duc de Bourgogne
haï à la Cour, s'en vengea sur plusieurs Provinces du Roïaume qu'il ravagea. Il s'unit ensuite aevc la Reine Isabelle de
Baviere. Leur union procura au Duc de Lorraine l'Epée de
Connêtable que la Reine lui donna au commencement de
l'an 1418. Cette dignité lui fut confirmée par le Roy la
même année. Il la garda peu de tems. Fatigué du tumulte qui régnoit dans le gouvernement, il se retira dans ses
Etats sur la fin de cette même année, où la mort funeste du
Duc de Bourgogne assassiné à Montereau-Faut-Yonne, sous
les yeux du Dauphin, le fixa tout le reste de son régne.

L'importante affaire de sa succession l'y occupa d'abord
uniquement. Il avoit eu de Marguerite de Baviere son épouse deux fils & deux filles. Les Princes étoient morts l'un &
l'autre en bas-âge. Ainsi la succession regardoit Isabelle fille
aînée du Duc, dont l'alliance fut dès lors recherchée par
les plus grands Princes de l'Europe.

Henry

Henry V. Roy d'Angleterre, que le fameux traité de Troyes venoit de rendre maître de toute la France, dont il avoit été déclaré héritier, la demanda pour le Duc de Bedfort son frere. Mais Charles persüadé que l'intérêt de sa Maison & de ses Etats étoit de réünir pour toujours les **1418** deux Duchés de Lorraine & de Bar, avoit aussitôt après son retour accordé la Princesse sa fille à René d'Anjou, fils puîné de Louis II. Roy de Naples, & d'Yolande d'Arragon. Ce Prince du chef d'Yolande de Bar son aïeule, & en vertu de la donation de Robert Cardinal & Duc de Bar, frere de cette Princesse, étoit héritier de ce Duché. Il fut stipulé dans le contrat, que René aussitôt après son arrivée en Lorraine, seroit déclaré par le Cardinal son grand-oncle, Duc de Bar & Marquis de Pont-à-Mousson; que jusqu'à sa majorité le Duc Charles son beaupere auroit la régence de ses Etats, & que dans une assemblée des Etats de Lorraine, Isabelle seroit en même tems reconnuë héritiere du Duché. Jean Comte de Salm, Jean Seigneur d'Haussonville Maréchal de Lorraine, Jean de Lenoncourt, Ferry de Ligniville, & les autres principaux Seigneurs du Païs, se rendirent garants de ce fameux traité, qui réünit pour toujours le Duché de Bar avec le Marquisat de Pont-à-Mousson à la Lorraine, dont les Souverains ont depuis Charles II. joint à leurs premieres armes celles de Bar, & de divers Etats possedés alors par la Maison d'Anjou, ou sur lesquels elle avoit des prétentions.

Le reste du regne de Charles fut emploïé à tirer vengeance de quelques injures qu'il prétendit avoir reçu des Villes de Toul & de Metz. La guerre qu'occasionna avec **1447** cette derniere le refus de païer les droits que prétendoient les Officiers du Duc sur une hotte de pommes qu'on y avoit porté de l'Abbaïe de St. Martin soumise à ce Prince, fut aussi serieuse que le sujet en étoit léger. Elle dura trois ans entiers avec une égale animosité de part & d'autre; l'Abbaïe & le Bourg de St. Martin près de Metz, avec la plupart des Villages du Pays, en furent la victime. Ce fut après la ruine de cette Abbaye, que le Duc fit transporter à Nancy le corps de St. Sigebert Roy d'Austrasie. Les Mes- **1450** seins feins furent obligés de payer au Duc foixante mille florins pour la rançon de leurs prifonniers, & les frais de la guerre. L'année qui précéda la paix, on avoit vû à la Cour du Duc, la fameufe Jeanne d'Arc née au Village de Domremy en Lorraine, & fi connuë depuis fous le nom de Pucelle d'Orléans. Elle fut préfentée à ce Prince par Robert de Baudricourt Gouverneur de Vaucouleurs. Charles lui fit donner un cheval & des armes, dont elle fe fervit en fa préfence avec beaucoup d'adreffe. Elle partit enfuite pour joindre à Chinon le Roy Charles VII, dans les affaires duquel fon arrivée caufa cette révolution furprenante, qu'on auroit droit de regarder comme une fable, s'il y avoit rien dans toute l'hiftoire de mieux conftaté.

Charles II. mourut le mercredi 25. Janvier de l'an 1431. Ce fut un Prince bien fait, & d'un courage extraordinaire, fage dans fes projets, & heureux dans l'exécution, aimant les fciences, & fur tout l'hiftoire. Il portoit toûjours avec lui l'hiftoire de Tite-Live & les commentaires de Cefar. Il ne fe paffoit gueres de jour qu'il n'en lût quelque chofe. Quelque réputation que lui euffent attiré fa valeur & fes exploits, il difoit fouvent qu'en comparaifon de Cefar, il lui fembloit n'être qu'un apprentif dans le métier de la guerre. Heureux fi poffedant toutes les qualités qui font les héros, il eût fu fe garantir d'un vice qui trop fouvent en a terni l'éclat. Son attachement aveugle & fcandaleux pour la fameufe Alifon de May, avoit tellement irrité fes fujets, qu'après fa mort le peuple s'étant faifi de cette indigne maitreffe de Charles, après l'avoir promené avec ignominie par les ruës de Nancy, la fit mourir honteufement. Cette paffion n'étouffa pas dans le cœur de Charles les fentimens de piété qu'il avoit hérité de fes ancêtres. Parmi fes pieux établiffemens, on compte l'Hôpital de St. Julien de Nancy, & le Couvent des Clariftes de Pont-à-Mouffon, qu'il fonda en faveur de Ste. Colette, avec la Ducheffe Marguerite fon époufe.

Outre Ifabelle fon héritiere, il laiffa de cette Princeffe Catherine alliée à Jacques Marquis de Bade, & mere du Bienheureux Bernard de Bade, de George de Bade Evêque
de

de Metz, & de Charles dont defcendent les branches de cette illuftre Maifon qui fubfiftent aujourd'hui.

Les enfans naturels du Duc Charles, qu'il reconnut & partagea dans fon teftament, furent Ferry, tige de la Maifon de Biliftein ; Jean qui donna commencement à celle de Darnieulles ; Ferry de Lunéville, Chevalier de l'Ordre de St. Jean de Jérufalem, & deux filles.

HISTOIRE
DE LA MAISON
DE LORRAINE.

SECONDE PARTIE.

BRANCHE
D'ANJOU-LORRAINE.
XV.
RENÉ I. D'ANJOU,
PREMIER DUC DE LORRAINE
ET DE BAR.

Depuis 1431. jusqu'en 1453.

RENÉ D'ANJOU DUC DE BAR, succéda dans le Duché de Lorraine à Charles II. son beaupere. Depuis que son mariage avoit été conclu avec l'héritiere de cet Etat, il avoit accompagné Charles dans toutes ses entreprises. Dès qu'il eut appris la mort de ce Prince, il se rendit à Nancy avec un cortége nombreux, composé de la principale Noblesse du Pays. Il

D   y

y entra aux acclamations du peuple, & prit poſſeſſion du Duché l'an 1431. Il viſita enſuite les principales Villes du Pays, & vit par tout ſes nouveaux ſujets s'empreſſer de lui venir rendre leurs hommages.

Ce conſentement unanime de tous les Etats du Duché en faveur de René, n'empêcha point Antoine de Lorraine Comte de Vaudémont, neveu du feu Duc, de lui en diſputer la poſſeſſion. Du vivant de Charles ſon oncle, il avoit reclamé contre les diſpoſitions de ce Prince ; après ſa mort, il fit ſignifier à la Ducheſſe Doüairiere & aux Etats, ſes prétentions ſur le Duché, en qualité de plus proche héritier mâle du dernier Duc. Il vint même ſe préſenter devant Nancy, à deſſein de s'y faire recevoir comme Souverain. Sur le refus qu'on fit de le reconnoître, il leva des troupes dans ſon Comté de Vaudémont, & après avoir pris le titre de Duc de Lorraine, il vint, avec les ſecours qu'il reçut de Bourgogne, diſputer la Souveraineté à ſon concurrent.

René fit de ſon côté les préparatifs néceſſaires pour mettre ſes Etats à l'abri de l'invaſion dont ils étoient ménacés. Il raſſembla un bon corps de troupes, qui, renforcé par celles que lui envoya le Roy Charles VII. ſon beaufrere, ſe trouva de plus de vingt mille hommes. Avec ces forces il alla faire le dégat dans le Comté de Vaudémont, & en aſſiégea la Capitale. Il laiſſa le commandement du ſiége au Marquis de Bade, & aux Seigneurs de Lenoncourt & du Châtelet, pour marcher lui-même contre ſon rival. Il le trouva campé avantageuſement ſur un ruiſſeau près de Bullegnéville. L'armée d'Antoine n'étoit compoſée que de deux mille hommes de pied, & de quatre mille chevaux. Mais Antoine étoit un héros plein de valeur & d'habilité, infatigable dans les travaux de la guerre, & déjà vainqueur dans ſept combats. Il attendit l'ennemi dans ſes retranchemens.

1431　Les deux armées ſe trouvèrent en préſence le Dimanche 5me. Juillet, & demeurèrent en bataille pendant la plus grande partie du jour. Sur le ſoir comme on ſe fut retiré de part & d'autre, les principaux Officiers d'Antoine alléguant la diſette des vivres dans l'armée, & l'extrême inégalité

galité de forces, conclurent à la retraite. Le Comte fut
obligé de se rendre à cet avis. Comme il faisoit le lendemain défiler ses troupes, il vit l'ennemi s'avancer en bataille, il s'arrêta sur le champ, & se prépara à le recevoir.
L'avis des plus sages du parti de René, avoit été qu'il
se servît de la supériorité de ses forces pour bloquer
dans les retranchemens la foible armée de son rival, que
la disette de vivres ne pouvoit manquer de livrer à sa discrétion en peu de jours. Mais l'impétuosité des jeunes Seigneurs l'emporta. Il n'y en a pas, disoient-ils, pour nos
pages, nous les forcerons au premier choc. Toute l'armée
s'étant donc ébranlée, Antoine fit faire sur elle une décharge de toute son artillerie, ses archers Picards en seconde-
rent le feu si à propos, qu'ils causèrent un grand dérange-
ment dans les bataillons ennemis ; la gendarmerie du
Comte, qui donna en même tems avec vigueur, en acheva la déroute. Le choc ne dura pas plus d'un quart d'heure. René blessé en trois endroits, fut fait prisonnier par
l'Ecuyer du Seigneur d'Enghein ; le Maréchal de Bourgogne s'en étant saisi aussitôt, le livra au Duc son Maître,
qui le tint longtems en prison dans le Château de Dijon.
On compta dans son armée plus de deux mille cinq cent
morts. Le Comte de Vaudémont ne perdit pas deux cens
hommes.

A la nouvelle de cette défaite, les troupes qui assiégeoient Vaudémont, se retirèrent avec précipitation, laissant leurs équipages dans leur camp ; les assiégés les pour-
suivirent, en tuèrent un grand nombre, & firent plusieurs
prisonniers.

Le Comte de Vaudémont touché des remontrances de
la Duchesse Doüairière Marguerite de Bavière, & des malheurs où cette guerre civile alloit plonger sa patrie, consentit au commencement d'Août à une trêve de près d'un
an, pendant laquelle on négocia inutilement la liberté de
René d'Anjou. Tout ce qu'on put obtenir du Duc de
Bourgogne, fut qu'il lui accordât son élargissement pour
un an seulement, en recevant pour ôtages les Princes Jean 1438
& Louis ses deux fils, avec les Villes de Charmes, Bour-
D ij   mont,

mont, Clermont en Argonne, & Châtillon fur Saône. En
exécution de ce traité, les deux Princes encore enfans,
furent conduits à Dijon par Jean de Feneftranges Grand-
Maréchal, Gerard de Haraucourt Sénéchal de Lorraine,
Wary de Fléville Bailli d'Allemagne, Philippe de Lenoncourt, Erard & Philibert du Châtelet, Guillaume de Ligniville, & les principaux Seigneurs de Lorraine garants du
traité.

René fortit de fa prifon le 25. d'Avril, & fe rendit en
droiture dans fes Etats. Sur la fin de l'année il alla en Flandres avec le Comte de Vaudémont; ils y convinrent de
s'en tenir au jugement du Duc de Bourgogne, qui pour
les raprocher davantage, propofa dès-lors le mariage
d'Yolande fille aînée de René, avec Ferry de Lorraine,
fils d'Antoine. Ce mariage fut agréé de part & d'autre,
fans que pour cela le Comte renonçât à fes prétentions.
Ils ne laifferent pas de retourner enfemble en Lorraine,
& d'y vivre dans une parfaite intelligence, jufqu'à ce
qu'en 1434. l'Empereur Sigifmond, que la Régence de
Lorraine avoit prié de prendre connoiffance de l'affaire de
la fucceffion, décida en faveur de René. Le terme de l'é-
largiffement de ce Prince étoit expiré depuis longtems;
mais le Duc de Bourgogne fûr de fes ôtages, ne s'étoit pas
beaucoup empreffé à reclâmer fon prifonnier. Le Comte
de Vaudémont irrité du jugement de l'Empereur, eut recours à ce Duc, qui obligea René de revenir dans fa prifon.
A peine y avoit-il été trois femaines, qu'il apprit la mort
de Jeanne II. Reine de Naples & de Sicile. Cette Princeffe
1435 en confirmant le teftament de Louis III. d'Anjou qu'elle
avoit adopté, & qui étoit mort l'année précédente, avoit
déclaré le Duc de Lorraine, frere puîné de Louis héritier
de tous fes Etats. Les titres de Roy de Naples & de Sicile,
de Duc d'Anjou, & de Comte de Provence, avec les
grands domaines qui s'y trouvoient attachés, ne fervirent
en de pareilles circonftances, qu'à appéfantir les chaînes de
ce Prince infortuné. Le Duc de Bourgogne mit fa liberté
à un prix fi exceffif, qu'il en défefpéra, & prit le parti de
faire recueillir par fon époufe tant de riches fucceffions.

Cette

Cette Princesse revêtuë de tout le pouvoir du Roi son mari, arriva en Italie au mois de Septembre. Les intérêts de René ne pouvoient être en meilleures mains. Isabelle de Lorraine joignoit à une force de tempérament, & à une grandeur d'ame capables des plus hautes entreprises, un esprit également vif & solide, avec beaucoup d'éloquence & de politesse. Après avoir fait son entrée à Naples au mois d'Octobre, elle se mit en campagne pour soumettre les places du Roïaume qui tenoient pour Alphonse d'Arragon, concurrent de René. Elle soutint la guerre contre ce Prince avec differens succès; mais avec un courage toujours égal, jusqu'à ce que le Roi son mari, délivré enfin 1438 de sa prison, moïennant une très-grosse rançon qu'il paia au Duc de Bourgogne, vint lui-même en Italie se mettre à la tête de son parti. Il conquit sur Alphonse le Duché de Melphi, & fit quelques progrès dans l'Abruzze. Alphonse pour faire diversion, alla former le siége de Naples qu'il fut contraint de lever. René s'y rendit aussitôt après sa retraite, résolu de réduire en son pouvoir les Châteaux de cette Ville, qui tenoient pour son concurrent. Il les emporta presque à la vûë d'Alphonse, & soumit ensuite la Principauté de Salerne, & s'empara de plusieurs places dans la Calabre. Ces petites conquêtes ne décidoient rien; l'Ar- 1439 ragonois en faisoit de son côté, & se trouva même l'année suivante tellement supérieur à son ennemi, qu'il entreprit de nouveau le siége de Naples, & l'emporta d'assaut malgré la vigoureuse résistance de René qui s'y étoit enfermé. Ce Prince abandonné de la noblesse du Royaume, & voyant son parti sans ressource, quitta l'Italie, & se rendit en Provence.

Pendant sa prison, & l'expédition qui la suivit, la régence de la Lorraine avoit été confiée à Conrad Bayer de Boppart Evêque de Metz, à Louis d'Haraucourt Evêque de Verdun, & à Erard du Châtelet Maréchal de Lorraine.

Le Comte de Vaudémont irrité de la préférence donnée à ces trois Seigneurs, sur Ferry son fils & gendre de René, commença d'abord à favoriser sous main les Avanturiers qui désoloient le Duché par leurs brigandages. Sur quel-

quca

ques sujets de plainte qu'il prétexta ensuite contre le Seigneur du Châtelet l'un des Régens, il commença les hos-
tilités; & les Seigneurs attachés à ses intérêts, s'étant ar-
més en même tems, ce ne furent que petites guerres, que
ravages par consequent, & qu'incendies dans toute l'étenduë des deux Duchés de Lorraine & de Bar; chacun profitant du désordre des affaires publiques pour venger ses
querelles particulières. Les Régens avec les secours que leur
envoya Charles VII. Roi de France, prirent sur le Comte
les Villes de Vaudémont, de Vezelise & de Charmes. On
conclut ensuite une trêve pour sept mois. Dès qu'elle fut
expirée, Antoine entra de nouveau dans le Barrois, & envoya défier le Prince Louis Marquis de Pont-à-Mousson,
fils puîné de René, que le Roi son pere venoit de déclarer son Lieutenant-Général dans les deux Duchés. Ce jeune
Prince ne jugea pas à propos d'accepter le défi du Comte,
se reservant à combattre quand il croiroit pouvoir le
faire avec avantage. Il surprit en effet ses troupes à Longe-
ville entre Bar & Ligny, les chassa de ce poste, & de tout
le Barrois. Enfin la grande affaire de la succession fut terminée par un traité entre la Noblesse de Lorraine au nom
du Roi René d'une part, & le Comte de Vaudémont de
l'autre. Moyennant quelques dédommagemens qu'on lui
accorda, Antoine consentit à se désister de ses prétentions
sur le Duché.

René d'Anjou devenu par ce traité paisible possesseur de
la Lorraine, y revint l'année suivante. Il travailla quelque
tems après à terminer la guerre qui duroit depuis longtems entre la France & l'Angleterre. Dès qu'on eut réglé
une trêve entre les deux Couronnes, Charles VII, à la
sollicitation de René son beaufrere, marcha en Lorraine à
la tête de ses troupes; & après avoir reçu l'hommage de la
Ville d'Epinal, qui saisit cette occasion pour secouer le joug
des Evêques de Metz; il joignit ses forces à celles de René.
Le dessein de celui-ci étoit de se rendre maître de Metz,
tant pour punir l'insolence des Messeins, qui quelque tems
auparavant avoient pillé auprès de Pont-à-Mousson les équipages de la Reine son épouse, que pour faire valoir d'anciens

ciens droits qu'il prétendoit avoir fur cette Ville. Le Roi
de France la regardoit auffi comme une partie fouftraite à
fon domaine. On en fit les approches le 12. Septembre;
les habitans qui avoient fait des préparatifs proportionnés
aux forces des affiégeans, ne fe bornèrent pas à la défenfe
de la Place, ils faifoient de nombreufes forties, & portoient le ravage fur les frontières de la Lorraine. L'animofité étoit égale de part & d'autre, & tout le pays fouf-
frit extrêmement de cette guerre. La rigueur de l'hiver
obligea les deux Rois à diftribuer leurs troupes dans les
poftes les plus proches de la Ville. Ils fe retirèrent eux-
mêmes à Pont-à-Mouffon. On profita de cette efpece de
trêve pour négocier; la paix fut fignée par les deux Monarques dans la maifon de St. Antoine, où eft maintenant 1444
le Collége des Jéfuites. Il y fut réglé que les Meffeins don-
neroient quittance au Roi René de cent mille florins qui
leur étoient dûs par fes prédéceffeurs, & qu'ils lui paye-
roient & à fes fucceffeurs, un tribut annuel d'un baffin &
autres vaiffelles d'or. Ce qui s'exécuta jufqu'à ce que le
Duc Nicolas, petit-fils de René, en déclarant la guèrre aux
Meffeins rompit le traité de Pont-à-Mouffon.

Les deux Rois partirent enfemble quelque tems après,
René fe retira en Anjou. Il céda la même année au Duc
de Calabre fon fils, le Marquifat de Pont-à-Mouffon. Révoqua l'année fuivante toutes les conceffions faites par les 1446
Ducs fes prédéceffeurs au préjudice de fon domaine, & in-
ftitua deux ans après l'ordre de chevalerie du Croiffant, 1448
fous l'invocation de St. Maurice; il n'y avoit que la nobleffe
tirée ou iffuë d'ancienne chevalerie, qui pût y entrer. On
trouve parmi les premiers Chevaliers plufieurs Seigneurs de
Lorraine, tels que Gerard de Haraucourt, Seigneur de Lou-
py; Simon d'Anglure, Seigneur d'Eftoges; Thierry de
Lenoncourt, Bailli de Vitrey; Jean de Feneftranges, Maréchal de Lorraine; & Gerard de Ligniville, Gouverneur du
Duc. Les ftatuts que René fit pour ce nouvel ordre, font
honneur à fa religion.

La Reine Ifabelle de Lorraine étant morte à Angers le
27. Février 1453, le Roi fon mari qui ne poffedoit la
Lorraine

Lorraine que du chef de cette Princeffe, la remit auffitôt
après fa mort à Jean Duc de Calabre, l'aîné de leurs enfans. Outre ce Prince il avoit eu d'Ifabelle, Louis Marquis
de Pont-à-Mouffon, mort avant fa mere à l'âge de vingt
ans; Yolande mariée à Ferry II, fils d'Antoine Comte de
Vaudémont; & Marguerite, époufe de Henry VI. Roi
d'Angleterre, Princeffe célébre dans l'hiftoire par le courage héroïque avec lequel elle foutint longtems à la tête des
armées & à force de victoires, la couronne chancelante fur
la tête de fon mari.

XVI.

XVI.

JEAN II.

Depuis 1453. jusqu'en 1470.

JEAN D'ANJOU Duc de Calabre, en vertu de la cession du Roi René son Pere, se fit reconnoître Duc de Lorraine l'an 1453. A l'âge d'environ quinze ans, il avoit épousé Marie de Bourbon, fille de Charles Duc de Bourbon, & niéce par sa mere de Philippe de Bourbon Duc de Bourgogne. Cette Princesse étoit morte en couche de Nicolas d'Anjou, successeur de Jean. Le Duc de Calabre étoit alors Gouverneur du Duché pour le Roi son pére; il étoit dans sa vingt-neuviéme année lorsque cinq ans après la mort de son épouse, il fit son entrée à Nancy, & reçut en qualité de Souverain l'hommage des Etats de Lorraine. **1448**

A peine en avoit-il pris possession, qu'il fut invité par les Florentins & le Duc de Milan, de venir prendre le commandement de leurs troupes, contre Alphonse d'Arragon Roi de Naples. Le nouveau Duc de Lorraine étoit un Prince plein de feu, de valeur, & d'activité, infatigable dans les travaux de la guerre, & d'une grandeur d'ame supérieure même à ses hautes prétentions qui lui mirent pendant tout le cours de son régne les armes à la main. Il ne manqua pas de saisir avec ardeur une occasion si favorable à sa gloire, & aux intérêts de sa Maison. Le peu de fond qu'il y avoit à faire sur ceux qui avoient recours à lui, & dont le Roi son pere venoit d'éprouver le peu de bonne volonté, ne put l'arrêter. Après avoir nommé pour Gouverneurs en son absence les Maréchaux de Fenestranges & de Lenoncourt, il partit accompagné de deux cens Gentilshommes, arriva en Italie, & obligea Alphonse de quitter les terres des Florentins, qui payèrent tous les frais de **1455**

la

la guerre, & firent au Duc un préfent de foixante & dix mille florins.

De retour dans fes Etats, il y fignala fa magnificence par des fpectacles conformes à fon humeur martiale. C'étoit des combats & des tournois aufquels il préfidoit lui-même, animant par fes éloges & fes récompenfes la valeur des combattans. Il ne tarda pas à avoir occafion de la mettre à des épreuves plus férieufes. Les Genois s'étant donnés au 1458 Roi Charles VII, ce Monarque ne crut pouvoir mieux s'affurer de ces républicains inquiets, qu'en leur donnant pour Gouverneur le Duc de Lorraine, dont l'habilité à manier & à s'attacher les efprits, égaloit fes grands talens pour la guerre. Le Roi de Naples, pour prévenir un ennemi qu'il favoit affez réfolu de ne pas fe borner à la confervation de Genes, forma promptement le fiége de cette place par mer & par terre; Jean ne laiffa pas de s'y jetter. Toute l'Italie étoit dans l'attente du fuccès de ce fiége, auquel fembloit attaché le fort des deux concurrens, lorfqu'Alphonfe mourut le 27. de Juin. Cet événement qui mit fin au fiége, ne fit qu'allumer encore plus le feu de la guerre. Le Pape Pie II. donna l'inveftiture du Roïaume de Naples à Ferdinand fils naturel d'Alphonfe. Le Roi René d'Anjou content de reclâmer fes droits, du fond de fa retraite d'Angers, où il fembloit avoir borné fon ambition à exceller dans des bagatelles propres à charmer l'ennui d'un folitaire defœuvré, mais indignes d'un Prince qui avoit des Roïaumes à conquérir, fe déchargea fur le Duc fon Fils de ce dernier foin.

Les Genois fournirent à ce Prince des vaiffeaux & de l'argent, il en reçut auffi du Roi fon pere, & débarqua à Ca-
1459 ftelamare. Il renvoïa de là une partie de fes vaiffeaux, & mit le feu aux autres pour ôter à fes troupes toute efpérance de fuite & de retour. A peine avoit-il pris terre, que le Duc de Seff, quoique beaufrere de Ferdinand, fe déclara pour lui. Son exemple entraîna la plus grande partie des Seigneurs du Roïaume. En peu de mois le Duc fe vit maître de l'Abruzze & de la Poüille. Ferdinand étonné de ces progrès rapides, crut devoir céder au torrent; il
s'enferma

s'enferma dans Naples avec ce qui lui restoit de troupes; &
pendant que son rival parcouroit en conquérant le reste du
Roïaume, il négocia une alliance avec le Pape & le Duc
de Milan. A la nouvelle de cette ligue, Jean rassembla ses
troupes dispersées, & emporta les Villes de Sora & de
Sarno. Ferdinand sortit de Naples, & vint camper entre
ces deux Villes; il y fut joint par les troupes de ses alliés.
Ce renfort arrivé à l'ennemi, n'empêcha pas le Duc de lui
présenter la bataille. La valeur des deux chefs, & leur animosité égale, fit balancer quelque tems la victoire. Elle se
déclara enfin pour le Duc. Ferdinand voïant son armée rompuë, se retira dans Naples; si Jean l'y eut suivi sur le
champ, de l'aveu même de ce Prince, il étoit maître de sa
personne & de son Roïaume. Ce fut la seule fois qu'il
manqua d'activité, & cette faute eut pour lui des suites les
plus funestes. L'ennemi profita du loisir qu'on lui laissa
pour se fortifier dans sa capitale, & y rassembler les débris
de son armée.

L'absence du Duc donna occasion aux Genois de secoüer
le joug de la France; il ne lui restoit de ressource que dans
la fidélité de ses partisans qu'il voïoit déserter tous les jours,
& dans le secours qui pouvoit lui venir du Roi son pere.
Ce Prince arma en effet une flotte, & en donna le commandement à Ferry de Lorraine, Comte de Vaudémont
son gendre, qu'il fit son Lieutenant au Roïaume de Sicile.
Il partit lui-même l'année suivante, & fit débarquer à Sa- 1460
vone près de Genes, un corps de sept ou huit mille hommes, qui fut renforcé par plusieurs Gentilshommes du Païs.
Ces troupes furent défaites par les Genois, qui obligèrent
le Gouverneur François, maître encore du Château de Genes, d'évacuer cette forteresse. René lui donna le Gouvernement de Savone; & n'aïant plus assez de forces pour
former aucune entreprise de quelque importance, il revint
en Provence.

Le Duc son fils soutenoit cependant par son courage les débris de son parti presque réduit à rien par le changement de la
plûpart de ceux qui s'étoient attachés à lui. Hors d'état de tenir la campagne, il s'enferma dans Troja, où il fut bientôt

tôt assiégé par Ferdinand. Dans cette extrémité, ne consultant que son courage, il sortit impétueusement de la Ville de grand matin, & fondit sur l'ennemi qu'il croïoit encore endormi. Mais il le trouva informé de son dessein, & prêt à le bien recevoir. Le peu de soldats qui l'avoient suivi, furent ou pris, ou taillés en piéces. Il se fit jour presque seul au travers des bataillons ennemis; & ne pouvant plus compter sur la fidelité de personne dans un païs où il avoit trouvé autant de traîtres qu'il avoit eu de partisans, il revint en Lorraine, & y demeura jusqu'à la mort du Roi de France Charles VII.

1461

Louis XI. successeur de Charles, avoit été avant la mort de son pere, fort lié avec le Duc de Calabre. A la nouvelle de son avénement au Trône, Jean se rendit auprès de lui, & lui demanda des secours pour le recouvrement du Roïaume de Naples. Le Roi lui répondit froidement, *qu'il y aviseroit;* & cette réponse l'irrita au point qu'il se joignit peu de tems après aux Princes mécontens, & forma avec eux la fameuse ligue qu'on appella du bien public.

Tandis que la partie se lioit sous mains, & qu'on disposoit tout pour l'engager avec avantage, le Duc passa pour la troisiéme fois en Italie. Cette expédition eu le même sort que la précédente, mêmes succès dans les commencemens, mêmes infidélités dans les partisans du Duc, qui reprit bientôt le chemin de la Lorraine. Il étoit d'autant plus disposé à remplir les engagemens contractés avant son départ avec les Princes ligués contre Louis XI. qu'il avoit surpris en Italie une lettre par laquelle ce Monarque promettoit à son ennemi que le Duc de Calabre ne recevroit de la France aucun secours. La trame ourdie contre ce Monarque, avoit été conduite pendant quatre ans avec tant d'adresse & de secret, que malgré les ruses & la défiance qui faisoient son caractere, il n'en eut connoissance que lorsqu'il vit presque tous les Princes de son sang, & les principaux Seigneurs du Roïaume, les armes à la main contre lui. Le Duc de Lorraine joignit l'armée confédérée près de Charanton avec un corps de troupes choisi, le plus leste & le mieux discipliné de l'armée; il y mena aussi cinq

1463

1464

1465

cent

cent Suisses, les premiers de cette Nation, selon Commines, qu'on eut vû en France, & qui en firent désirer d'autres. Louis fit au Duc de grandes promesses pour le détacher de la ligue; mais ce Prince lui fit répondre qu'il en connoissoit trop la valeur pour être tenté de s'y fier jamais. S'appercevant néanmoins ensuite que ses Alliés ne se piquoient pas de la même droiture, & que dans cette guerre ils avoient bien moins en vûë le bien public que leurs intérêts particuliers, il alla trouver le Roi à Paris, & fit sa paix aux conditions qu'il voulut. Louis lui remit l'hommage qu'il prétendoit sur Neufchâteau, & plusieurs autres Villes du Duché, lui assura une pension de vingt-quatre mille livres, & lui promit des secours s'il vouloit encore tenter la conquête du Roïaume de Naples. 1466

Pendant son absence la Ville d'Epinal que Louis XI. avoit cédé au Maréchal de Bourgogne, aïant refusé de reconnoître ce Seigneur, se donna à lui. Il envoïa ordre à Nicolas d'Anjou, Marquis de Pont-à-Mousson son fils, & son Lieutenant-Général en Lorraine, de recevoir l'hommage des habitans de cette Ville, & de la défendre contre les entreprises du Maréchal. Ce Seigneur qui s'étoit mis en marche pour en former le siége, se retira à l'approche de Nicolas avec tant de précipitation, que le Prince se vit maître de son bagage & de son artillerie. Il prit ensuite possession de la Ville, qui depuis ce tems a toujours fait partie du domaine des Ducs de Lorraine.

Le Duc Jean préparoit tout cependant pour une entreprise d'une toute autre conséquence. De deux filles que laissa Jean I. Roi d'Arragon, Yolande mariée à Louis II. d'Anjou Roi de Naples, fut la seule qui eut postérité. Martin, oncle de cette Princesse, s'étoit emparé de la couronne après la mort de Jean son frere, & les Grands du Roïaume, après la mort de Martin, l'avoient déféré à Ferdinand de Castille, fils d'Eléonore d'Arragon, tante d'Yolande. Jean Duc de Calabre & de Lorraine, petit-fils & unique héritier de cette derniere Princesse, songea à enlever cette belle succession à Jean II. fils de Ferdinand. Son droit étoit incontestable; mais trois regnes écoulés depuis la mort

de

de Jean I. pere d'Yolande, fembloient avoir formé une efpéce de prefcription contre fes defcendans.

Jean d'Anjou étoit le Prince les plus courageux, & le plus 1468 entreprenant de fon fiécle. Il chargea Ferry Comte de Vau-démont fon beaufrere, de lui amener ce qu'il pourroit ra-maffer de troupes en Lorraine. On vit dans cette occafion qu'elle reffource c'eft pour un bon Prince que l'amour de fes peuples. Quelqu'étrangère que cette guerre parût à l'égard de la Lorraine, on vit tous les ordres de l'Etat s'empreffer de fournir aux frais de l'expédition. La Nobleffe du Duché prê-ta des fommes confiderables. Pour en amaffer d'autres les Dames engagèrent leurs pierreries; on vit jufqu'aux femmes du peuple fe défaire de ce qu'elles pouvoient avoir de quel-que valeur. Les levées fe firent avec fuccès, & l'armée après l'arrivée de Ferry en Catalogne, fe trouva de 25000. hom-mes. Dès que le Duc parut, Barcelone lui ouvrit fes portes. Les Catalans charmés de fes manières nobles & gracieufes, autant que de fa réputation, vinrent par tout au devant de lui.

1469 Le Comte de Vaudémont attaqua le Roi d'Arragon, le battit près d'Ampuries, & rejoignit le Duc à Barcelone. Jean à la tête de fon armée victorieufe, emporta Gironne d'affaut; prit toutes les places qui tenoient pour l'Arragonois, & fou-mit en moins de trois mois toute la Catalogne. Il marcha en-fuite en Arragon, reçut à compofition les places frontières de ce Roïaume, & envoïa fon armée former le fiége de Ca-déquiéres. La place fut emportée; mais pendant ce fiége le Duc mourut à Barcelonne le 13. Décembre 1470. âgé de 45. ans, auffi regretté des peuples qu'il venoit de foumettre, que de fes anciens fujets: jamais peut-être Prince ne le fut à plus jufte titre. Aux qualités brillantes qu'on admire dans les Héros, il joignoit celles qui font aimer les peres du peu-ple. Brave, actif, fécond en reffources à la tête des armées; poli, affable, libéral dans le particulier; héritier légitime des Roïaumes de Naples, de Sicile, d'Arragon, de Valence, & de Majorque, il en conquit la plus grande partie: mais trahi toujours en Italie, empoifonné felon quelques-uns en Efpagne, dans le cours même de fes conquêtes; il ne laiffa à fon fils unique & à fa Maifon, que la Lorraine feule, avec les vaftes prétentions qui l'avoient épuifé.   XVII.

XVII.
NICOLAS.

Depuis 1470. jusqu'en 1473.

NICOLAS D'ANJOU, fils & héritier * du Duc Jean II, fut invité par l'armée de Catalogne, d'en venir prendre le commandement après la mort de son pere. Sa présence y étoit d'autant plus nécessaire, que Ferry Comte de Vaudémont, beaufrere & Lieutenant - Général du feu Duc, étoit retourné en Lorraine quelque tems auparavant. Nicolas y étoit assez porté, mais le Roi Louis XI, à la Cour duquel il se trouvoit alors, traversa, dit-on, ce projet.

Les Seigneurs qui commandoient l'armée, ne laisserent pas de battre le Roi d'Arragon qui avoit voulu profiter de la mort de son rival pour se dédommager de ses pertes. Mais n'espérant pas de pouvoir sans chef venir à bout d'une entreprise si difficile, ils revinrent l'année suivante avec leurs troupes joindre en Lorraine leur nouveau Souverain.

Nicolas, à toutes les grandes qualités de son pere, joignoit une belle phisionomie, un air noble, un cœur sensible aux services qu'on lui rendoit, & les manières les plus affables, & les plus prévenantes. La fortune dès son avénement au Trône, sembloit lui promettre encore plus qu'elle n'avoit jamais laissé entrevoir à son prédécesseur. Héritier unique des Duchés de Bar & d'Anjou, des Comtés de Provence, de Forcalquier, & de tous les droits de sa Maison

sur

---

* *Plusieurs Auteurs fondés sur le testament du Duc Jean II, donnent à ce Prince pour fils aîné Jean Duc de Calabre, qu'on prétend même avoir régné après son pere sous le nom de Jean III; mais ce fut si peu de tems, qu'il n'est pas même connu de la plûpart des Historiens qui placent Nicolas d'Anjou immédiatement après Jean II. On a suivi ce dernier sentiment comme le plus autorisé.*

fur les Royaumes de Naples, de Sicile, d'Arragon, de Valence, de Majorque, & de Jérusalem. Il fut fiancé avec Marie de Bourgogne, cette riche héritière qui porta depuis tant d'Etat dans la Maison d'Autriche. Il s'étoit d'abord attaché au Roi Louis XI. contre Charles Duc de Bourgogne, pere de cette Princesse. Son mariage avoit même été arrêté avec Anne de France, depuis Duchesse de Beaujeu, fille de ce Monarque. Mais outré de l'ingratitude de Louis, qui non content de lui refuser les secours qu'il lui devoit en vertu du traité fait avec le Duc son pere après la guerre du bien public, lui parla de ce Prince d'une maniere outrageante; il rompit entièrement avec lui, & alla joindre en Flandres le Duc de Bourgogne, que le Roi venoit de faire 1472 déclarer ennemi de l'Etat. C'est là que fut d'abord réglé son mariage avec l'héritière de Bourgogne. Il fut ensuite regardé comme rompu, pendant quelque tems, les deux Ducs y ayant même formellement renoncé.

Nicolas de retour dans ses Etats, où sa bonne mine, ses grandes qualités, & sa magnificence, lui avoient gagné tous les cœurs, ne paroissoit occupé que des divertissemens que lui procuroient à l'envi les grands & le peuple, également charmés de son mérite. Mais cette oisiveté apparente, cachoit de grands desseins, dont Metz manqua d'être la victime. Il se présenta devant cette Ville à la tête d'un corps de dix mille hommes, dans le dessein de la surprendre. Un de ses Capitaines nommé Krantz, homme hardi & entreprenant, conduisoit ce projet. Il avoit fait cacher des soldats dans de gros tonneaux chargés sur plusieurs charretes, & préparer une machine à ressorts pour arrêter la herse qui fermoit l'entrée de cette Ville. Déguisé lui-même en Marchand avec quelques-uns de ses gens, il attendit que la porte s'ouvrit, & y fit entrer quelques charretes; & ayant fait arrêter entre les portes la machine préparée pour tenir la herse suspendue, il entra lui-même avec cinq cens hommes qu'il avoit placés en embuscade auprès de la porte, tua les premieres sentinelles, & s'avança fort avant dans la Ville. Aux cris de victoire, & de Ville gagnée, les bourgeois prirent l'allarme de toutes parts, accoururent aux

portes,

portes, & vinrent à bout d'abaisser la herse de façon à
fermer l'entrée à la cavalerie. Le Duc, qui s'étoit avancé
pour soutenir les siens, ne put engager la cavalerie Allemande, qui faisoit la meilleure partie de ses troupes, à
mettre pied à terre pour entrer. Krantz se voïant sans espoir de secours, battit en retraite vers la porte. Il y fit
face presque seul avec une valeur extraordinaire, pour donner à ses gens le tems de passer, jusqu'à ce que couvert
de blessures, il fut contraint de se rendre avec plusieurs
Seigneurs des plus qualifiés de l'armée. Ce brave homme
fut lâchement massacré par les bourgeois, peu de tems
après s'être rendu.

Le Duc voïant son projet échoué se retira à Nancy, résolu de tirer à la première occasion vengeance de cet af-
front. Il renoua l'importante affaire de son mariage avec
Marie de Bourgogne. En attendant qu'elle fut entièrement
terminée, tout se préparoit pour une nouvelle entreprise
sur Metz. L'armée devoit être de vingt mille hommes.
Avant de se mettre en marche, le Duc alla visiter l'Eglise
de St. Jean de Jérusalem, située hors de la Ville, pour
implorer les bénédictions du Ciel sur son entreprise. Au
retour il se trouva mal, & mourut trois jours après le 27.
Juillet 1473. âgé de 25. ans. Une mort si subite dans la
vigueur de l'âge, fit soupçonner au peuple, dont ce Prince étoit passionément aimé, qu'il avoit été empoisonné
par ses domestiques. On courut en tumulte au Palais pour
les mettre en piéces; les Seigneurs les plus distingués eurent bien de la peine à calmer ces esprits prévenus, en leur
promettant de faire rechercher avec soin, & punir avec la
dernière rigueur, ceux qu'on pourroit convaincre d'avoir
attenté à la vie du Prince. Ses funérailles se firent avec
beaucoup de magnificence; les larmes du peuple inconsola-
ble de sa perte, en firent le plus bel ornement. Il fut
inhumé dans l'Eglise de St. George où le Duc René II. son
successeur, lui fit élever un mausolée de marbre noir au milieu du chœur. Dans sa personne finit la branche d'Anjou-
Lorraine, du vivant du Roi René d'Anjou qui en étoit la
tige.

E   HISTOIRE

HISTOIRE

DE LA

MAISON

DE

LORRAINE.

TROISIEME PARTIE.

BRANCHE

DE

LORRAINE-VAUDEMONT.

FERRI DE LORRAINE, fils puîné du Duc Jean I. & de Sophie de Wirtemberg son épouse, fut tige de cette troisiéme branche des Ducs de Lorraine, par laquelle la postérité masculine de Gérard d'Alsace recouvra le Duché de Lorraine qui avoit été possédé l'espace de quarante-un ans dans la Maison d'Anjou. Ferri d'abord

E ij   connu

connu fous le nom de Seigneur de Rumigny, enfuite de
Comte de Guife, fut un Prince d'un grand courage, qui
s'attacha à la France, & mourut en combattant pour elle
à la funefte journée d'Azincourt. Il avoit époufé Marguerite, fille aînée & héritière de Henri V. Comte de Vaudémont, & Seigneur de Joinville. Par ce mariage la Seigneurie de Joinville, à laquelle fe trouvoit attachée la dignité de Sénéchal de Champagne, entra dans la Maifon de
Lorraine avec le Comté de Vaudémont, qui peu de tems
auparavant, avoit paffé de la Maifon de Vaudémont iffuë
de Gérard d'Alface, dans celle de Joinville. Ferri Comte
de Vaudémont, eut de fon mariage Antoine fon fucceffeur; Ferri Seigneur de Rumigny; Charles Seigneur de
Bovines; Jean Seigneur de Florines, morts tous trois fans
alliance ou fans poftérité; Ifabelle mariée en premieres
nôces à Philippe Comte de Naffau-Sarbruck, Damoifeau
ou Seigneur de Commercy; & en fecondes nôces à Henri
Comte de Blâmont. Elle eut de ce dernier Ferri II. Comte de Blâmont, & Olry de Blâmont Evêque de Toul, dernier
mâle de fa Maifon, qui céda le Comté de Blâmont, & les
terres de fa dépendance à René II. Duc de Lorraine fon
neveu; Jeanne feconde fille de Ferri I. époufa Jean V.
Comte de Salm : leurs defcendans fubfiftent encore.

Antoine de Lorraine Comte de Vaudémont, & Baron
de Joinville, fi célèbre dans l'hiftoire du régne de René
d'Anjou, avec laquelle la fienne eft trop liée pour qu'il
foit néceffaire d'entrer ici dans aucun détail fur ce qui le
regarde, époufa Marie de Harcourt, fille aînée de Jean
VII. Comte de Harcourt. Elle lui apporta en mariage les
Comtés de Harcourt & d'Aumale, avec les Seigneuries de
Mayenne, d'Elbeuf, de Lillebonne, & de Brionne. Cette
Princeffe d'un courage prefqu'égale à celui de fon mari,
eut part à plufieurs de fes expéditions, & ne fe diftingua pas moins par fa piété.

Leurs enfans furent Ferri II. Comte de Vaudémont;
Henri Evêque de Théroüenne & de Metz, mort à Soin-
ville l'an 1505. âgé de 80. ans; Jean Comte de Harcourt,
Gouverneur d'Anjou, qui fe fignala à la conquête de la
                                                    Normandie

Normandie fur les Anglois ; Marguerite, époufe d'Antoine Sire de Croy, à qui elle apporta en mariage la Seigneurie d'Arfchot, érigée depuis en Duché par l'Empereur Charles-Quint. De Jeanne de Croy leur fille aînée, mariée à Louis de Baviere Comte Palatin, Duc de Deuxponts, defcend l'illuftre Maifon de Neubourg, aujourd'hui en poffeffion de l'Eléctorat du Rhin.

Marie, feconde fille du Comte de Vaudémont, époufa Alain X. Vicomte de Rohan, fils d'Alain IX, & de Marguerite de Bretagne. Elle en eut Jean III. Vicomte de Rohan, dont le mariage avec Marie de Bretagne, fille du Duc François I, fut ordonné par le teftament de ce Prince, & par les Etats du Duché. Les deux dernieres filles d'Antoine fe firent Religieufes.

Ferri de Lorraine II. du nom, Comte de Vaudémont, de Guife, d'Aumale, & de Harcourt, Baron de Joinville, Sénéchal de Champagne, Lieutenant-Général du Roi René d'Anjou en Italie, & de Jean II. Duc de Lorraine en Arragon, eut beaucoup de part aux affaires fous le régne de ces deux Princes. Malgré leur averfion pour fa Maifon depuis les guerres qu'avoit fufcité le Comte Antoine de Vaudémont au Roi René pour la Succeffion au Duché, ils ne purent s'empêcher de rendre juftice à fon mérite. Ses exploits en Italie, & furtout en Catalogne, prouvent affez fon courage & fes talens pour la guerre ; & fon teftament nous fournit un monument de fa religion, encore plus glorieux pour lui. Il mourut l'an 1470. Son mariage avec Yolande d'Anjou, fille aînée du Roi René, & d'Ifabelle héritière de Lorraine, rendit inconteftable le droit de fa poftérité au Duché, au défaut des defcendans mâles d'Ifabelle. Il en eut, outre le Duc René II, Nicolas Baron de Joinville, mort fans alliance ; Jeanne, mariée à Charles d'Anjou IV. du nom, Roi titulaire de Naples & de Sicile, Comte du Maine & de Provence ; Yolande, époufe de Guillaume dit le Noir, Landgrave de Heffe ; & Marguerite qui étant veuve de René Duc d'Alençon, embraffa l'état religieux dans le Monaftère de Ste. Claire d'Argentan qu'elle avoit fondé, & y mourut en odeur de fainteté le 1

Novembre

Novembre 1521. Plus de cent ans après, fon corps fut trouvé fans corruption. Françoife une de fes filles, époufa Charles Duc de Vendôme, & fut mere d'Antoine de Bourbon Roi de Navare, & de Louis de Bourbon Prince de Condé, defquels defcendent tous les Princes de l'augufte Maifon de Bourbon. A raifon de cette alliance, Marguerite de Lorraine fe trouve aïeule au feptième dégré de SON ALTESSE ROYALE MADAME ELISABETH-CHARLOTTE D'ORLEANS, Doüairière du Duc Léopold I, fille de Philippe de France, Duc d'Orléans, arrière-petit fils d'Antoine de Bourbon. Cette Princeffe par fa mere Elifabeth Charlotte, fille de Charles-Louis Electeur Palatain, defcend auffi de Marie de Lorraine Reine d'Ecoffe, par Elifabeth Stuart mere de cet Electeur, & arrière-petite fille de Marie.

XVIII.

XVIII.
RENÉ II.

Depuis 1473. jusqu'en 1508.

NICOLAS D'ANJOU Duc de Lorraine, étant mort 1473
sans postérité, les droits des deux Maisons d'Anjou
& de Vaudémont sur cet Etat, se trouvèrent réünies dans
la personne de René de Lorraine Comte de Vaudémont,
petit-fils par son pere d'Antoine Comte de Vaudémont,
& par sa mere du Roi René d'Anjou. Charles dit le Hardi
& le Téméraire, Duc de Bourgogne, Prince inquiet &
présomptueux, dont le domaine le plus étendu qui fut
alors en Europe, ne pouvoit borner la vaste ambition, regarda la Lorraine en cette conjoncture comme une conquête aussi facile, qu'elle lui paroissoit nécessaire pour
l'exécution de ses desseins. Elle se trouvoit enclavée dans
les Etats de ce Prince, qui dès-lors forma le projet de l'en-
vahir. Pour y réüssir il fit aussitot après la mort du Duc
Nicolas, enlever le jeune Comte de Vaudémont, qui en
étoit regardé comme l'unique héritier. Mais le Roi Louis
XI. l'obligea de le relâcher aussitôt. René de retour dans
son Comté, y trouva Jean de Wisse Bailli d'Allemagne,
député par l'assemblée des Seigneurs de Lorraine, pour offrir la Couronne à la Comtesse sa mere. Cette Princesse
en fit une cession authentique à son fils, par un acte daté
de Vezelise le 2. d'Août, en présence de Jean d'Harcourt,
de Jean & de Gérard de Ligniville, & de quelques autres
Seigneurs. Le Roi René son grand-Pere lui céda six ans
après le Duché de Bar, que ses successeurs ont toujours
possédé depuis.

Ce fut le 4. d'Août de la même année qu'il fit son entrée à Nancy, & prit possession du Duché à l'âge d'environ
vingt-deux ans. Peu de tems après le Duc de Bourgogne,

qui

qui faisoit conduire à Dijon le corps de Philippe son pere, mort en Flandres l'an 1467, passa par cette Ville. René alla au devant de lui; on remarqua entre l'un & l'autre une cordialité aussi sincère en apparence, qu'elle l'étoit peu en effet, du moins de la part du Duc de Bourgogne. A peine ce Prince étoit-il arrivé dans son Duché, que reprenant ses ambitieux desseins, il fit avancer des troupes sur les frontières de la Lorraine, dans la vûë, disoit-il, d'empêcher qu'on n'attentât rien contre le nouveau Duc à son avénement à la couronne. René n'eut garde d'être la dupe de ce prétendu zèle pour ses intérêts. Il ne vouloit point d'un protecteur en état de lui donner la loi: d'ailleurs ses Etats étoient tranquilles, & ses droits sur ce Duché si évidens, que nul ne pensoit à lui en disputer la possession. Il fit donc prier Charles de retirer ses troupes, ce qu'il ne put obtenir qu'en faisant avec ce Prince une ligue offensive & défensive qui lui ouvroit ses Etats. Le Roi Louis XI. ennemi déclaré du Duc de Bourgogne, engagea René par les promesses d'un puissant secours, à renoncer à cette alliance forcée. L'avis qu'il lui fit donner en même tems des mesures que prenoit son formidable allié pour le frustrer du Comté de Provence, qui faisoit partie de l'héritage du Roi René son aïeul, augmenta tellement le ressentiment du jeune Duc déja aigri par les violences & les hauteurs de Charles, qu'il envoïa un Héraut à Nuitz que ce Prince assiégeoit alors, pour lui déclarer la guerre.

1474

Le fier Bourguignon reçut cette nouvelle de l'air dont il auroit appris une conquête. Il fit rappeller le Héraut, qui par la crainte de quelqu'outrage, s'étoit retiré avec précipitation, lui fit donner une récompense, & ajouta que bientôt il seroit en Lorraine. René se préparoit cependant à l'y recevoir; il fit la paix avec les Messeins, munit les places de ses Etats, & aïant joint ses troupes à celles du Roi, il entra dans le Luxembourg, emporta Danvillers & Pierrefort, & s'avança jusqu'à Conflans en Jarnisy pour y attendre les troupes du Duc de Bourgogne qui venoit de

1475

lever le siége de Nuitz, en laissant la place en séquestre entre les mains du Pape. Ce Prince occupé ensuite à négocier øier une ligue avec l'Angleterre contre la France, donna ordre au Comte de Campobache, & au Maréchal de Luxembourg, de marcher contre le Duc de Lorraine. René à leur approche s'avança vers Hattonchatel où étoit le Seigneur de Craon, Commandant des troupes Françoises, & l'invita de donner avec lui sur l'ennemi ; mais ce Seigneur non content de lui répondre qu'il n'avoit aucun ordre du Roi son Maître de combattre les Bourguignons, avertit ceux-ci qui assiégeoient Conflans, de l'approche & des forces du Duc, ce qui les détermina à la retraite.

René ne trouvant plus d'ennemis, se rendit à Pont-à-Mousson ; il y fut joint par six mille hommes de troupes rassemblées de differentes Villes d'Alsace liguées contre le Duc de Bourgogne. Il étoit occupé à en ramasser d'autres de tout côté, lorsqu'il apprit que Charles lui-même s'avançoit vers la Lorraine à la tête d'une armée de quarante mille hommes. Hors d'état de tenir la campagne devant des forces si supérieures, il grossit des siennes les garnisons des principales Villes du Duché, & alla solliciter à la Cour de France les secours qu'on lui avoit promis en l'engageant dans cette guerre.

Louis XI. feignit d'abord qu'il ne pouvoit croire que le Duc de Bourgogne fut en Lorraine ; il voulut bien en douter ensuite, & accorda à René huit cent lances pour s'en servir, disoit-il à tout événement ; mais il leur avoit donné des ordres secrets de ne point combattre. René outré de la mauvaise foi de son allié, se retira à Joinville, d'où le chagrin de voir l'ennemi au cœur de ses Etats, le porta à aller faire sur l'esprit du Roi une nouvelle tentative. Tandis que Louis, avec sa franchise ordinaire, le païoit de belles paroles, le Duc de Bourgogne parcouroit en conquérant la Lorraine & le Barrois ; après avoir emporté sans beaucoup de résistance les petites Villes des deux Duchés, il vint sur la fin d'Octobre mettre le siége devant Nancy. Cette place petite alors, & peu considérable par elle-même, n'avoit de ressource que dans les troupes que René y avoit laissées, & dans le courage & la fidélité de ses habitans. Elle tint un mois entier ; la capitulation arrêtée le 26. de Novembre,

bre, fut des plus honorables. Le Duc de Bourgogne après
fon entrée folemnelle dans cette capitale, y affembla les
Etats du Duché, leur parla avec beaucoup d'affabilité, &
leur fit part du deffein qu'il avoit d'y fixer fa Cour, cette
Ville fe trouvant au centre de fes Etats. Il en partit cepen-
1476 dant environ fix femaines après pour marcher contre les
Suiffes dont il étoit mécontent. Cette expédition ne réüffit
point. Charles battu à Granfon le 2. de Mars, y perdit
fes équipages & fon artillerie.

A la nouvelle de cette défaite, la Nobleffe de Lorraine
arma de toutes parts, furprit plufieurs Villes du Duché, &
en chaffa les Bourguignons. René en même tems à la follicitation des Suiffes, que le Duc de Bourgogne, après avoir
rétabli fes forces, étoit venu attaquer de nouveau, vint
prendre le commandement de leurs troupes, qui montoient
à près de quarante mille hommes.

Charles à fon arrivée affiégeoit Morat. Il laiffa quelques
troupes pour garder la tranchée, & fe préfenta en bataille
devant l'armée ennemie que le Duc de Lorraine rangea
dans fes retranchemens. C'étoit le 22. de Juin ; il pléu-
voit en abondance. Les Bourguignons effuièrent la pluie
pendant fix heures entières. Vers les onze heures, Charles
les fit rentrer dans leur camp, & laiffa un corps de troupes pour en défendre l'entrée. René profitant du beau
tems qui étoit furvenu, fit fortir brufquement fon armée
de fes retranchemens, donna avec impétuofité fur le corps
avancé des ennemis, lui paffa fur le ventre, & fe jetta dans
le camp même. Les Archers Anglois de l'armée de Bourgogne firent ferme quelque tems, mais ils furent enfin
rompus. L'arrière garde des Suiffes d'un côté, & la garnifon de Morat de l'autre, ayant donné en même tems,
la déroute des Bourguignons fut entière. Il en périt près
de vingt mille. Le Duc de Bourgogne s'enfuit lui onzième
à Joigné, & de là à Befançon. Son camp, fon artillerie,
fes tentes & les richeffes immenfes qui s'y trouvèrent, tout
devint la proye du vainqueur. Les Suiffes pour reconnoître
les grandes obligations qu'ils avoient au Duc de Lorraine,
lui firent préfent de toute l'artillerie des ennemis, & lui pro-
mirent du fecours pour reconquerir fes Etats.   Ce

Ce Prince entrant avec ardeur dans la carrière que lui ouvroit sa bonne fortune, se hâta de se rendre en Lorraine. Les Seigneurs du Païs en avoient conquis la meilleure partie, & formé le Blocus de Nancy. Le Duc à son arrivée le changea en siége. La Ville se rendit au commencement d'Octobre. René avoit pris auparavant les Villes du Duché qui s'étoient trouvées sur sa route; la nouvelle seule de son arrivée dans le païs, suffit pour lui soumettre toutes les autres. Deux jours après que Nancy fut rendu, le Duc de Bourgogne parut devant cette place avec une armée qu'il avoit assemblée pour la secourir. Il tâcha d'engager le Duc de Lorraine à une bataille, mais ce Prince beaucoup moins fort que son ennemi, l'évita toujours, & s'appliqua avec le peu qu'il avoit de troupes, à le harceler dans ses marches. Le voïant ensuite déterminé à assiéger de nouveau la capitale, il y jetta une partie de sa petite armée, & se rendit à Bâle pour négocier auprès des Suisses les secours dont ils étoient convenus.

Le Duc de Bourgogne n'aïant pu réüssir à combattre l'ennemi, mit le siége devant Nancy trois semaines après la prise de cette place par le Duc de Lorraine. Il avoit dans son armée un Italien banni de son païs, nommé le Comte de Campobache. Ce traître, sur quelque sujet de plainte qu'il avoit reçu du Duc, avoit résolu de le perdre. Il s'étoit offert pour cela au Roi Louis XI, qui détestant sa trahison, en avoit fait donner avis à Charles. De tous les hommes Louis étoit celui à qui ce Prince croïoit devoir le moins se fier; ainsi Campobache loin de lui devenir suspect, n'en eut que plus de part en sa confiance. Le perfide en abusa pour faire traîner le siége en longueur, & donner au Duc René le tems de ramasser les secours qu'il avoit promis. A force de sollicitations & d'argent, ce Prince vint à bout de se faire suivre de dix mille Suisses. Le 4. Janvier **1477** il arriva à St. Nicolas, & y trouva les troupes rassemblées de differentes garnisons du païs, au nombre de quatre mille hommes. Il y fut joint aussi par un corps de Noblesse Françoise, & par les troupes des Villes confédérées d'Allemagne qui l'avoient dévancé.

Nancy

Nancy, à son arrivée étoit réduit à l'extrémité. Les pro-
visions de guerre & de bouche s'y trouvoient également
épuisées. Les animaux domestiques étoient devenus l'unique nourriture des habitans; & le monceau de squelettes
de ces animaux, dont ils firent un espèce de trophée devant le Palais du Duc après son entrée dans la Ville pour
lui marquer leur fidélité, prouve assez l'extrême besoin qu'ils
avoient du secours. Les assiégeans n'avoient guères moins
souffert de la rigueur de la saison, & de la longueur du
siége. A peine restoit-il au Duc de Bourgogne quatre mille hommes, encore n'y en avoit-il guères que la moitié
qui fut en état de combattre. L'entreprendre en pareille
conjoncture, c'eut été, au jugement de tout autre, une
témérité insensée. Charles y crut sa gloire intéressée, &
s'opiniatra à ne point reculer. Comme il se disposoit à bien
recevoir l'ennemi, Campobache, à la tête de six vingt hommes d'armes, passa du côté du Duc de Lorraine.

1477   Ce fut un Dimanche 5me. Janvier que se donna cette
fameuse bataille qui fit changer de face à une grande partie
de l'Europe. Le Duc de Bourgogne appuïa la gauche de
son armée de la rivière de Meurthe, posta le corps de bataille où il se plaça lui-même sur le grand chemin de St.
Nicolas; sa droite s'étendoit du côté de la Malgrange.
L'attaque commença de ce côté-là. L'avant-garde de l'armée de René composée de sept mille hommes d'infanterie,
& de deux mille chevaux, s'avança derrière le bois de Jar-
ville jusqu'à la Malgrange, & prit les ennemis en flanc,
en même tems qu'un second corps composé comme le premier de Suisses & d'allemands, attaquoit l'aîle gauche. Ce
dernier corps fut d'abord repoussé, mais soutenu ensuite
par un renfort de troupes Lorraines, il mit cette aîle en
déroute. Le corps de bataille commandé par le Duc de
Bourgogne, se trouva alors presque enveloppé de toute
part, & attaqué en même tems de front par les troupes
laissées sur le chemin de St. Nicolas, à gauche par le corps
qui venoit de mettre en déroute l'aîle gauche de son armée, & à droite par le Duc René. Ce Prince à la tête
de huit cent chevaux, accompagné des Comtes de Linanges

ges & de Salm, des Seigneurs de Gerbévillers, de Ligniville Bailli des Vôges, de Baſſompierre, & des principaux
de ſa Nobleſſe, acheva la déroute des Bourguignons; la
plûpart y périrent. Le Duc de Bourgogne après avoir ſou-
tenu longtems le choc des ennemis, fut emporté par la
foule, & obligé de prendre la fuite. Il voulut gagner le
quartier St. Jean où il logeoit pendant le ſiége; mais ſon
cheval s'étant embarraſſé dans le bourbier de l'étang voiſin
de ce quartier, Claude de Beaumont, Châtelain de St.
Diey, déchargea un grand coup de lance ſur la croupe de
ſon cheval. Le Duc qui fut bleſſé & renverſé de ce coup,
s'étant relevé & mis en défenſe, Beaumont redoubla, lui
donna un ſecond coup ſur le bras, & lui perça la cuiſſe
d'un troiſiéme. Alors Charles criant *ſauve le ſang de Bourgogne*; le Châtelain qui étoit ſourd, & ne le connoiſſoit
pas, crut entendre *vive le Duc de Bourgogne*, & n'en étant
que plus animé, lui fendit d'un quatrième coup la tête
juſqu'à la machoire, & l'étendit mort dans le bourbier.

René entra en triomphe dans ſa capitale, & ſon premier
ſoin, après avoir remercié Dieu de ſa victoire, fut de faire
chercher le corps du Duc de Bourgogne. Il fut trouvé tout
nud, le viſage engagé dans la glace du ruiſſeau qui coule
en cet endroit, & tout couvert de ſang. Le Duc le fit
laver & habiller magnifiquement. Il demeura trois jours
expoſé dans une maiſon de la Ville. René le fit embaumer
enſuite, lui ordonna de magnifiques funérailles, & ne put
s'empêcher de donner des larmes à la triſte deſtinée d'un
ſi grand Prince. Le corps de Charles reſta dans le mauſolée
que le Duc lui avoit fait faire dans l'Egliſe de St. George,
juſqu'en 1550. que Marie Reine Doüairière de Hongrie,
& Gouvernante des Païs-Bas, l'aïant fait demander à la
Ducheſſe Chriſtine de Dannemarck ſa niéce, alors Régente
de Lorraine, le fit transporter à Bruges, & inhumer auprès
de l'Imperatrice Marie de Bourgogne ſon héritière, qui
avoit porté cette riche ſucceſſion dans la Maiſon d'Autriche.

A peine le Duc de Lorraine commençoit-il à goûter les
fruits de ſes exploits, qu'il apprit qu'on travailloit à le fru-
ſtrer de l'héritage du Roi René d'Anjou ſon Aïeul. Ce
Prince

Prince ne pouvoit pardonner à son petit-fils les chagrins que lui avoit autrefois causé Antoine Comte de Vaudémont, aïeul paternel du Duc. Louis XI. malgré l'important service que venoit de lui rendre ce jeune Héros, en le délivrant du plus redoutable de ses ennemis, par la mort duquel le Duché de Bourgogne fut réüni à sa Couronne, profita pour ses intérêts de ce reste de ressentiment qu'il sçut démêler dans l'esprit du vieux Roi. Il porta ce Prince à déclarer Charles Comte du Maine son neveu, héritier de tous ses Etats. René d'Anjou n'en excepta que le Barrois qu'il laissa au Duc son petit-fils. Ce Prince fit de vains efforts, pour engager son aïeul, dont il étoit l'unique descendant, à révoquer un testament si injuste. Le Roi René 1480 mourut laissant les choses en cet état. Charles son héritier se voïant sans postérité, disposa en faveur de Louis XI. de cette riche succession. Le Duc de Lorraine ne laissa pas cependant de reclâmer ses droits. Mais il avoit à faire à trop forte partie. Il fut obligé de se contenter du titre de Roi de Sicile qu'on lui laissa prendre, & des armes de Jérusalem, d'Arragon & d'Anjou, qui depuis ce tems ont toujours fait partie de celles de la Maison de Lorraine.

Les Vénitiens charmés de la haute réputation de René, le sollicitèrent vers le même tems de venir prendre le commandement de leurs troupes contre Hercule d'Est Duc de Ferrare. Cette guerre ne se fit cependant pas sitôt. Le Duc 1482 se rendit en Italie deux ans après le traité conclu avec les Vénitiens, se mit à la tête de leur armée, battit les Ferrarois près d'Adria, & assiégea Ferrare. Il étoit sur le point d'emporter la place, lorsque les Vénitiens, à la sollicitation du Pape, traitèrent avec leur ennemi.

1483   La mort du Roi Louis XI. arrivée l'année suivante, lui fit tourner ses vûës du côté de la France. Ce Monarque avoit déféré la régence du Roïaume pendant la minorité de Charles VIII. à Anne de France Duchesse de Beaujeu sa fille. Louis Duc d'Orléans, premier Prince du Sang, armoit pour la lui disputer. René crut cette conjecture favorable pour se faire rendre justice sur ses droits à la succession du Roi son aïeul. La Régente pour l'attirer dans

son

son parti, lui fit rendre la Ville de Bar & ses dépendances, dont Louis XI. s'étoit emparé en vertu d'une procuration extorquée à René d'Anjou peu de tems avant sa mort. Il fut réglé en même tems que le Duc auroit une pension de trente-six mille livres, en attendant qu'on eut discuté ses prétentions sur la Provence. Ces avantages engagèrent René dans le parti de la Duchesse. Il montra même tant de zéle pour les intérêts de cette Princesse, que dans toute la suite de ces troubles, le Duc d'Orléans le regarda comme le plus formidable de ses ennemis. Ce fut en effet sur son avis qu'on se mit à poursuivre vivement ce Prince, pour ne lui pas donner le tems de fortifier son parti. Il avoit marché vers Blois dans le dessein de surprendre Orléans, capitale de son appanage. Le Duc de Lorraine le prévint, & y fit envoïer un Gouverneur affidé qui maintint cette Ville dans l'obéïssance du Roi. Il le serra ensuite de si près, que le Duc d'Orléans n'eut point d'autre parti à prendre que celui de s'accommoder avec la Cour. Malgré cet attache-ment constant du Duc de Lorraine aux intérêts du Roi, ce Monarque n'avoit pas laissé de réünir à sa Couronne le Duché d'Anjou, & le Comté de Provence. Le Duc eut beau protester contre cette réünion, loin d'avoir égard à ses protestations, on lui rettancha la pension qui lui avoit été accordée au commencement de la guerre. Ces mauvais traitemens le portèrent à se rendre aux sollicitations des Princes mécontens. Il signa avec eux une alliance, que l'es-pérance dont la Cour le flatoit toujours de lui rendre la Provence, lui fit tenir secrette, & rendit inutile.

Les Napolitains s'étant sur ces entrefaites revoltés contre leur Roi Ferdinand, lui offrirent leur Couronne. Les espé-rances dont la France continuoit à l'amuser, & pour le suc-cès desquelles il croïoit sa présence nécessaire à cette Cour, lui firent trainer en longueur son départ. Et lorsqu'il s'y fut enfin déterminé, il le vit traverser par le Roi Charles VIII, qui en qualité d'héritier de la Maison d'Anjou, avoit dès-lors formé le dessein de conquérir le Roïaume de Naples.

Ces nouveaux désagrémens lui firent prendre la résolu- 1480
tion de quitter entiérement la Cour de France, & de se fixer dans

dans ſes Etats. Il y fit quelques tentatives inutiles ſur la Ville de Metz, qui occaſionnèrent différentes guerres de peu de durée avec les Meſſeins. Tout le reſte de ſon régne fut conſacré à établir le bon ordre dans ſes Etats, & à y faire fleurir également la religion & l'abondance. Il mourut dans le Château de Fains près de Bar le 10. Décembre 1508, âgé de 57. ans.

René II. ſurnommé le Victorieux, fut un de ces grands hommes à qui des talens ſupérieurs tiennent lieu d'expérience. Ses exploits à l'âge de vingt-cinq ans, peuvent aller de pair avec ce qu'ont fait de plus grand les Capitaines les plus conſommés dans l'art de la guerre. Le reſte de ſa vie ne démentit point la haute idée que dès-lors on avoit conçu de ſon mérite. On y vit briller des qualités encore plus eſtimables que la valeur, un eſprit judicieux & cultivé, une humeur libérale & magnifique, un cœur noble, & ſi bienfaiſant, que comme on diſoit devant lui que l'Empereur Titus regardoit comme perdus les jours auſquels il n'avoit fait du bien à perſonne, on lui entendit dire auſſitôt : *Je n'en ai donc perdu aucun.* La religion mettoit en lui le comble de tant de vertus héroïques. Sobre dans ſes repas, modeſte dans ſon habillement, quoique ſa Cour fut des plus magnifiques ; aſſidu à ſes devoirs de Chrétien, il aſſiſtoit au divin ſacrifice avec la plus édifiante piété, accompagnoit à pied le St. Sacrement quelque part qu'il le rencontrat, & s'appliquoit à faire reſpecter la religion par ſes exemples autant que par ſes diſcours ; & ſon attention à diſtinguer ceux qui en faiſoient la régle de leur conduite.

Il avoit épouſé d'abord Jeanne de Haraucourt, Comteſſe de Tancarville ; mais ce mariage aïant été rompu par l'autorité du St. Siége, il s'allia avec Philippe de Gueldres, ſœur de Charles d'Egmont dernier Duc de Gueldres, & Comte de Zutphen. C'eſt de cette Princeſſe que vient le droit de la Maiſon de Lorraine ſur ces deux Etats.

De pluſieurs enfans qu'eut le Duc René de ce ſecond mariage, ceux qui lui ſurvêcurent, ſont Antoine ſon ſucceſſeur né à Bar le 4. Juin, 1489 ; Claude, tige de la branche de Guiſe, & de toutes les branches collatérales de la

Maiſon

Maison de Lorraine qui subsistent aujourd'hui. Nous en donnerons l'histoire dans la quatriéme partie de cet ouvrage.

Jean Cardinal de Lorraine, troisiéme fils de René II, fut Archevêque de Narbonne, de Rheims & de Lion, Evêque de Theroüenne, de Metz, de Toul, de Verdun, de Luçon & d'Albi. De cette multitude de bénéfices, il ne retint que l'Archevêché de Narbonne, les Evêchés de Toul & d'Albi, avec l'administration du temporel de celui de Metz, & les Abbaïes de Feschamp, de Cluni, de St. Oüen, de St. Mansuy, & de Marmoutier. Il fut fait en 1518. Légat du St. Siége dans la Lorraine, le Barrois, & les trois Evêchés. Il fut fort aimé du Roi François I, qui l'emploïa dans les affaires les plus importantes de l'Etat. Comme ce Monarque, le Cardinal de Lorraine aimoit les sciences, & récompensoit en Prince ceux qui s'y distinguoient. Il s'opposa avec zèle aux hérésies de son siécle, & mourut l'an 1550.

Louis de Lorraine son frere, quatriéme fils du Duc René, fut dans son enfance destiné à l'état Ecclésiastique, & pourvû de l'Evêché de Verdun. Il s'en démit en 1522. entre les mains du Cardinal son frere, & prit le titre de Comte de Vaudémont. Ce changement d'état le livra entiérement à son inclination pour la guerre. Il combattit en Italie dans 1524 l'armée de François I. qui étoit alors prisonnier en Espagne. L'année suivante il secourut le Duc son frere contre les Luthériens qui s'étoient jettés en Alsace, & contribua beaucoup aux différentes victoires remportées sur eux dans le cours de cette campagne.

Résolu ensuite de profiter de l'occasion que lui offroit la guerre alors fort allumée dans le Roïaume de Naples, pour faire valoir les prétentions de sa Maison sur cet Etat, il commanda pendant la premiere campagne l'armée 1527 navale de France; la seconde il se vit à la tête de dix mille lansquenets, prit Salerne & quelques autres places; & s'étant avancé jusqu'à Naples alors assiegée par l'armée Françoise, il mourut de la maladie contagieuse qui y régnoit, le 28. Août 1528. dans sa vingt-neuviéme année.

F   Le

Le dernier des enfans du Duc René II. fut François
Comte de Lambescq, jeune Prince d'une grande espérance, qui combattant à côté du Roi François I. à la bataille
de Pavie, y fut tué à l'âge de dix-sept ans.

Philippe de Gueldres, mère de ces Princes, se retira
après la mort de son mari dans le Couvent de Ste. Claire de Pont-à-Mousson, où elle vécut encore vingt-sept ans
dans une austérité de vie, & une innocence qui ont rendu
sa mémoire vénérable dans tout le Païs.

XIX.

XIX.
ANTOINE.

Depuis 1508. jusqu'en 1544.

ANTOINE, fils aîné & successeur de René II., fut formé dès son enfance à la piété, & à toutes les vertus par les leçons & les exemples du Duc son père. Quelque soin que ce grand Prince eut apporté à ne mettre auprès de son fils que des Maîtres également éclairés & vertueux, il ne s'en crut pas moins obligé d'avoir l'œil lui-même sur son éducation. Souvent il lui répétoit ces belles paroles de la pieuse Reine Blanche de Castille à Saint Louis son fils : *Mon fils, j'aimerois mieux vous voir mort que coupable d'un seul péché mortel.* Cette belle maxime se grava si profondément dans le cœur du jeune Prince, qu'il avoüoit lui-même que jamais elle n'étoit sortie de son souvenir.

La religion, la douceur, l'amour de la paix, & sur tout la bonté la plus compatissante, firent le caractère d'Antoine. C'est l'assemblage de ces belles qualités qui forment les vrais peres du peuple, qu'on a voulu exprimer par le surnom de Bon donné à ce Prince ; surnom plus glorieux, & plus digne de l'ambition de ceux qui gouvernent les hommes, que ces titres fastueux de Héros & de Conquérans, rarement utiles, souvent funestes au bonheur des peuples qui leur sont soumis. Toûjours aimé des siens, & plein de tendresse pour eux, il ne souffrit jamais qu'on sortît mécontent d'auprès de lui. La bravoure, & les grands talens qu'il fit paroître pour la guerre toutes les fois que la bienséance ou la nécessité lui mirent les armes à la main, prouvent assez que ces vertus pacifiques furent moins en lui l'effet du tempérament, que d'un choix dicté par la raison & l'intérêt de ses peuples.

F ij   Elevé

Elevé à la Cour de France auprès du Roi Louis XII, ſurnommé le Père du Peuple, chéri de ce Prince & de François I. ſon ſucceſſeur, il combattit pour le premier d'abord dans la guerre que fit ce Prince aux Genois rebel-
1509les, & enſuite à la journée d'Agnadel, où ſe trouva avec le Duc la principale Nobleſſe de ſes Etats. Antoine s'y comporta de façon à mériter après la victoire, les éloges &
1515remercimens publics du Roi. Il ne ſe diſtingua pas moins dans l'armée de François I. à la ſanglante bataille de Marignan, où les Suiſſes diſputèrent aux François la victoire pendant deux jours entiers.

Quelques mois avant le départ du Roi pour cette expédition, Antoine avoit épouſé Renée de Bourbon, fille de Gilbert Comte de Montpenſier, & de Claire de Gonza-
1516gue. A ſon retour d'Italie, il amena cette Princeſſe en Lorraine. Il ſentit dès-lors combien ſa préſence y étoit néceſſaire, & conçût en même tems que la paix ne l'étoit pas moins au bonheur de ſes ſujets. Le ſoin de l'entretenir lui fit toûjours obſerver une neutralité exacte ; tandis que les démêlés de Charles-Quint & de François I. mettoient toute l'Europe en mouvement. Il ne ſortit de ſes Etats que pour travailler à accorder ces deux grands Princes.

Il ne falloit pas un motif moins puiſſant que celui de la Religion pour l'arracher à ce repos qu'il regardoit avec raiſon comme le plus eſſentiel de ſes devoirs. Ce fut le premier des Princes Catholiques qui prit les armes contre les Hérétiques du ſeizième ſiécle ; & ſon exemple alluma dans les Princes de ſa Maiſon, ce zèle de la foi Catholique, qui en a fait dans ces derniers tems les plus fermes appuis de l'Egliſe. Le premier effet de la réformation de Luther, & de la liberté Evangélique qu'il prétendoit établir, fut la révolte de ſes Diſciples contre les Puiſſances légitimes. Dès l'an 1525. les Païſans infectés de ſes erreurs, au nombre de quarante mille, s'étant jettés en Alſace, menaçoient également la Lorraine & la France des ravages les plus affreux. Le Duc craignant plus pour la Religion que pour les biens & la vie de ſes ſujets, raſſembla à la hâte

hâte ce qu'il put de troupes. Claude de Guife fon frère, Gouverneur de Champagne, lui amena celles qu'il commandoit dans cette Province au nombre de huit mille hommes. Jean, Cardinal de Lorraine, & Louis Comte de Vaudémont fes autres frères, le joignirent aussi en même tems. On auroit dit que toute cette Maifon, comme celle de Mathatias, étoit animée du même efprit pour la défenfe des faints Autels. Les quatre Princes entrèrent enfemble en Alface, & marchèrent droit à Saverne où les Luthériens s'étoient cantonnés au nombre de plus de vingt-cinq mille hommes. Ils y furent avertis qu'un corps de douze mille de ces Séctaires s'avançoient au fecours de ceux qui étoient dans cette Place. Les Princes de Guife & de Vaudémont allèrent au devant d'eux, les chargèrent auprès du Village de Loupeftein, & les taillèrent en piéces. Ils rejoignirent enfuite le Duc devant Saverne que ce Prince tenoit bloquée. Les affiégés confternés de la défaite de leurs compagnons, ne tardèrent pas à faire des propofitions. Il fut ftipulé qu'ils renonceroient à leurs erreurs, & fe retireroient chez eux fans armes, après avoir fourni cent ôtages pour gages de leur parole. Ils défiloient en effet le lendemain, lorfque les foldats du Duc en aïant entendu quelques-uns d'entre eux crier, *Vive Luther*, les repouffèrent dans la Ville; & fans que le Prince pût arrêter cette première fougue des fiens, les firent prefque tous paffer au fil de l'épée.

Antoine après cette fanglante expédition, réfolu de nettoïer tout le Païs de ces brigants, marcha du côté de Scheleftat. Il en trouva près de vingt-quatre mille poftés avantageufement près de Cherviller ou Chenonville. Le Comte de Vaudémont commença l'attaque en franchiffant les barrières que les ennemis avoient faites à l'entrée du Village. Ce pofte étoit gardé par deux mille d'entr'eux. Après l'avoir forcé on mit le feu au Village même, & on s'avança vers l'armée ennemie campée affez près dans un vallon. Les Luthériens s'y défendirent avec cette opiniâtreté qu'infpire le défefpoir pendant une journée prefqu'entière; le Duc de Guife enfonça l'avant-garde, le Comte de Vaudémont donna avec plus de vigueur encore fur leur

leur fecond corps ; il en tua de fa main un grand nombre, & courut les plus grands rifques. Le combat, ou plutôt la boucherie qu'on fit des ennemis, dura jufqu'à la
nuit ; il en périt plus de douze mille. Le Duc craignant
que ce qui en étoit échappé ne joignit un fecours de fix
mille hommes qu'on difoit prêts d'arriver, paffa la nuit
à cheval. On affure qu'il y fut feize heures de fuite ce
jour-là. Les ennemis ne reparurent point, & le Duc peu
de tems après revint dans fes Etats. Il donna avis de fa
victoire aux différentes Cours de l'Europe ; le Pape Cle-
ment VII. lui en envoïa un Bref de félicitation, & lui accorda un Jubilé pour fes Etats.

1527 Jean-Jacques Comte de Sarwerden étant mort fans héritiers deux ans après, ce Comté comme Fief de l'Evêché
de Metz, étoit retourné au Cardinal Jean de Lorraine alors
Evêque, qui en difpofa en faveur du Duc Antoine fon frère ; cette affaire ne laiffa pas cependant de fouffrir quelques difficultés de la part du Comte de Naffau-Sarbruche,
qui avoit époufé la tante du feu Comte. Elles furent ter-
minées fous le règne du Duc Charles IV. à l'avantage de la
Maifon de Lorraine, à laquelle ce Comté fut adjugé avec
ceux de Bouquenom & de Vieberfveiller en 1629.

1532 La guèrre fufcitée à l'Empereur Charles-Quint par Soliman Sultan des Turcs, fournit au Duc de Lorraine une
nouvelle occafion de fignaler fon zèle pour la Religion. Il
envoïa en Allemagne des fecours d'hommes & d'argent
1538 contre l'ennemi du nom Chrétien. Il fe trouva quelques
années après aux conférences tenuës à Nice entre l'Empereur & le Roi de France, & vint à bout, de concert avec
le Pape, de faire conclure une trêve de dix ans entre ces
deux Monarques. A fon retour il fut reçu par tout, même dans les Villes de France, avec ces tranfports de joïe,
& cette vénération qu'infpire la préfence des bons Princes.
Les cris de *vive le bon Duc Antoine*, de *vive le Prince de
paix*, retentiffoient par tout fur fa route. Il avoit réglé
dans ce voïage le mariage d'Anne fa fille avec René de
Châlon Prince d'Orange, favori de l'Empereur ; & celui
de François fon fils aîné, avec Chriftine de Dannemarck,
veuve

veuve de François Sforce Duc du Milan , & fille de Chri-
ſtièrne II. Roi de Dannemarck , de Suede & de Norvege,
& d'Eliſabeth d'Autriche, ſœur de l'Empereur. Ce dernier 1541
mariage ne fut cependant conclu que trois ans après. Il
déplut à la Cour de France ; mais Antoine en le faiſant
avoit en vûë d'engager l'Empereur à lui rendre le Duché de Gueldres dont ce Monarque s'étoit ſaiſi après la
mort de Charles Duc de Gueldres, oncle du Duc. Il le
promit en effet dans cette occaſion, mais ſes promeſſes ne
s'effectuèrent point : Antoine proteſta contre la détention
des Etats de ſon oncle , ſur leſquels il prouva en même
tems ſes prétentions légitimes qu'il tranſmit à ſes ſuc-
ceſſeurs.

Etant tombé malade à Bar le 8. Mai de 1544, dès qu'il
ſe ſentit en danger, il demanda & reçut avec de grands ſentimens de piété les Sacremens de l'égliſe. Il fit enſuite venir ſes enfans, & leur recommanda le zèle de la gloire de
Dieu , & la conſervation de la Religion Catholique dans
ſes Etats, la paix entr'eux & avec leurs voiſins, & le ſoin
de récompenſer tous ceux qui l'avoient ſervi. Les aïant
enſuite embraſſés l'un après l'autre, il ordonna qu'on ne
lui parlât plus que de ſon ſalut. Il vécut encore quelques
jours uniquement occupé de cette importante affaire, &
mourut le ſamedi 14. Juin de cette année à quatre heures
après midi.

La nouvelle de ſa mort fit dans toute l'étenduë de ſes
Etats, l'impreſſion que fait ſur une famille la perte d'un
Père tendrement aimé. On s'aſſembloit par troupes dans
les Villes & les Villages pour pleurer un ſi bon Prince.
La douleur commune à tous les ordres de l'Etat, éclatoit
dans le peuple ſur tout de manière à attendrir les plus
inſenſibles. Les ſoldats étrangers dont la marche de l'armée impériale pour former le ſiége de St. Dizier, avoit
alors rempli le Païs , ne pouvoient s'empêcher de mêler
leurs larmes à celles de ce peuple déſolé. Ils en étoient touchés au point de ne pouvoir demander ce que dans d'autres tems ils auroient exigé avec rigueur , ne voulant pas
ajouter de nouvelles peines à cette affliction publique. La
                                                        peinture

peinture que nous en font les Historiens contemporains, pourroit paroître trop chargée, si nous ne l'avions vû renouveller de nos jours à la mort d'un des successeurs d'Antoine *, aussi aimé que ce Prince, & aussi digne de l'être.

Outre François I. son successeur, & Anne épouse en premières nôces du Prince d'Orange, & en secondes de Philippe de Croi premier Duc d'Arschot; Antoine eut de Renée de Bourbon son épouse, Nicolas, d'abord Evêque de Verdun & de Metz, ensuite Comte de Vaudémont, & tige de la branche de Mercœur.

* *Le Duc Léopold mort l'an* 1729.

XX.
FRANÇOIS I.

Depuis 1544. jusqu'en 1545.

FRANÇOIS I. régna trop peu pour le bonheur de ses sujets, mais assez longtems pour s'en faire vivement regretter. Il avoit hérité du Duc son père l'esprit de douceur & de paix, qui faisoit le caractère de ce grand Prince. Comme lui il s'appliqua pendant le peu de tems que dura son régne, à rétablir la bonne intelligence entre la France & l'Empire. Lorsqu'il n'étoit encore que Marquis du Pont, il avoit été appellé à la Cour de France par le Roi François I. son parrein, qui prévit dès-lors que ce seroit un des plus sages Princes de son tems. La suite de sa vie ne démentit point l'opinion qu'en avoit conçu ce Monarque. On remarqua toujours dans le Duc François une extrême circonspection tant dans ses paroles que dans toute sa conduite. Il ne se distingua pas moins par son amour pour la religion & les beaux arts, & par une horreur du vice qui lui sembloit naturelle. Ennemi sur tout du blasphême, de la médisance & de la flaterie, d'un air toujours ouvert pour les gens de bien, & toujours sévère pour ceux dont la conduite étoit moins réglée ; à toutes les qualités d'un Prince sage, il joignit toutes celles qui font l'honnête homme. Sa mort prématurée après un an de régne, frustra les espérances que tant de vertus faisoient concevoir de son gouvernement. Il mourut à Plombieres le 12. de Juin 1545, laissant de Christine de Dannemarck son épouse, Charles III. son successeur, âgé seulement alors de trois ans ; & Renée mariée en 1567. à Guillaume Duc de Baviere, dont elle eut entr'autres enfans Maximilien, premier Electeur de Baviere ; & Marie-Anne, Epouse de l'Empereur Ferdinand II, & mere de Ferdinand III ; Dorothée de Lorraine née après la mort du Duc François son pere, épousa Erric Duc de Brunswic, dont elle n'eut point d'enfans.

XXI.

XXI.
CHARLES III.
DIT LE GRAND.

Depuis 1545. jusqu'en 1608.

LEs Etats de Lorraine, conformément aux dispositions du feu Duc, déférèrent la régence du Duché pendant la minorité de Charles III. son fils, à Christine de Dannemarck mere du jeune Duc, & à Nicolas son oncle, alors Evêque de Verdun, & bientôt après Comte de Vaudémont, & Duc de Mercœur.

Ils gouvernèrent dans une parfaite intelligence jusqu'à la révolution arrivée dans le païs l'an 1552. Henri II. Roi de France reconnu Vicaire de l'Empire par les Princes Luthériens confédérés contre l'Empereur Charles-Quint, résolut de profiter de cette occasion pour faire valoir ses prétentions sur les Villes de Metz, Toul & Verdun. Il s'avança pour cet effet en Lorraine à la tête d'une nombreuse armée commandée sous lui par Anne de Monmorency, Connêtable de France; Claude de Lorraine Duc d'Aumale, Colonel-Général de la cavalerie légere; & Gaspard de Coligni, Seigneur de Châtillon, Colonel de l'infanterie Françoise. A son passage à Nancy ce Monarque ne croïant pas devoir compter sur l'attachement de la Duchesse Doüairière, niéce de l'Empereur, retira d'entre ses mains le Duc son fils qu'il envoïa à Paris, & établit le Comte de Vaudémont seul Régent de Lorraine. Christine se retira en Flandres auprès de Marie d'Autriche, Reine Doüairiere de Hongrie sa tante, alors Gouvernante des Païs-Bas. Elle y prit, après la mort du Roi Christierne son pere, que les Danois avoient détrôné, les titres de Reine de Dannemarck, de Suede & de Norvege qu'elle garda jusqu'à sa mort.

Le

Le Roi cependant prenoit des mesures pour son entre-prise sur Metz. Robert, Cardinal de Lenoncourt alors Evê-que de cette Ville, lui en assura la réüssite, sans qu'il lui en coûtât ni siége ni combat. Ce Prélat fort attaché à la Fran-ce, avoit beaucoup de crédit dans la Ville. Il vint à bout de gagner les Seigneurs de Gournay, de Raigecourt, & ceux des autres Seigneurs qui y étoient les plus puissans. A l'approche du Connêtable, dont le dessein étoit demeu-ré secret, ils sortirent au devant de lui; il entra dans la Ville pour reconnoître, disoit-il, l'état où elle se trouvoit. Mais au lieu de sa garde ordinaire qu'il avoit promis d'amener avec lui, il y fit glisser un bon nombre de troupes, obligea ensuite les Bourgeois à renvoïer les leurs, & donna avis au Roi du succès de cette expédition. Ce Monarque se rendit aussitôt devant cette Ville, y fit son entrée solemnelle, & en prit possession le 18. d'Avril. Il s'empara encore avec plus de facilité des Villes de Verdun & de Toul, prit en-suite Ivoy, Montmédy, & quelques autres petites Places, & retourna à Paris au mois de Juillet. A la nouvelle de ces rapides conquêtes, l'Empereur rassembla ses forces, & vint avec une armée de plus de cent mille hommes for-mer le siége de Metz. La valeur de François de Lorraine Duc de Guise, sauva avec cette importante Place, l'élite de la noblesse du Roïaume qui s'y étoit enfermée. La Lor-raine souffrit presqu'autant que le Païs Messein de cette inondation de troupes étrangères. Le Comte de Vaudé-mont Régent du Duché, fit de fortes instances pour obte-nir de l'Empereur quelque dédommagement; on ignore quel en fut le succès.

Le Duc Charles cependant élevé à la Cour de France, commençoit à en faire les délices. Jamais peut-être on ne vit dans aucun Prince les qualités de l'esprit & du corps réü-nies dans un tel dégré de perfection. Charles passa dans toute l'Europe pour le plus bel homme de son tems. On prétend que le Sultan Amurat III. à la vûe de son portrait, en fut tellement charmé, qu'il s'en faisoit envoïer un tous les ans. Dans ses premiers exercices, & dans tout ce qu'il faisoit, on lui trouvoit tant de grace & de majesté, qu'on

croïoit

croioit ne pouvoir affez-l'admirer. A mefure qu'il avançoit en âge, les grandes qualités de fon efprit & de fon cœur fe développoient avec tant d'éclat, que le Roi-le propofoit pour modéle aux Princes fes enfans. Rien ne lui échappa de ce qu'un Prince peut favoir avec utilité. L'hiftoire, les langues, les intérêts des Princes, la guerre, les fortifications, devinrent fucceffivement les objets de fon application. Tous ces avantages de la nature cultivés avec foin, & développés avec éclat pendant près de quarante-huit ans d'un régne auffi glorieux à Charles, qu'heureux pour fes fujets, lui méritèrent le furnom de Grand avec d'autant plus de raifon, qu'il n'en fut redevable, ni à fes armes, ni à la fortune, mais à la fupériorité de fon mérite.

1559　A l'âge de 17. ans il fut, avec la Ducheffe fa mere, médiateur de la paix concluë au Château-Cambrefis, entre la France & l'Efpagne. La Duchefle y propofa, & obtint pour fon fils, la reftitution de la Ville de Stenay, dont les Efpagnols s'étoient emparés pendant la minorité de ce Prince, & que le Roi Henri II, après l'avoir prife fur eux au retour de fon expédition dans les trois Evêchés, confervoit par droit de conquête.

A fon retour de Paris, le jeune Duc y époufa Claude de France fille du Roy. Ce Monarque étant mort au mois de Juillet de cette année, Charles affifta au Sacre de François II. fon fils. Après cette cérémonie le Roi accompagné de Marie Stuart Reine d'Ecoffe fon époufe, d'Ifabelle de France Reine d'Efpagne fa fœur, du Roi de Navarre, & de toute la Cour, conduifit le Duc de Lorraine fon beaufrere jufqu'à Bar, d'où ce Prince fe rendit à Nancy avec la Duchefle fon époufe fur la fin de Septembre. Après y avoir reçu les hommages de tous fes vafleaux, il s'appliqua à rétablir dans les affaires publiques l'ordre qu'une longue minorité avoit un peu troublé. Son premier foin enfuite fut de reconnoître ceux du Comte de Vaudémont fon oncle; il érigea en fa faveur la Terre de Chaligni en Comté le plus feigneurial de Lorraine, il y unit la Ville de Pont St. Vincent, & fit préfent à ce Prince d'une fomme de cent mille livres.

Jamais la Lorraine ne fut plus floriffante que fous le régne

gne de Charles III, dont la mémoire fera toujours en vénération dans cette Province. Il en étendit confidérable-
ment les limites par diverfes tranfactions, tant avec les Princes de fa Maifon alors en poffeffion de l'Evêché de Metz,
qu'avec fes autres voifins. Il acquit par ce moïen Moïenvie
& Marfal avec leurs Salines, les Seigneuries de Hombourg
& de St. Avold, & differentes Terres dans le Luxembourg.
Les guerres de religion qui défolèrent la France pendant
prefque tout le cours de fon régne, ne purent troubler la
tranquilité dont il fut faire jouïr fes heureux fujets. S'il
prit les armes ce ne fut que pour éloigner de fes frontières
ces nombreufes armées d'Hérétiques que les Huguenots de
France faifoient venir d'Allemagne pour défoler leur patrie,
& faire la guerre à leur Souverain. Pour y réüffir il avoit
foin d'entretenir fur pied un bon corps de troupes toujours
prêtes à marcher; fes Places étoient en état de défenfe, & le
bon ordre qu'il maintenoit par tout, obligeoit ces troupes
étrangeres, lorfqu'il n'étoit point affez fort pour s'oppofer
à leur paffage, à le faire de façon qu'il ne fut point à charge à fon peuple. Il ne s'appliqua pas avec moins de fuccès
à le garentir de ces nouveautés contagieufes qui fe répan-
doient avec rapidité de Province en Province, avoient in-
fecté tous les Etats voifins dés fiens.

Dans la vûë de leur oppofer une barrière, & procurer 1527
à jamais à fes fujets les lumieres néceffaires pour s'en pré-
ferver, il établit de concert avec le grand Cardinal de Lorraine fon oncle, l'Univerfité de Pont-à-Mouffon. Il en con-
fia le gouvernement, avec les Facultés de Théologie & des
Arts, aux Jéfuites, qu'il honora toujours d'une protection
marquée. Il accorda dans la fuite à cette Univerfité un
grand nombre de Priviléges, & les grands hommes qu'il
eut foin d'y attirer la rendirent dès fes commencemens une
des plus floriffantes de l'Univers.

Après la religion, fes principaux foins furent confacrés
à l'adminiftration de la juftice. Il en donna des régles aux
Juges & aux peuples par fes Edits & fes Déclarations,
dont le grand nombre & la fageffe, l'ont fait regarder,
avec raifon, comme le Légiflateur de la Lorraine. Il fixa

au

1580 au mois de Janvier le commencement de l'année, qui avant lui étoit affez arbitraire.

1599 Non content d'avoir agrandi & fortifié Nancy, il fit bâtir tout auprès une nouvelle Ville plus grande & plus réguliere, qui ne le céde en beauté à aucune de l'Europe. Son deffein étoit d'y établir un Evêque, dont la jurifdiction s'étendit fur tout le Duché. N'aïant pu furmonter les difficultés qu'oppofoient à ce projet la Cour de France & l'Archevêque de Trêves, il fe contenta d'y ériger une Collégiale fous le titre de Primatiale. Il y incorpora les bénéfi-

1603 ces qu'il avoit eu deffein d'unir à la nouvelle Cathédrale, & en augmenta les revenus des fonds de fon épargne. Antoine de Lenoncourt, Doyen alors de cette Eglife, Prieur de Lay, & enfuite Primat, fit la bénédiction de la premiere pierre, en l'abfence du Cardinal de Lorraine fils du Duc, & premier Primat. Les troubles furvenus depuis dans la Province, firent interrompre ce bâtiment. On ne recommença à y travailler que fous le régne du Duc Léopold, mais ce fut fur un nouveau plan, fuivant lequel cette Eglife vient d'être achevée.

Ce fut le 8. de Mai 1608. que Charles fut attaqué à Nancy de la maladie dont il mourut. Il fe prépara à la mort avec une fermeté de Héros, & la piété d'un parfait Chrétien. A la nouvelle du danger où il fe trouvoit, toute la Ville fut dans une confternation générale. On quittoit tout pour courir au pied des Autels demander à Dieu avec larmes la confervation d'un Prince fi fort felon fon cœur. La nuit n'interrompoit point le concours ni les vœux du Peuple. Le Prince en fut informé, & en témoigna fa reconnoiffance. Le 14. fe fentant plus mal, il fit venir fes enfans, & adreffant la parole à Henri Duc de Bar fon aîné: *Mon fils,* lui dit-il, *je vais entrer dans la voie de toute chair; aimés & craignés Dieu fur toutes chofes; confervés la concorde entre vos freres & les Princes de votre Maifon, & la paix avec vos voifins. Je vous laiffe un Etat tranquile, je vous le recommande, & mon pauvre Peuple.* Il leur donna enfuite fa bénédiction, & expira quelques heures après, dans la foixante-fixiéme année de fon âge,

la

la foixante-troifiéme depuis fon avénement au Trône, & la quarante-huitiéme depuis qu'il avoit pris lui-même les rênes du gouvernement. Ses obféques fe firent avec une magnificence extraordinaire. Son cœur fut donné aux Jéfuites, & fon corps enterré dans l'Eglife des Cordeliers de Nancy.

La Ducheffe Claude de France fon époufe, morte trente-trois ans avant lui, lui laiffa plufieurs enfans.

L'aîné fut Henri fon fucceffeur. Le fecond, Charles Cardinal de Lorraine, Evêque de Metz & de Strafbourg, Légat Apoftolique dans la Lorraine, & des trois Evêchés. Ce Prince auffi diftingué par la régularité de fes mœurs, & fon zéle pour la religion, que par la folidité de fon efprit, & fon habileté dans les affaires, eut à difputer fon Evêché de Strafbourg contre Jean-Georges Marquis de Brandebourg, élû par les Chanoines Proteftans. La guerre entre les deux concurrens, fut terminée par l'Empereur Rodolphe II. L'Evêché demeura à Charles, moyennant quelques dédommagemens accordés au Marquis. Le Cardinal de Lorraine fonda le Séminaire de Pont-à-Mouffon pour douze Clercs de fon Diócèfe de Metz. Il avoit fait lui-même fes études dans l'Univerfité de cette Ville, qui le reconnoit pour un de fes principaux protecteurs. Il s'oppofa avec beaucoup de fermeté au deffein formé par les Huguenots d'avoir dans Metz le libre exercice de leur religion. Les grands talens de ce Prince, fes manieres douces, affables, gracieufes, fon cœur naturellement libéral & bienfaifans, l'avoient rendu extrêmement cher à la Lorraine & à fon Diócèfe. Il mourut fix mois avant le Duc fon pere, à l'âge de trente-deux ans. Le troifiéme fils du Grand Duc Charles, fut François Comte de Vaudémont, reconnu par les Etats Duc de Lorraine, environ un an après la mort de Henri fon frere.

Chriftine de Lorraine, fille aînée de Charles III, élevée à la Cour de France par Catherine de Médicis fon ayeule, fut mariée à Ferdinand I. Grand-Duc de Tofcane, dont elle eut Côme II. bifayeul de Jean Gafton, dernier Grand-Duc de Tofcane de la Maifon de Médicis.

Antoinette

Antoinette ſa ſœur épouſa Jean-Guillaume Duc de Juliers & de Cleves, & mourut ſans enfans l'an 1610.

Catherine, troiſiéme fille de Charles III, après la mort
de ce Prince qui avoit pour elle une tendreſſe particuliere,
réſolut de renoncer entiérement au monde. Devenuë Abbeſſe de Remiremont l'an 1611, elle travailla avec beaucoup de zéle à la réforme de cette Abbaye. Elle fit elle-
même les trois vœux de religion, & vouloit obliger les
principales Dignités de ſon Chapitre à ſuivre ſon exemple.
L'oppoſition qu'elle trouva de toute part à ſes deſſeins, lui
fit tourner ailleurs ſes vûës. Elle bâtit un Convent de Capucins à Remiremont, & fonda à Nancy une Abbaye de
Bénédictines, occupée aujourd'hui par les Dames appellées
du St. Sacrement. Après avoir pris dans l'Abbaye du Val-
de-Grace à Paris l'habit de religion, elle vint ſe mettre à Nancy à la tête de ſa nouvelle inſtitution. On la voïoit pratiquer
avec empreſſement tout ce que la Régle a de plus auſtere
& de plus humiliant. Son zéle ne ſe borna pas à ſa nouvelle
Communauté; ce fut par ſes conſeils que Scholaſtique de
Livron Abbeſſe de Juvigni, & Dieudonné de Ligniville
Abbeſſe de Vergaville, entreprirent avec ſuccès la réforme
de leurs Abbayes. Dans l'âge le plus avancé, elle ne relâcha rien de ſon auſtérité. On lui vit toujours la même fermeté dans les differentes diſgraces qu'elle eut à ſouffrir à
l'occaſion du mariage de la Princeſſe Marguerite ſa niéce,
avec Gaſton de France frere de Louis XIII. Elle mourut à
Paris, où elle avoit fait un voyage pour voir cette Princeſſe, le 7. Janvier 1648, âgée de 78. ans.

Eliſabeth, la derniere des filles du Duc Charles, épouſa
Maximilien I. Electeur de Baviere ſon couſin, dont elle
n'eut point de poſtérité.

XXII.

XXII.
HENRI II.

Depuis 1608. jufqu'en 1624.

HENRY Duc de Lorraine et de Bar, étoit
dans fa trente-cinquiéme année, lorfqu'après la mort
du Grand Duc Charles fon pere, il prit poffeffion de fes Etats.

On le regarde comme le fecond de ce nom par rapport
à un autre Henri qui gouverna la Lorraine avant que le
Duché fut héréditaire dans la Maifon d'Alface. Du vivant
de fon pere, il fut connu d'abord fous le nom de Marquis du Pont. Il fignala fon courage contre les Proteftans
d'Allemagne, accourus au fecours des Huguenots de France, d'abord à leur paffage au Pont St. Vincent, enfuite à
leur pourfuite après les affaires de Vimori & d'Auneau.

Son mariage avec Catherine de Bourbon, fœur du Roi
Henri le Grand, ayant été propofée en 1597, il prit à cette
occafion le titre de Duc de Bar. La Princeffe étoit Proteftan-
te, & d'ailleurs parente de Henri. Malgré le refus de difpenfe de la part du Pape, le mariage fut conclu au mois de
Janvier 1599. dans le cabinet du Roi. Le Pape en témoigna un fi grand mécontentement, que le Prince prit le parti
d'aller lui-même à Rome pour fufpendre les foudres de l'E-
glife dont il étoit ménacé. Le Duc fon pere travailloit cependant à ramener la Princeffe au fein de l'unité. Elle fut inflexible; Henri ne réüffit pas mieux fur l'efprit du Pape:
il revint en Lorraine fans avoir obtenu la difpenfe qu'il
étoit allé folliciter. Après plufieurs négociations, elle fut
enfin accordée; mais le courier qui en apportoit la nou- 1604
velle, n'arriva qu'après la mort de la Princeffe.

Le Duc de Bar qui n'en avoit point eu d'enfans, époufa
deux ans après Marguerite de Gonzague, fille de Vincent 1606
I. Duc de Mantouë, & niéce par fa mere de Marie de
Médicis Reine de France. A fon avénement au Trône on

G   lui

lui deſtinoit à Nancy une entrée magnifique: ce bon Prince refuſa cet honneur, voulant en épargner la dépenſe à
ſes ſujets. Le tendre amour pour ſon peuple qu'il fit dès-
lors éclater, fut l'ame & l'unique reſſort de tout ſon gouvernement. Son régne qui fut de ſeize ans, fut conſacré
tout entier à ſatisfaire ſon humeur libérale & bienfaiſante.
On aſſure que ce penchant avoit ſur lui tant de pouvoir,
que n'étant encore que Marquis du Pont, il ſe plaiſoit à
laiſſer prendre ſes meubles & ſa vaiſſelle quand il n'avoit
plus de quoi donner. Jamais il n'eut l'ambition de faire
des conquêtes, & d'acquérir aux dépens de ſes ſujets le
vain titre de Héros. Content d'être leur pere, il ne chercha qu'à s'attacher leurs cœurs, à défendre leur tranquillité
contre les guerres du dehors & les troubles domeſtiques,
& à faire régner avec lui la juſtice & la religion. Facile à
pardonner les injures qui lui étoient perſonnelles, il paroiſ-
ſoit oublier ſa clémence ordinaire dès qu'il s'agiſſoit de venger l'honneur de Dieu, ou la profanation des choſes ſain-
tes. Tel parut, pendant tout le cours d'un des régnes les
plus heureux dont ait joui la Lorraine, un Prince qui en fit
les délices, & qui ſous le nom du *Bon Duc Henri*, ne
ceſſera jamais de lui être cher.

Comme il n'avoit que deux filles, le ſoin de pourvoir à
ſa ſucceſſion l'occupa les dernieres années de ſon régne.
François Comte de Vaudémont, vouloit par le mariage de
Charles ſon fils aîné avec Nicole fille aînée du Duc, aſſurer à ſa famille le Duché, ſur lequel il croïoit d'ailleurs
avoir des prétentions bien fondées, en cas que ſon frere
mourût ſans enfans mâles. Une extrême difference d'humeur & d'inclinations avoit fait paſſer ces deux Princes de
la froideur à une méſintelligence déclarée. Le Comte de
Vaudémont ne pouvoit s'empêcher de blâmer hautement
les libéralités exceſſives du Duc, qu'il traitoit de profuſions
ruineuſes pour l'Etat. Henri mécontent de ſon frere, ne s'attacha que plus fortement à Louis de Guiſe Baron d'Ancerville, fils naturel du Cardinal de Guiſe tué à Blois, qui
avoit déjà beaucoup de pouvoir ſur ſon eſprit. Louis n'a-
voit d'autre défaut que ſa naiſſance; il étoit bien fait,

agréable,

agréable, libéral, & courageux: il avoit beaucoup de douceur dans le caractere, & de nobleſſe dans les ſentimens.
Ces qualités aſſez conformes à celles du Duc, lui avoient gagné à un tel point le cœur de ce Prince, qu'il forma le deſſein de le faire ſon héritier, en lui faiſant épouſer Nicole
ſa fille. Au premier ſoupçon qu'eut le Comte de Vaudémont
d'un pareil projet, il éclata en plaintes & en menaces, qui
ne firent qu'aliéner de plus en plus l'eſprit du Duc. L'aſſaſſi-
nat du Baron de Lutzelbourg commis peu de tems après par
ordre du Comte, dans le tems que le Baron revenoit de ſon
Ambaſſade de Baviere, ſans qu'il put y avoir d'autre motif
de cet attentat, que l'attachement de ce Seigneur pour le
Baron d'Ancerville, fit oublier à Henri ſa clémence naturelle. Il ſe ſeroit porté contre ſon frere à de fâcheuſes extrémités, ſi ce Prince n'avoit pas eu la précaution de ſe retirer auparavant à la Cour de l'Electeur de Baviere ſon beaufrere.
Mais le tems, & plus encore l'intérêt de ſon peuple, adoucit enfin l'eſprit du Duc. Il conſentit au mariage de ſa fille avec Char- 1621
les ſon neveu, en réglant que dans tous les actes ils ſeroient
nommés l'un & l'autre; & que ſi dans dix ans il ne naiſſoit
point d'enfans de ce mariage, la Princeſſe Claude ſa ſeconde
fille épouſeroit Nicolas-François fils puîné du Comte de Vaudémont. Le Duc obtint en même tems pour le Baron d'Ancerville, qu'il venoit de faire Prince de Lixin, Henriette ſœur de
ces deux Princes, & donna à cette Princeſſe en faveur de cette
alliance, pour laquelle elle avoit une extrême répugnance, la
Principauté de Phalzbourg, & quelques autres Terres. Ce
double mariage rétablit un peu l'union entre les deux freres; & Henri débaraſſé d'une affaire auſſi importante, s'appliqua uniquement à celles du gouvernement. Il s'y propoſa
toujours le même but, la paix & le bonheur de ſes ſujets.

Il mourut à Nancy le 31. de Juillet 1624. dans la 62. année
de ſon âge. La tendre dévotion qu'il avoit toujours euë pour la
Ste. Vierge, lui fit choiſir ſa ſépulture au pied de ſon autel dans
l'Egliſe de St. George de Nancy. Jamais Prince ne fut plus regretté de ſon peuple; ſa bonté & ſa libéralité portées à l'excès,
furent ſes uniques défauts. Les malheurs où l'humeur inquiete de ſon gendre plongerent la Lorraine, y rendirent ſa mémoire encore plus chere.   G ij   XXIII.

XXIII.

FRANÇOIS II.

LA premiere année qui suivit la mort du Bon Duc Henri, Charles IV. son gendre exerça l'autôrité souveraine avec la Duchesse Nicole son épouse. Mais comme l'inclination avoit eu bien moins de part à ce mariage que des raisons d'Etat, leur union fut de peu de durée. François Comte de Vaudémont pere de Charles, qui avoit déjà protesté contre les clauses contraires à ses intérèts inserées dans le contrat de mariage de son fils, emploïa, de concert avec lui, cette intervalle à gagner les Etats de Lorraine & de Bar. Dès qu'il se crut assuré de leur suffrage, il leva le masque, fit revivre un testament du Duc René II. sur l'autentieité duquel il s'éleva alors de grandes contestations, & en vertu de cet acte reclama le Duché comme plus proche héritier mâle du feu Duc. Comme on n'ignoroit pas que le pere & le fils agissoient de concert en cette occasion, personne n'osa résister à leur autorité réünie. François prit donc les titres de Duc de Lorraine & de Bar, reçut en cette qualité les hommages de ses sujets, & constata sa Souveraineté par tous les divers actes ordinaires aux Souverains.

1625

Mais comme il n'avoit fait valoir ses droits que pour mieux affermir ceux de son fils, il les lui transporta après quelques jours de régne, dans l'assemblée des Etats tenus à Nancy le 26. de Novembre, *n'aiant jamais eu*, dit-il quelques années après dans son testament, *l'ambition de porter la Couronne en ce monde*. Il garda cependant le titre de Duc jusqu'à sa mort arrivée l'an 1532.

Par son mariage avec Christine, fille & héritiére de Paul Comte de Salm, il avoit fait entrer dans la Maison de Lorraine la plus grande partie de ce Comté. Il eut de cette Princesse, outre les Ducs Charles & Nicolas-François, Henriette

riette Princesse de Phalzbourg, dont la fermeté éclata dans les différentes disgraces qu'elle eut à essuier sous le régne de son frere. Après quatre mariages differens, tous au-dessous d'elle, & ausquels la nécessité avoit eû plus de part que son choix, elle mourut à Neufchâteau l'an 1660. Marguerite sa sœur épousa Gaston-Jean-Baptiste de France Duc d'Orléans, frere unique du Roi Louis XIII. Elle en eut Marguerite-Louise mariée à Côme III. Grand-Duc de Toscane, & pere du dernier Grand-Duc Jean-Gaston de Médicis; Isabelle épouse de Louis-Joseph de Lorraine Duc de Guise; & Françoise-Madelaine alliée à Charles-Emmanuel II. du nom Duc de Savoie, dont elle n'eut point d'enfans.

Le Duc François s'étoit rendu également recommandable par son zéle pour la religion, & son amour pour les beaux arts. Lorsqu'il entra en possession du Comté de Salm, il y trouva l'hérésie extrêmement répanduë; il ne se borna pas à ramener ses sujets au sein de l'Eglise, son zéle s'étendit aux petits pais voisins où il envoïa des Missionnaires dont il seconda les travaux de son crédit & de ses libéralités. Sur la réputation de ses talens pour la guerre, les Vénitiens alors brouillés avec le Pape Paul V, le sollicitérent plusieurs fois à venir prendre le commandement de leurs troupes, son respect pour le St. Siége, autant que la volonté du Duc son pere, lui fit refuser un emploi si honorable. C'est à ce Prince qu'on doit les prix fondés à perpétuité dans l'Université de Pont-à-Mousson, où il avoit fait élever le Prince Nicolas-François son second fils.

XXIV.

XXIV.

CHARLES IV.

Depuis 1624. jusqu'en 1675.

CHARLES IV. Duc de Lorraine & de Bar, naquit le 5. Avril 1604. Il eut successivement pour Gouverneurs Jacques-Philippe de Ligniville Commandeur de Marbotte & de Doncour, Conseiller d'Etat & Chambellan du Duc Charles III; & Henri de Gournai Comte de Marchéville. Destiné d'abord à l'état ecclésiastique, il fut pourvû à l'âge de six ans de la Coadjutorie de l'Evêché de Toul; mais la mort de Henri son frere aîné, fit changer les vûës de sa famille sur lui, & le rendit aux armes pour lesquelles il étoit né. Elevé depuis l'âge de dix ans auprès du Roi Louis XIII, il gagna tellement par sa bonne mine, par ses manieres insinuantes, & sur tout par l'agrément & la vivacité de son esprit, les bonnes graces de ce Monarque à peu près du même âge, qu'on entendit souvent dire à ce Prince, qu'il auroit voulu que Charles ne fût qu'un particulier, pour avoir la satisfaction de lui faire sa fortune.

1620　　Le Comte de Vaudémont son pere, aïant été déclaré Général de la ligue Catholique en de-çà du Rhin, le rapella pour lui faire faire ses premieres armes dans la guerre de Bohême. L'Electeur de Baviere qui le vit combattre à la fameuse bataille de Prague, parla après la victoire avec de grands éloges de son courage, & du sens froid si extraordinaire à son âge, qu'il avoit conservé au plus fort de la mêlée.

　　Après la cession solémnelle que lui fit de ses Etats le Duc 1626 François son pere, il fit son entrée publique à Nancy. Philippe-Emmanuel de Ligniville, Grand-Prevôt de Remiremont & de St. George de Nancy, reçut le serment par lequel il promit à l'entrée de la Ville, de maintenir dans leurs

leurs priviléges les trois ordres de l'Etat. Le Prince Nicolas-François son frere; Henri de Lorraine, Marquis de Moüi, premier Prince du Sang; Loüis Prince de Phalzbourg; Antoine de Lenoncourt, Primat de Nancy; Charles-Emmanuel Comte de Tornielle, Grand-Maître d'Hôtel; Gaspard de Ligniville Comte de Tumejus, premier Gentilhomme de la Chambre du Duc François; Jean de Beauveau, Sénéchal du Barrois; René de Stainville, Gouverneur de Marsal; Ferri d'Haraucourt, Baron de Chamblay; Abraham du Hautoy, Seigneur de Riffecourt; Ferri de Ligniville, Comte de Tantonville; Jonatas du Hautoy, Seigneur de Vadoncourt, & plusieurs Seigneurs furent présens à cette cérémonie.

Toutes les inclinations du nouveau Duc tournées du côté de la guerre, annoncèrent à ses sujets dès son avénement au trône, un régne bien different de celui de son beaupere; & toute la suite de son régne leur apprit par une triste expérience, quel fleau c'est pour un Etat qu'un Prince qui aime la guerre, eut-il d'ailleurs, comme Charles, tous les talens nécessaires pour y réüssir. Comme la mémoire du bon Duc Henri étoit infiniment chere à la Lorraine, Charles craignit que le changement qu'on venoit de faire au gouvernement, en ôtant toute autôrité à la Duchesse fille de ce Prince, ne causât quelque émotion. Du moins se servit-il de ce prétexte pour augmenter ses troupes de deux mille hommes de pied, & de deux régimens de cavalerie dont il donna le commandement aux Comtes de Tantonville & de Couvonges. Le voisinage des troupes impériales qui venoient de s'emparer de Vic & de Möienvic, lui fournit quelque tems après le prétexte d'une nouvelle augmentation, dont le véritable motif fut le desir de se venger de divers arrêts de réünion rendus par l'Intendant de Metz au préjudice des droits de Charles sur differentes Seigneuries qu'il possedoit en vertu des échanges faits par ses prédécesseurs avec les Evêques de Metz. Les arrêts avoient été signifiés & affichés jusques dans Nancy. Les engagemens contractés par le Duc avec les Anglois l'année précédente, & qui pour n'avoir point eu d'effet,

n'en

n'en avoit gueres moins irrité la Cour de France, lui attirerent cette mortification. Il en fut vivement piqué, & dès-lors on vit éclater les premieres éteincelles de ses funestes dissentions avec cette Couronne, qui ruinèrent & sa Maison & ses Etats presque sans ressource.

1629 Telle étoit de part & d'autre la disposition des esprits, lorsque Gaston de France Duc d'Orléans, mécontent du Cardinal de Richelieu, quitta la Cour du Roi son frere, & se retira la-premiere fois en Lorraine. Le Duc l'y reçut avec tous les honneurs dûs à son rang & à sa naissance. Comme il avoit cependant des mesures à garder avec le Roi, il informa ce Monarque de l'arrivée de son frere, & s'offrit même d'aller à Paris pour ménager la reconciliation de ce Prince avec Sa Majesté. Le Roi parut satisfait de sa conduite en cette occasion. Tandis qu'on négocioit son retour, Gaston qui étoit veuf de l'héritiére de la Maison de Montpensier, conçut beaucoup d'inclination pour la Princesse Marguerite sœur de Charles, alors Coadjutrice de Remiremont: il parla même dès-lors de l'épouser; mais son retour à la Cour de France suspendit ce projet. Son animosité qui subsistoit toujours contre le Cardinal, ne lui permit pas d'y faire un long séjour. A peine y avoit-il 1630 passé l'espace d'un an, qu'il se retira de nouveau, & dépêcha de Besançon au Duc Charles un de ses Gentilshommes pour lui communiquer le dessein qu'il avoit de se rendre en Lorraine, & lui demander en même tems en mariage la Princesse Marguerite sa sœur. Le Duc après de mures délibérations, & de nouvelles assurances de la part de Gaston de la droiture de ses intentions, lui fit répondre qu'il pourroit disposer de ses Etats. Gaston s'y rendit, & mit d'abord sur le tapis l'affaire de son mariage qui ne fut cependant entiérement terminée qu'au commencement de l'année suivante.

A la nouvelle de l'arrivée de son frere en Lorraine, & des armemens du Duc, le Roi lui envoïa demander à quoi il destinoit ce corps de seize à dix-sept mille hommes qu'il avoit sur pied. Le dessein de Charles étoit de les employer au service du Duc d'Orléans; mais le voyant découvert, il

céda

céda aux vives sollicitations de l'Empereur qui le pressoit
de marcher à son secours contre le fameux Gustave Adol-
phe Roi de Suede, qui parcouroit alors en conquérant les
Etats dépendans ou alliés de la Maison d'Autriche. Honoré
du titre de Généralissime de l'armée impériale, il alla joindre le Comte de Tilly qui commandoit les débris des troupes de la Ligue Catholique qui venoit d'être battuës à
Leipsick par Gustave. Il les trouva si découragés qu'il ne
put les déterminer à rien entreprendre contre les Suedois
moins nombreux de moitié. Après avoir emporté deux postes à la vûë des ennemis, la rigueur de la saison l'obligea
de renvoyer ses troupes en Lorraine. Il se rendit lui-même
à la Cour de l'Electeur de Baviere son oncle, l'engagea à
renoncer au traité qu'il étoit sur le point de conclure avec
la France, l'anima de plus en plus contre les Suedois, &
se mit à la tête de l'armée de Baviere destinée à agir contr'eux. Alors au comble de ses vœux, & se voyant en état
de se mesurer avec le grand Gustave, il alloit marcher contre ce Monarque, lorsqu'il apprit que Louis XIII. avec son
armée étoit entré en Lorraine, & faisoit assiéger Moyenvic. Cette nouvelle le rapella aussitôt dans ses Etats. La
plûpart de ses troupes s'étoient débandées, il fallut donc
avoir recours aux soumissions. Le traité fut conclu à Vic 1631
le dernier jour de cette année. Le Duc s'y engagea à renoncer à toutes les intelligences formées au préjudice du Roi
avec quelque Prince que ce fut; à ne faire aucune alliance
sans le consentement de Sa Majesté; à faire sortir de ses
Etats le Duc d'Orléans & ses partisans; à n'y permettre
aucune levée de troupes contre le service du Roi, & à
remettre Marsal pour trois ans entre les mains de ce Monarque. En vertu de ce traité, le Duc d'Orléans, après
avoir épousé la Princesse Marguerite à Nancy le 1?. Jan- 1632
vier suivant, fut obligé de quitter la Lorraine, & se retira
en Flandres. Charles qui ne l'avoit signé que malgré lui,
n'en fut que plus aigri contre la France. Dans ces dispositions il n'eut pas de peine à se prêter aux sollicitations de
l'Empereur, qui l'exhortoit à reclâmer contrre, en lui promettant du secours. Il leva en diligence quelques régimens
sous

sous pretexte de garentir ses Etats de l'invasion des Suedois.
Le Duc d'Orleans venoit d'entrer en France avec des troupes. Le Roi craignant que Charles ne lui envoïât les siennes, lui donna ordre de désarmer. Sur le refus qu'il en fit,
ce Monarque s'avança de nouveau en Lorraine. Bar-le-
Duc se rendit à le premiere sommation, St. Mihiel en fit
autant. Le Roi en partit le 23. de Juin, & marchoit pour
aller investir Nancy lorsque le Duc voyant sa perte inévita-
ble, lui envoya des députés pour négocier un nouveau traité. Ils le signerent à Liverdun le 26. Outre ce qui avoit
été arrêté à Vic, le Duc s'engagea par ce traité à céder à Sa
Majesté dans trois jours la Ville & Château de Clermont
en Argonne, moyennant une somme dont on conviendroit;
à lui remettre aussi dans six jours Stenay, & Jametz trois
jours après pour gages de sa parole, à demeurer attaché aux
intérêts du Roi, & à l'assister de ses forces quand il en
seroit requis.

Charles avoit beau voir démembrer ainsi ses Etats, il
n'en étoit que plus porté à remuer de nouveau, dans l'espérance que quelque entreprise plus heureuse répareroit ses
pertes, & vangeroit les affronts qu'il croyoit avoir reçu. A
peine le Roi étoit-il retourné à Paris, que les troupes Lorraines au lieu de joindre le Maréchal d'Effiat, comme il
avoit été réglé à Liverdun, se dissiperent, & allerent grossir
l'armée de l'Empereur. On levoit en Lorraine, sous les
yeux du Duc, des soldats pour le service de ce dernier
Monarque, avec lequel Charles conclut même un traité,
par lequel on lui cédoit les Villes de Haguenau, de Col-
mar & de Scheleftat, moyennant quelques troupes qu'il
s'engageoit à faire passer à l'armée imperiale.

1633   Un corps de cinq mille hommes qu'il envoyoit au secours de Haguenau assiégé par les Suedois, fut défait au
mois d'Août par le Prince Palatin de Birkenfeld, il en
resta huit à neuf cens sur la place, outre deux cens pris
avec cinq piéces de canon.

Le Roi informé de tant de contraventions, étoit revenu
en Lorraine. Il investit Nancy le dernier d'Août. Le Duc
après y avoir jetté trois mille hommes, se retira avec ce
qui

qui lui reſtoit de cavalerie, dans les montagnes de Vôge, d'où il envoya le Cardinal Nicolas-François ſon frere, pour tâcher d'adoucir l'eſprit du Roi. Louis perſiſta à exiger qu'on lui remit Nancy comme le ſeul gage capable de fixer l'humeur inquiete du Duc. Charles ne put ſe réſoudre à y conſentir; la ſaiſon s'avançoit cependant, & le Roi commençoit a appréhender pour le ſuccès de ſon entrepriſe, lorſque le Cardinal de Richelieu fit propoſer au Duc de venir traiter lui-même avec ce Monarque. Charles éblouï de l'éſpérance qu'on lui donnoit de trouver Louis plus traitable, ſe rendit auprès de lui ſans trop examiner s'il lui ſeroit auſſi libre de ſe retirer quand il le jugeroit à propos. Il ne tarda pas à ſentir le mauvais pas où il s'étoit engagé; mais il étoit fait, & il n'étoit plus queſtion que de s'en tirer au moins de frais qu'il ſeroit poſſible. Les traités de Vic & de Liverdun furent renouvellés, & pour leur ſureté il fallut remettre Nancy au Roi pour quatre ans. Ce Monarque y mit garniſon le 24. Septembre; il étoit libre au Duc de continuer à y tenir ſa Cour, mais il ſe retira à Mirecourt. La Princeſſe Marguerite ſa ſœur, qu'il devoit, par un des articles du traité, remettre entre les mains du Roi, pour la faire conſentir à la caſſation de ſon mariage avec le Duc d'Orléans, s'étoit évadée pendant la négociation, & avoit gagné Thionville, d'où elle s'étoit rendue en Flandres auprès du Duc ſon époux.

Des conditions auſſi dures ſuivies de pluſieurs autres **1634** mauvais traitemens, firent perdre au Duc toute eſpérance d'une reconciliation ſincere avec la France. Dans les différentes négociations qui avoient précédé & ſuivi le dernier traité, il s'étoit apperçu que le Cardinal Nicolas-François alors Evêque de Toul ſon frere, étoit vû de meilleur œil à cette Cour. Cette réflexion lui fit prendre la réſolution de ſe démettre de tous ſes Etats en faveur de ce Prince. Il l'exécuta par un acte daté de Mirecourt le 19. Janvier, par lequel il diſpenſoit ſes ſujets du ſerment de fidélité qu'ils lui avoient prêté, & leur ordonnoit de reconnoître le Cardinal Nicolas-François ſon frere pour leur légitime Souverain. Il ſe rendit auſſi-tôt après en Alſace accompagné

gné de beaucoup de Nobleſſe, & de treize compagnies de cavalerie, viſita les differentes places de cette Province, & après y avoir laiſſé ſa cavalerie ſous les ordres du Marquis de Baſſompierre, il ſe retira à Beſançon pour y attendre quel tour prendroient les affaires de Lorraine.

Le premier ſoin du nouveau Duc fut d'informer la Cour de France du changement arrivé dans cet Etat. Il y fut regardé comme un jeu concerté entre les deux freres, & l'accompliſſement des traités conclus avec Charles, n'en fut pas exigé avec moins de rigueur. Il échappa même au Cardinal de Richelieu de dire, que Charles ne poſſédant le Duché que du chef de Nicole ſon épouſe, & cette Princeſſe n'ayant point d'enfans, la ſucceſſion ne pouvoit regarder que Claude de Lorraine ſa ſœur, fille puînée du Duc Henri. Nicolas-François n'avoit pas manqué de faire la même réflexion. Craignant donc qu'on ne mariât cette Princeſſe en France, il prit la réſolution de l'épouſer lui-même. Pour l'exécuter il ſe retira à Lunéville avec elle & la Ducheſſe Nicole ſa ſœur. Le Marêchal de la Force qui commandoit en Lorraine, envoya auſſitôt des troupes pour les inveſtir. Cette démarche hâta le mariage projetté. Sans attendre la diſpenſe du Pape qui arriva quelque tems après, le Duc épouſa ſa couſine la nuit du 18. Février. Le lendemain il renvoya à Rome ſon chapeau de Cardinal par le Baron Hennequin, qui fut chargé en même tems de faire aggréer au Pape les raiſons qui avoient fait précipiter ce mariage. Le Marquis de Lenoncourt fut envoyé au Roi pour le même ſujet. Le ſuccès des deux négociations fut auſſi different que l'étoient alors les diſpoſitions des deux Cours à l'égard de la Maiſon de Lorraine. Le Pape accorda ſans peine la diſpenſe qu'on lui demandoit. Mais le Duc ſe voyant gardé à vûë à Nancy, où on l'avoit fait retourner auſſitôt après ſon mariage, s'évada déguiſé en payſan; la Princeſſe ſon épouſe traveſtie en pauvre femme, le ſuivoit une hotte ſur le dos. Ils firent l'un & l'autre près d'une demi-lieuë en cet équipage, monrèrent enſuite à cheval, & gagnèrent la Franche-Comté, d'où ils ſe rendirent en Toſcane auprès de la Grande-Ducheſſe leur

tante;

tante; ils allèrent de là à Vienne pour implorer le secours
de l'Impératrice Eleonore de Gonzague tante de la Princesse Claude, & y fixerent assez longtems leur séjour. La
Princesse de Phalzbourg s'évada aussi quelque tems après.
Pour la Duchesse Nicole, abandonnée par le Duc son
époux, dont les engagemens avec Beatrix de Cusance
Princesse de Cantecroix, commencèrent alors à éclater;
elle se mit sous la protection de la France, & se retira à
Paris.

Les troupes de France se répandant alors sous les ordres
du Maréchal de la Force dans toute la Lorraine, en rédui-
sirent les differentes places. La Mothe qui passoit pour la
plus forte de toutes, fut la premiere attaquée. Le Maréchal
en forma lui même le siège qui dura cinq mois, quoique
la garnison ne fut que de quatre cens hommes. Antoine
de Choiseül Seigneur d'Issche, qui en étoit Gouverneur,
emploïa pour la défendre tout ce que la valeur & l'habileté peuvent fournir de ressources. Ce brave homme aïant
été tué sur la fin du siège, son frere Religieux Capucin,
qui l'avoit aidé de ses conseils & de son bras, se mit à la
tête de la garnison, fit plusieurs sorties avec succès, & se
disposoit à soutenir l'assaut. On le vit sur la brèche animant ce qui restoit de soldats, plus encore par son exemple
que par ses paroles. Un coup de mousquet qui lui cassa le
bras, hâta la capitulation qui fut des plus honorables. Elle
fut signée le 26. de Juillet. Les différentes forteresses du
Duché furent ensuite emportées sans beaucoup de résistance.

Le peu de soldats que le Duc Charles y avoit laissé, au-
lieu de défendre le Pays, le désoloient par leurs brigandages. Le peuple victime également de ces troupes mal dis-
ciplinées, & des François envoïés pour les détruire, se
vit par tout réduit à la disette la plus affreuse. Louis XIII.
pour exterminer ces bandits, fit raser tous les Châteaux
qui leur servoient de retraite, & punir comme voleurs publics ceux qui tomboient entre les mains de ses soldats.
Les peuples de la campagne pour se soustraire aux uns &
aux autres, fuïoient de toutes parts. Les terres étoient in-
cultes; de là la cherté excessive, suivie de la famine, & de la
peste,

peste, qui firent, pendant que durèrent ces troubles fûne-
stes, une espece de désert d'un Païs autrefois le plus peu-
plé, & le plus abondant de l'Europe.

A la vûë de cette affreuse désolation de ses Etats, le
Duc Charles se sentit animé de plus en plus contre la France. Hors d'état de lui opposer ses propres forces, il alla
prendre en Allemagne le commandement de la ligue Catholique, contre les Suedois alliés de cette Couronne.

Son arrivée y changea la face des affaires. Ces redou-
tables ennemis de la Maison d'Autriche, accoutumés à
vaincre sous le grand Gustave, s'étoient depuis sa mort
maintenus par de nouveaux succès dans le cœur de l'Empire. Ils se préparoient à attaquer l'armée impériale occupée alors sous les ordres du Roi de Hongrie au siége de
Nortlingue. Le Duc de Lorraine la joignit le 2. de Septembre. La bataille se donna quatre jours après. Les ennemis eurent seize mille hommes tués dans le combat ou
dans la fuite, quatre mille pris avec soixante & dix piéces
de canon, & tout le bagage. Nortling pris le lendemain à discrétion, la Souabe & la Franconie soumises
avec la plus grande partie du Virtemberg, furent les fruits
de cette importante victoire. On l'attribua principalement
à la valeur & à l'activité du Duc Charles. Le Maréchal
Horn, & le Général Cratz furent tous deux prisonniers de
ce Prince, que l'Empereur combla d'éloges & de remer-
cimens.

Charles continua à les mériter par de nouveaux exploits; il mit en déroute le 28. du même mois, un corps
de sept mille Suedois commandés par le Rhingrave Othon-
Louis; il n'en échapa pas deux mille hommes. Une partie
de l'hiver suivant fut emploïée à tout préparer pour la campagne prochaine. Le Duc n'en attendit pas la fin pour entrer en action. Après avoir donné ses ordres pour le siége
de Philisbourg qui fut emporté d'emblée vers la fin de Janvier, sur l'avis qu'il reçut que le Duc de Rohan assiégeoit
Béfort, il entra en Alsace à la tête d'un assez petit corps de
troupes. A son approche les ennemis abandonnerent leur
entreprise. Charles ne pouvant les joindre dans les montagnes

1535

eagnes où ils s'étoient retirés, visita les differentes places d'Alsace, & en renforça les garnisons. Il s'avança ensuite en Lorraine où sa présence seule fit une révolution. Remiremont, Rembervillers, Vaudémont, St. Mihiel, se déclarerent pour lui. Ces succès attirerent dans le Duché le Roi Louis XIII. St. Mihiel arrêta ce Monarque près de trois semaines. Le Marquis de Lenoncourt de Serre en étoit Gouverneur pour le Duc; il fut contraint par les Bourgeois de capituler. Le Roi prétendant que ses Députés avoint passé leurs pouvoirs, refusa de ratifier la capitulation. Le Gouverneur avec deux des principaux Officiers, furent conduits à la Bastille où ils demeurerent quatre ans. Le Duc Charles cependant posté à Rembervillers à la tête de près de vingt mille hommes, faisoit enlever les convois de l'armée ennemie, & étendoit ses contributions dans toute la Province. Il fut joint quelque tems après par le Général Galas. Ce Général avoit suivi en Lorraine les Suedois qui s'y étoient jettés après avoir été obligés d'évacuer Mayence, & les places qu'ils occupoient sur le Rhin. On ne peut exprimer à quel point les cruautés qu'ils y commirent augmenterent la désolation de ce malheureux Païs déjà épuisé par le grand nombre de troupes dont il étoit rempli. Le Bourg de St. Nicolas fut réduit en cendres avec l'Eglise dédiée à ce Saint. Comme c'étoit le plus fameux pélerinage du Païs, les ennemis croioient y trouver des richesses immenses. Un grand nombre de Villages eut le même sort. On vit le peuple réduit en plusieurs endroits par la famine à ces affreuses extremités qu'on lit avec horreur dans l'histoire de quelques siéges fameux. Le Duc Charles contraint par une maladie qui lui survint, de se séparer de Galas, se retira à Besançon. Il se rendit de là à Bruxelles au commencement de l'année suivante.

Le Roi cependant maître de tous ses Etats, ordonna au mois de Février la démolition de tout ce qui pouvoit y rester encore de Forteresses & de Châteaux. Cet ordre exécuté presque par tout avec une extrême rigueur, augmenta l'animosité de Charles contre la France. Pour être plus en état de lui nuire, il retira des Places de Lorraine

1636

qui

qui tenoient encore pour lui, les garnisons qu'il y avoit laissés, en fit un corps de neuf à dix mille hommes, & le joignit à l'armée Espagnole qui se préparoit à entrer en France. Après avoir emporté la Chapelle, on s'avançoit vers Guise, lorsque le Cardinal Infant craignant pour la Ville de Dole alors assiégée par le Prince de Condé, pria le Duc de Lorraine d'accourir au secours de cette Place. Le siége avoit duré deux mois & demi lorsque le Duc arriva avec un corps de quatre mille hommes qu'il avoit rassemblé à la hâte. Sur la nouvelle de son approche & de sa jonction avec Lamboy qui commandoit les troupes de l'Empire dans cette Province, le Prince de Condé décampa le 16. d'Août & se retira en Bourgogne. Le Duc ne tarda pas à entrer dans cette Province, Galas l'avoit joint à la tête de vingt mille hommes. L'avis de Charles étoit qu'on marchât droit à Dijon, Galas s'opiniâtra au siége de St. Jean de Laune qu'il fut contraint de lever. Les pluies extraordinaires & les débordemens des rivieres qui en furent la suite, retarderent beaucoup sa marche. Le Cardinal de la Valette, & le Duc de Weymar en profiterent pour harceler l'armée impériale qui dans sa retraite perdit plus de huit mille hommes.

1637　　Cette malheureuse expédition fut suivie quelque tems après du mariage du Duc avec la Princesse de Cantecroix; il fut célébré à Besançon au mois d'Avril de l'an 1637. Les raisons de nullité de son premier mariage contracté avec la Duchesse Nicole, ne parurent point suffisantes à la Cour de Rome. Le second mariage y fut déclaré illicite, & le Duc reçut ordre, sous peine d'excommunication, de se séparer de sa nouvelle épouse. Ce désordre ne laissa pas de durer jusqu'à sa prison en Espagne, & fut pour lui une source de mille chagrins. Il n'en suivit pas avec moins d'ardeur son inclination pour la guerre. Il s'empara cette même année en Lorraine des Villes de Remiremont, d'Epinal, de Châté, de Charmes & de quelques autres Places qui ne demeurerent pas longtems en son pouvoir.

538　　Il combattit l'année suivante le Duc de Longueville près de Poligny en Franche-Comté, lui tua onze ou douze cens hommes, n'en aïant perdu lui-même qu'environ six-vingt,

&

& demeura maître du champ de bataille. Son activité étonnante le portoit par tout avec ses troupes qu'il joignoit tantôt aux Allemands, tantôt aux Espagnols. Dans tout le cours de cette guerre, les uns & les autres n'entreprirent rien de considérable contre la France, où il n'eut la principale part. Il tenta au mois d'Octobre de cette année le secours de Brisac bloqué par le Duc de Weymar. La lâcheté de sa cavalerie qui s'enfuit à la première charge, aïant fait échoüer cette entreprise, il ne laissa pas de ranger son infanterie composée seulement de trois mille hommes derriere les charrettes du convoi, & fit, sans pouvoir être entâmé, une retraite qui fut regardée par le Général ennemi, l'un des plus grands Capitaines de son tems, comme la plus belle action qu'il eut jamais vû.

Tant de services signalés méritoient plus de reconnoissance qu'il n'en trouva chez les ennemis de la France. Charles toûjours dépoüillé de ses Etats, plein d'ailleurs de sa passion pour la Princesse de Cantecroix, trouvoit du côté de cette Couronne des oppositions qu'il ne pouvoit surmonter, à la possession paisible de ses Duchés & de sa nouvelle épouse. Il s'en falloit beaucoup que ses prétentions à ce dernier égard fussent aussi bien fondées que l'étoient les titres en vertu desquels il reclâmoit l'héritage de ses Peres. Il s'imagina que son racommodement avec la France, en lui rendant ses Etats, feroit lever en même tems les obstacles que le St. siége opposoit à son prétendu mariage, & qu'il attribuoit principalement aux intrigues de cette Cour. Il y eut pendant deux ans bien des négociations secrettes, durant lesquelles le Duc ne laissa pas de rendre de grands services à l'Espagne. Comme elles alloient trop lentement à son gré, il prit le parti d'aller trouver le Roi lui-même. Il se rendit en effet à Paris au mois de Mars 1641 de l'an 1641. A peine le traité fut-il entâmé, qu'il sentit la faute qu'il avoit faite de se livrer ainsi à la discrétion d'un Monarque trop offensé pour pouvoir en espérer un traitement bien favorable. A la première nouvelle qu'en eut à Vienne le Duc son frere, il protesta d'avance contre tout ce qui se régleroit au préjudice des droits de sa Mai-

H   son.

ſon. Le traité fut conclu quinze jours après l'arrivée de Charles. On conſentoit à lui rendre ſes Etats, à la réſerve de Clermont & de ſes dépendances, de Stenay, de Jametz & de Dun. Nancy ne devoit être rendu qu'à la fin de la guerre après qu'on auroit démoli les fortifications; celles de Marſal devoient être auſſi raſées. Le Duc étoit obligé de joindre les troupes qu'il avoit alors, & celles qu'il auroit dans la ſuite, aux armées de Sa Majeſté, à qui les Officiers & ſoldats deſdites troupes ſeroient tenus de prêter ſerment. Le quatorziéme article portoit: Qu'en cas de contravention de la part du Duc au préſent traité, il conſentoit que tout ce que le Roi lui rendoit, fut inſéparablement uni à la Couronne de France. Par le quinziéme, le Roi déclaroit qu'il n'entroit point dans ce qui concernoit la diſſolution du mariage du Duc avec la Princeſſe Nicole, l'affaire étant purement du tribunal écclefiaſtique; mais il étoit arrêté que le Duc feroit à cette Princeſſe une penſion annuelle de ſix-vingt mille livres.

On peut aiſément juger dans quels ſentimens Charles partit de Paris après un pareil traité, dont il avoit été obligé de jurer ſolemnellement l'obſervation. A peine fut-il de retour dans ſes Etats, qu'il proteſta contre tout ce qu'on lui avoit fait ſigner à Paris. Il ne laiſſa pas en vertu du traité de rentrer dans la plûpart de ſes places, avant qu'à la Cour de France on eut avis de ſa proteſtation. Dès qu'on en fut informé, Du Halier Gouverneur de Nancy, eut ordre de marcher contre lui. Charles l'attaqua près du Village de Liſou le Grand, lui tua quinze cens hommes, & en prit preſqu'autant, avec tout le bagage. N'aïant pû enſuite s'emparer de Neufchâteau, il eut ſoin de pourvoir la forterereſſe de la Mothe de tout ce qui étoit néceſſaire pour ſoutenir un long ſiége; & ne pouvant tenir en Lorraine contre les forces ſupérieures qu'il prévoïoit devoir y fondre bientôt ſur lui, il alla ſe poſter ſi avantageuſement entre la Sambre & la Meuſe, qu'on n'entreprit jamais de l'attaquer dans ce poſte qu'il avoit déjà ſouvent occupé, & qu'il occupa ſouvent dans la ſuite de cette güerre.

1642 Il y appꝛ la mort de ſon implacable ennemi le Cardinal

nal de Richelieu, suivie cinq mois après de celle du Roi
Louis XIII. Ces deux événemens ne changerent rien à la
situation de la Lorraine. Charles toujours ennemi de la 1643
France, surprit au cœur de l'hiver auprès de Tutelingue en
Souabe les quartiers des François commandés par Rantzau
depuis Maréchal de France, & le Général Rose Suedois.
Il les prit tous deux avec quatre Maréchaux de Camp, sept
à huit cens Officiers, neuf mille soldats & tout le bagage.
S'étant ensuite emparé de Rottweil, il reprit la route des
Païs-Bas. Il se rendit maître en passant de la Ville de Fal-
kenstein, d'où il envoya en Lorraine le Comte de Ligniville avec une partie de ses troupes. Ce Général y réduisit
quelques Villes qui furent reprises peu de tems après par
le Marquis de la Ferté. Ce Seigneur venoit de succéder
dans le Gouvernement de Lorraine au Marquis de Lenoncourt, qui peu de tems après en avoit été pourvû, avoit
été tué au siége de Thionville. La dureté de son gouvernement mit le comble aux malheurs de ce Païs qu'il acheva de ruiner par ses exactions.

Après la Paix de Munster, où, malgré les services signa- 1648
lés que Charles IV. avoit rendu à l'Empire, ses intérêts
avoient été entiérement oubliés, ce Prince se fixa dans les
Païs-Bas, & s'unit de plus en plus à l'Espagne qui continuoit seule la guerre contre la France. Les troubles de la
minorité de Louis XIV. qui ne tarderent pas à éclater, fa-
ciliterent la prise de quelques Places en Flandres. Le Duc
en profita aussi pour faire de nouvelles tentatives sur ses
Etats. Le Comte de Ligniville qu'il y envoya avec trois ou 1650
quatre mille hommes, après avoir défait à son arrivée quinze cens Allemands que Roze-Vorms ménoit à l'armée du
Roi en Champagne, s'empara sans peine d'Epinal, de
Châté, de Neufchâteau, de Mirecourt & de Ligny. A
cette nouvelle le Marquis de la Ferté quitta l'armée avec
promptitude pour voler au secours de Nancy même où il
n'y avoit pas pour six semaines de vivres, parce que com-
ptant sur la recolte prochaine, il avoit fait de l'argent de
tous les bleds qui étoient dans les magasins. Après avoir
muni à la hâte cette Capitale, il reprit la route de Cham-

H ij   pagne

pagne pour mieux tromper son ennemi. Il marcha ensuite
à couvert des bois qui sont autour de Bar pour tenter le secours de cette Place. Mais ayant appris qu'elle étoit réduite, il feignit encore de s'en retourner ; & vint par une
contre-marche tomber sur les gens du Comte comme ils
venoient de descendre de Cheval, & qu'ils cherchoient à se
loger. L'attaque fut si brusque qu'ils n'eurent pas le tems
de former un seul escadron. Le Comte de Ligniville gagna St. Mihiel, & se rendit ensuite avec ce qui lui resta
de troupes dans l'armée du Vicomte de Turenne déclaré
alors pour le Prince de Condé contre le Cardinal Mazarin.
Il se distingua à la tête des troupes du Duc à la bataille de
Rhetel. Il y fut blessé à mort, & ne guérit que par un
miracle * obtenu par l'intercession de la Ste. Vierge.

    C'étoit en conséquence de la résolution prise par le
Duc de se déclarer pour le parti mécontent de la Cour
pendant les troubles qui continuoient en France, que le
Comte avoit eu ordre de joindre le Vicomte de Turenne.
Jamais Charles ne s'étoit trouvé dans une conjoncture plus
favorable. Sollicité par les deux partis qui divisoient alors
le Royaume, il auroit tout obtenu de la Cour, il se jetta
du côté des mécontens dont il ne pouvoit rien espérer.
Encore se conduisit-il d'une façon si équivoque, qu'il mé-
contenta presqu'également & ces deux partis opposés, &
les Espagnols appliqués à profiter de leurs divisions. L'ar-
1652 mée du Prince de Condé se trouvant assiégée dans Estam-
pes par le Vicomte de Turenne qui avoit embrassé le parti
de la Cour, le Duc s'avança vers cette Place à la tête de
neuf mille hommes.

    La Cour qui croyoit l'avoir gagné, effrayée de sa mar-
che, fit aussitôt lever le siége ; il auroit pu demander la
restitution de ses Etarts, il se contenta de quelqu'argent,
& reprit le chemin de Flandres quelque chose que pussent
dire pour l'arrêter ceux qu'il étoit venu secourir.

    Un second voyage qu'il fit en France leur fut encore
moins utile. Il avoit marché avec six mille hommes de ses

* *Mémoires du Marquis de Beauvau.*

troupes

troupes & cinq mille Efpagnols droit à l'armée du Roi campée près de Villeneuve St. George, & s'étoit poſté ſi avantageuſement qu'il réduifoit le Vicomte de Türenne ou à livrer un combat inégal, ou à voir périr fon armée faute de vivres. Mais un voyage qu'il fit mal-à-propos à Paris, donna au Vicomte le tems de dégager fon armée.

L'envie de négocier reprit Charles, il ſe laiſſa éblouïr par les promeſſes de la Cour, perdit par ſa retraite tout ſon avantage, & ne remporta d'autre fruit de fon expédition dont les Efpagnols s'étoient tant promis, que la défiance qu'ils en conçurent dès-lors, & dont il éprouva bientôt les funeſtes effets.

Le refus qu'il fit de marcher contre la France la campagne ſuivante, confirma tous leurs ſoupçons. Son activité d'ailleurs ne s'accommodoit pas du flegme des Efpagnols qui faiſoit échoüer preſque toutes ſes entrepriſes. Il s'en vengeoit par des railleries piquantes fur leurs Généraux. Le Comte de Fuenſaldagne, un de ceux qu'il avoit le moins ménagé, en fut irrité au point qu'il réſolut de perdre le Duc. Il le dépeignit à la Cour d'Efpagne comme un homme dangereux toujours prêt à trahir ſes alliés dès qu'il y trouveroit quelqu'avantage, entretenant alors même des liaiſons avec le Miniſtre de France, & pouſſant fon ambition juſqu'à vouloir enlever à la Maiſon d'Autriche la Couronne Impériale. On prétend qu'après la Paix de Munſter il avoit en effet formé ce dernier projet. Ces raiſons parurent ſuffiſantes à la Cour de Madrid pour ordonner qu'on s'aſſurât de la perſonne du Duc. Fuenſaldagne le fit arrêter à Bruxelles le 25. de Février. Le lendemain il fut conduit à Anvers, d'où on le fit paſſer en Efpagne. Il eut pour priſon le Château de Toléde.

A la première nouvelle qu'en reçut le Duc Nicolas-François fon frere, il partit de Vienne, & vint prendre en Flandres le commandement des troupes Lorraines. Charles n'aprouva point cette démarche, il ſe flatoit que les Efpagnols ne pouvant tirer de ſes troupes ſans chef tous les ſervices qu'ils en attendoient, ſeroient contraints, pour leur propre intérêt, de lui rendre la liberté. Par l'arrivée

1654

rivé de son frere en Flandres, il crut voir ses chaînes s'ap-
pésantir : delà la mésintelligence entr'eux, qui porta Charles à donner à la Duchesse Nicole toute l'autôrité sur ses
Etats & ses troupes. La disgrace du Duc son époux tou-
cha cette Princesse autant que si elle n'en avoit jamais rien
souffert. Elle envoïa des députés dans toutes les Cours de
l'Europe pour solliciter sa liberté. Charles de son côté ne
s'oublioit pas. L'état où il se trouvoit étoit violent pour
un Prince d'un caractere aussi ennemi du repos que le sien.
1655 Pour obtenir sa liberté il conclut avec le Roi d'Espagne un
traité par lequel il lui donnoit toutes ses troupes, ne se
reservant que quatre régimens de cavalerie. Ce traité ne
pût être si secret, que le Duc son frere n'en eut avis ; il
fut regardé comme aussi préjudiciable à la Maison de Lorraine, que honteux à la Nation. Quatre régimens de cavalerie au premier bruit qui s'en répandit, passerent en France avec le Marquis d'Haraucourt qui les commandoit. Fuen-
saldagne en fut si irrité, qu'il délibera de faire arrêter le
Duc François, & passer au fil de l'épée ce qui lui restoit
de troupes. Il voulut ensuite leur faire prêter serment de
fidélité, & fit mander au Duc de se rendre à Bruxelles.
Ce Prince s'en étant excusé, reçut un second ordre qui ne
lui laissa pas douter des mauvais desseins formés contre sa
personne. Il communiqua alors au Comte de Ligniville la
résolution qu'il avoit prise de suivre l'exemple du Marquis
d'Haraucourt. Il l'exécuta peu de tems après. Le Duc Charles qui montra, quand il fut en liberté, par les bons traitemens qu'il fit aux premiers qui avoient pris ce parti, qu'il
étoit fort éloigné de le désaprouver, ne laissa pas d'en faire
grand bruit alors ; il éclata contre le Duc son frere en plaintes, que les Espagnols ne crurent pas sinceres, aussi ne
changerent-elles rien à sa situation, il languit dans sa prison jusqu'à la paix des Pyrennées. La Duchesse Nicole Régente de ses Etats, ne cessa de faire les derniers efforts
pour l'en délivrer, qu'en cessant de vivre.

Jamais Princesse peut-être ne fut plus malheureuse, &
ne mérita moins de l'être. Sa beauté jointe à un riche héritage, & à un caractere parfaitement semblable à celui du
Bon

Bon Duc Henri son pere qui avoit fait les délices de son peuple, étoient pour elle des titres plus que suffisans à la tendresse du Duc son époux. Elle s'en vit néanmoins méprisée, abandonnée, persécutée même sans aucun ménagement. Non contente cependant de lui pardonner sa dureté constante pour elle, de l'aveu même de ce Prince, elle sacrifia tout pour lui, lui obéit avec une promptitude infinie, résolue sur la fin de sa vie d'abandonner tout ce qu'elle avoit, & ses Etats mêmes, pour le mettre en liberté. La piété qui l'avoit soutenu dans les traverses de sa vie, l'accompagna jusqu'à la mort. Elle expira sur une simple paillasse, revêtue d'un sac fait en forme d'habit de St. François le 20. Février 1657.

Après la mort de Nicole, toute l'autorité sur ce qu'il restoit à Charles d'Etats & de troupes, devoit naturellement revenir au Duc Nicolas François son frere. La cession qu'il en avoit faite autrefois à ce Prince, n'avoit été qu'un jeu pour se tirer alors d'affaire avec la France. Il n'en avoit pas moins agi en Souverain dans la suite, aussi son frere qui savoit à quel point il étoit jaloux de son autorité, la lui laissa-t'il exercer du fond de sa prison par ses Agens, ne se réservant que le commandement des troupes qui servoient pendant ce tems-là dans l'armée de France.

La liberté de Charles lui fut enfin accordée pendant les conferences tenuës auprès des Pyrenées pour la paix de la France avec l'Espagne, entre le Cardinal Mazarin & Dom Louis de Haro, Ministres des deux Couronnes. Le Duc à son arrivée trouva ce qui le regardoit déjà réglé entre les deux Plénipotentiaires. On lui rendoit ses Etats les fortifications de Nancy démolies, à condition que le Duché de Bar, le Comté de Clermont, les Villes de Stenai, Dun, Jametz & Moyenvic resteroient à la France, qui se réservoit aussi un passage libre pour ses troupes par la Lorraine. Charles refusa hautement de souscrire à un traité dans lequel on croïoit lui faire grace en ne le dépoüillant que de la moitié de ses Etats. 1659

Celui de Vincennes qu'il signa dix-huit mois après, ne lui étoit gueres plus avantageux, tout ce qu'il y gagna ce 1661
fut

fut la restitution du Duché de Bar, moïennant la cession
de quelques nouvelles Places. Après avoir fait au Roi l'hommage pour ce Duché, il revint dans ses Etats au mois d'A-
vril; pendant qu'il étoit occupé à les visiter, les François
travailloient à la démolition des fortifications de Nancy.
On en fit transporter l'artillerie à Metz.

L'affaire de la succession au Duché faisoit alors du bruit.
De son mariage avec la Princesse de Cantecroix, Charles
avoit eu deux enfans, Anne mariée au Prince de Lillebonne, & Charles-Henri Prince de Vaudémont. Il auroit
bien voulu pouvoir disposer de ses Etats en faveur de ce
Prince qu'il aimoit tendrement. Mais l'invalidité du mariage de la mere, étoit pour lui un titre d'exclusion sur lequel il n'y avoit pas moïen de passer. Cet héritage ne pouvoit donc regarder que le Prince Charles de Lorraine fils
du Duc Nicolas-François. Cette diversité d'intérêts ne pouvoit manquer d'aliéner les esprits. On parla en ce tems-
là de differens mariages pour le jeune Prince. Comme le
premier article rouloit dans tous sur la succession au Duché
qu'il s'agissoit de lui assurer, ils ne pouvoient gueres être
du goût de Charles IV. Pour ne pas cependant avoir sur
les bras toute sa Maison qui avoit extrêmement à cœur le
mariage du jeune Prince, il fit plus d'une fois semblant de
s'y prêter; mais lorsque l'affaire étoit bien avancée, il ne
manquoit point de faire jouer sous main quelqu'intrigue
qui aboutissoit ou à dégouter le Prince son neveu des partis qu'on lui proposoit, ou à empêcher de quelque autre
façon son établissement. Ce fut ainsi qu'il en usa quand il
s'agit de lui faire épouser Mademoiselle de Montpensier,
la plus riche héritiére de son tems. Le mariage du Prince
Charles avec Mademoiselle de Nemours fut proposé ensuite. Le Duc l'avoit agréé, le Roi, & toute la Maison de
Lorraine s'y intéressoient également. Le Duc crut qu'on
ne le pressoit si vivement que pour le dépouiller avant sa
mort de ses Etats. De-là la haine qu'il conçut contre le
Prince son neveu. Le premier effet de son ressentiment
fut le bizarre traité de Montmartre. Il y faisoit le Roi
1662 héritier universel de tous ses Etats. Ce Monarque lui per-
mettoit

mettoit de fon côté de difpofer en faveur de qui bon lui
fembleroit de cent mille écus de rente à prendre fur les
deux Duchés, & aggrégeoit à la Couronne tous les Princes de fa Maifon, les mettant en France fur le pied de
Princes du Sang, & les déclarant capables de fuccéder à la
Couronne felon le droit d'aîneffe, en cas que la Maifon de
Bourbon vint à manquer. Un traité de cette nature ne
pouvoit manquer de rencontrer une infinité d'obftacles.
Les Princes du Sang de France, le Parlement de Paris, les
Maifons de Vendôme & de Courtenai, & les Ducs & Pairs
n'y parurent pas moins contraires que le Duc Nicolas-François & le Prince fon fils. Ce dernier ayant tenté inutilement de fléchir le Roi & le Duc fon oncle, quitta pour
toujours la France, & alla, après avoir tâché d'intéreffer
en fa faveur les Cours de Rome & de Florence, implorer
à Vienne la protection de l'Empereur.

Le Duc Charles par un des articles du traité de Montmartre, s'étoit engagé à recevoir garnifon Françoife dans
Marfal. Quoique les contradictions qu'avoit effuyé ce fameux traité, femblaffent par fa teneur même l'avoir fuffi-
famment annulé, le Roi ne laiffa pas d'exiger que cette
Place lui fut remife. Las des délais de Charles, il donna
ordre au Maréchal de la Ferté d'en aller former le fiége,
& fit en même tems faifir le Domaine du Duc. Il fallut en
venir à un nouveau traité, où fans faire mention de celui
de Montmartre, on laiffoit à ce Prince la jouiffance de fes
Etats fur le pied réglé par le traité de Vincennes, à la ré-
ferve de Marfal qu'il fallut remettre au Roi. 1663

Charles fe vit alors pour quelque tems paifible poffeffeur
de l'hérirage de fes peres. Les Peuples rentrerent fous fa
domination avec des tranfports de joie, & des marques
d'attachement qui auroient dû l'engager enfin à tout facri-
fier à leur repos. Il paroiffoit en effet vouloir y borner fes
foins, quand les entreprifes de l'Electeur Palatin fur le
Comté de Falkenftein & les terres de l'Electeur de Maïence
allié du Duc, le rengagerent de nouveau dans la guerre.
Pour ne point donner d'ombrage à la France, qui depuis
fon retour éclairoit toutes fes démarches, & le tenoit dans
une

une espece de tutelle dont il se trouvoit infiniment gêné,
1666 il ne se mit point lui-même à la tête de ses troupes. Il ne
pouvoit être mieux remplacé qu'il le fut par le Prince de
Lillebonne son gendre, qui par divers avantages qu'il remporta sur l'Electeur Palatin, obligea ce Prince d'en venir à
un accommodement qui fut ménagé par l'Envoyé de France.
1667   Le Roi partant pour la Flandre l'année suivante, força
le Duc à lui donner ce qu'il avoit de troupes. Ce Prince
eut beau demander la neutralité, & s'offrir même à les
congédier, il fallut céder. Il en leva de nouvelles que le
Roi l'obligea de licentier aussitôt. A peine l'eut-il fait qu'il
apprit que le Palatin lui avoit enlevé les Châteaux de Land-
1668 stoulle & d'Honec. Il rassembla à la hâte un corps de cinq
mille hommes, & les fit entrer dans le Palatinat sous
les ordres du Prince de Lillebonne. Ils furent attaqués près
de Binghen par l'armée ennemie le 26. de Septembre. Le
Prince après avoir mis en désordre la cavalerie qui avoit
commencé la charge, s'appercevant que son infanterie plioit
devant celle de l'ennemi, mit pied à terre, la ramena au
combat, reprit le canon dont les Palatins s'étoient emparés,
leur tua plus de douze cens hommes, & mit le reste en fuite.

Charles se préparoit à pousser cette guerre avec vigueur
la campagne suivante. Il avoit augmenté ses troupes; le
Roi en eut de l'inquiétude, & lui envoïa ordre de désarmer, s'offrant à obliger l'Electeur à en faire autant. Sur son
refus le Maréchal de Crequi avoit ordre d'entrer en Lorraine à la tête de dix mille hommes, il devoit être suivi
par le Roi même. Charles tint quelque tems contre toutes ces menaces, résolu de tout risquer plutôt que de se voir
ainsi donner la loi au milieu de ses Etats. Il fallut cependant
qu'il y consentit enfin ; mais ce ne fut pas sans prendre la résolution de profiter de toutes les occasions qui pourroient se
présenter pour se venger d'un traitement dont il fut outré.

Les dispositions de l'Empereur & du Roi Catholique à
l'égard de la France après le traité d'Aix-la-Chapelle,
étoient telles qu'il pouvoit les souhaiter. Il travailla à s'appuyer de ces deux puissances, & n'oublia rien pour les animer contre cette Couronne. N'aïant pu y réüssir, il chercha
à entrer

à entrer dans la triple alliance de l'Angleterre, de la Suede 1669 & de la Hollande pour la garantie de ce même traité. Louis XIV. tarda peu à découvrir toutes ces intrigues, encore moins à s'en venger.

Pour se délivrer des inquiétudes que lui donnoit un voisin en qui le génie & l'habileté suppléoient à ce qui lui manquoit du côté du pouvoir, & qui avoit été déjà trop souvent maltraité pour qu'on pût espérer de le gagner, il 1670 résolut de faire enlever le Duc, & de le dépoüiller de ses Etats sans retour. Le Marquis de Fourille se saisit de Nancy, mais le Duc lui échapa. Le Maréchal de Crequi soumit en peu de tems le reste de la Lorraine. Le Palais de Nancy fut pillé ; on enleva les papiers & les titres tant du Trésor que de la Chambre des Comptes ; on transporta aussi à Metz les armes qui jusques-là étoient restées dans l'arsenal avec cette fameuse coulevrine connuë sous le nom de Nancy, qui fut depuis conduite à Dunkerque.

Charles qui s'étoit d'abord retiré dans les montagnes de Vôge, ne s'y croïant pas en sûreté, passa en Allemagne suivi seulement de quatre personnes, & se fixa à Cologne jusqu'en 1672. qu'il s'établit à Francfort. Après plusieurs tentatives inutiles pour se reconcilier avec la France, & obtenir la restitution de ses Etats, le désespoir le jetta enfin avec le petit nombre de ses sujets qui s'étoient attachés à sa fortune, dans l'armée de l'Empire sur le Rhin. Les rapides succès de la guerre de Hollande avoient armé le reste de l'Europe contre la France. L'avis du Duc de Lorraine étoit qu'on transportât le théâtre de la guerre dans la Franche-Comté dont Louis XIV. avoit entrepris la conquê- 1674 te. Il soutenoit que la France étant ouverte de ce côté-là, il seroit aisé d'y pénêtrer pour peu qu'on eut de supériorité. Pour le bonheur de cette Couronne les avis du plus grand Capitaine qu'eussent les Alliés, furent constamment méprisés pendant tout le cours de cette guerre. Aussi tout l'emploi de Charles dans leur armée se borna-t'il à leur prédire leur défaite d'autant plus infaillible, qu'ils avoient en tête le fameux Vicomte de Turenne. Aux combats où il se trouva, il ne laissa pas malgré son grand âge de faire

paroître

paroître ſa valeur & ſon habileté ordinaires. A Sintzheim il fut trois fois à la charge, & ſauva enſuite l'armée Impe- riale par une retraite digne de lui, que Turenne n'oſa trou- bler malgré la ſupériorité qu'il avoit eu dans le combat. Attaqué à Enſheim quelques mois après il ſoutint preſque ſeul tout l'effort des ennemis, & les obligea à borner tout leur avantage à la priſe d'un poſte, & de quelques piéces de canon. Las enfin de riſquer ſa réputation avec des Gé- néraux auſſi incapables de s'aſſujettir à ſes projets qu'ils l'é- toient d'en former eux-mêmes d'avantageux, il les quitta bruſquement, & leur dit qu'il les attendoit au Pont de Straſbourg avant la fin de l'hiver. Turenne les ayant en effet ſurpris en différentes occaſions, les obligea à paſſer le Rhin dans cet endroit après avoir fait périr les deux tiers de leur armée.

1675   Après la mort de ce grand Général qui fut tué le 27. de Juillet de l'année ſuivante, Charles à la tête de dix- huit mille hommes, s'approcha de Trêves pour aſſiéger cette Place. Le Marêchal de Crequi marcha à lui avec dix mille hommes pour traverſer ſon deſſein. Charles âgé alors de ſoixante & onze ans, monta à cheval dès qu'il apprit l'approche des ennemis. Il ſe trouvoit auprès de Trêves, à peine étoit-il en marche, que la garniſon Françoiſe de cette Ville s'étant jettée ſur les bagages de ſa troupe, il tourna bride auſſitôt, & ſuivi d'une ſeule compagnie de ſes Gardes commandée par le Baron de Vannes, il les repouſſa dans la ville. Arrivé au gros de l'armée, il fit paſſer de grand matin une troupe de deux mille cavaliers à un gué preſque inconnu où il ſe ſouvenoit d'avoir paſſé il y avoit trente ans. Il les poſta dans un bois à droite de l'armée Françoiſe, avec ordre de n'en ſortir que quand le combat ſeroit engagé. Il ſe donna près de Conſarbrick le 11. d'Août. La déroute des François fut complette. Il en reſta trois mille ſur la place. On en prit onze cens avec dix piéces de canon, quatre-vingt tant étandarts que drapeaux, & tout le bagage. Le Marêchal ſe ſauva lui quatriéme dans Trêve, réſolu de s'enſevelir ſous les ruines de cette Ville. La garniſon mutinée ſe rendit aux ennemis, dont Crequi

demeura

demeura prifonnier. Ce fut là le dernier exploit du Duc de Lorraine. Il mourut dans fon camp près de Birkenfeldt le 18. Septembre dans la foixante & douziéme année de fon âge. Son corps fut mis en dépot dans l'Eglife des Capucins à Coblentz, d'où il a été rapporté dans fes Etats au mois de Mai l'an 1717, & enterré près de Nancy dans la Chartreufe de Bofferville qu'il avoit fondé.

Charles IV. étoit d'une taille avantageufe, il avoit les yeux pleins de feu, l'air guerrier, l'efprit vif, heureux en faillies, & fécond en reffources; mais trop vafte eu égard à l'étenduë de fes Etats, trop inquiet, & trop inconftant. Brave jufqu'à la témérité, confommé dans l'art de la guerre, vigilant, actif, infatigable, aimant fes foldats, & fachant s'en faire aimer; à la tête d'un grand empire, il eut effacé les Conquérans les plus fameux; faute de forces proportionnées à fes talens & à fon ambition, il ne joüa gueres que le rôle d'un Avanturier illuftre par fes malheurs autant que par fon courage. Populaire jufqu'à oublier quelquefois fa dignité, furtout avec les étrangers; il ménagea peu fes fujets qui l'aimerent cependant toujours avec cette tendreffe dont on ne trouve gueres d'exemples chez les autres peuples. Son époufe, fon frere, & fon neveu eurent encore moins de fujet d'être contens de fes fentimens. Son gout pour les plaifirs l'emporta fouvent au-de-là des bornes de la bienféance, & de la religion dont il conferva toujours un grand fond au milieu même des défordres qu'elle condamne.

A la mort de la Ducheffe Nicole fon époufe, la religion autant que le dégoût, l'avoit détaché de la Princeffe de Cantecroix. Il fallut toute la tendreffe qui l'attachoit aux enfans nés de cette Princeffe, pour l'engager à ratifier fon mariage avec elle. Il n'y confentit même que quand il la fçut au lit de la mort.

Il époufa en troifiémes nôces à l'âge de foixante & deux ans, Marie-Louife d'Apremont Nanteüil qui n'en avoit que treize. Il n'en eut point d'enfans.

Charles-Henri Prince de Vaudémont, Comte de Bitch & de Sarwerden, Souverain de Commercy, fils de Charle

les IV. & de la Princesse de Cantecroix, hérita de grands
talens de son pere pour la guerre. Il se distingua beaucoup
dans celle que fit le Duc à l'Electeur Palatin, passa ensuite
au service d'Espagne, & défendit Besançon contre le Roi
Louis XIV. Malgré la diversité d'intérêts qui sembloit devoir l'aliener du Prince Charles de Lorraine son cousin, il
fut le premier à reconnoître ce Prince comme Duc de Lorraine, & lui amena même les troupes qui lui avoient été
confiées par le Duc Charles IV. la veille de sa mort. Il se
signala dans les guerres de Hongrie si glorieuses au Duc
Charles V. Il fut fait gouverneur du Milanez l'an 1698,
& reçut après la mort du Roi d'Espagne Charles II. les
troupes de France, & du Roi Philippe V. dans son Gouvernement. Il demeura depuis toûjours attaché aux intérêts des
deux Couronnes. Après la déroute de leurs affaires en Italie, il se retira en Lorraine. Le Duc Leopold lui ayant donné en Souveraineté la Principauté de Commercy, il y fit
bâtir & meubler royalement un Château magnifique, &
mourut à Nancy au mois de Janvier 1723.

Il n'avoit eu d'Anne-Elisabeth de Lorraine-Elbeuf son
épouse, que le Prince Charles-Thomas de Vaudémont,
Chevalier de la Toison d'Or, Maréchal de Camp-Général
des armées de l'Empereur. Ce Prince se signala à la bataille gagnée à Salenkémen contre les Turcs en 1691, & fut
tué à Ostiglia en Italie l'an 1704. à l'âge de 34. ans. Il
n'avoit pas été marié.

Le Duc Nicolas-François frere de Charles IV, mourut
à Nancy l'an 1670. On a rendu compte des principaux
événemens de sa vie, en donnant le précis de celle du
Duc son frere. C'étoit un Prince d'une taille avantageuse,
d'un air affable. A un caractere extrêmement doux, il joignoit un esprit délicat & cultivé. Après avoir achevé son
cours de Théologie dans l'Université de Pont-à-Mousson,
il y avoit soutenu avec applaudissement des Theses dédiées
au Pape Urbain VIII, qui par un Bref honorable le félicita
du succès de ses études.

Ce Pape le créa Cardinal au mois d'Août de l'an 1627.
Il avoit pris possession de l'Evêché de Toul deux ans au-

paravant

paravant. Les intérêts de sa Maison lui firent renoncer à l'une & à l'autre de ces dignités pour épouser la Princesse Claude de Lorraine sa cousine. Ce mariage fut aussi assorti que célui de Charles son frere avec Nicole sœur aînée de cette Princesse, le fut peu. Une parfaite conformité de sentimens & de vertus firent de ces liens formés par la politique une union aussi douce pour les deux époux, qu'avantageuse à l'Etat & à leur Maison. Le Ciel acheva de la benir par la naissance de deux Princes dignes par leurs vertus d'une origine si illustre. Le premier fut Ferdinand de Lorraine né à Vienne l'an 1639, mort à Paris à l'âge de 20. ans, après avoir fait avec distinction quatre campagnes en Flandres, pendant lesquelles il mérita l'estime & les éloges du fameux Vicomte de Turenne. Le second fut le Duc Charles V. Sa vie qui fut un tissu d'actions héroïques, se trouve écrite en differentes Langues, & suffiroit seule pour illustrer sa Maison. Dans le précis qu'on en va donner, on ne prétend qu'en indiquer les principaux événemens, & exciter par là à en chercher ailleurs le détail également curieux & intéressant pour quiconque aime la religion, le mérite & la vertu.

Ces deux Princes eurent une sœur Abbesse de Remiremont, morte à Paris l'an 1661. à l'âge de 13. ans.

XXV.

XXV.

CHARLES V.

Depuis 1675. jusqu'en 1690.

CHARLES V. DUC DE LORRAINE ET DE BAR, nâquit à Vienne le 3. d'Avril 1643. Il n'avoit que neuf ans quand la Duchesse sa mere mourut en cette Ville. Il eut pour Gouverneur Henri II. Marquis de Beauvau dont nous avons des Mémoires sur le régne de Charles IV. assez peu favorables à ce Prince. Charles posséda quelques bénéfices dans sa premiere jeunesse ; mais après la mort de Ferdinand son aîné, il renonça à l'état ecclésiastique. Comme le Duc son oncle n'avoit point d'enfant capable de lui succéder, le jeune Prince étoit regardé dèslors comme l'héritier présomptif de ses Etats. Il n'en sentit que plus vivement toute l'injustice du bizarre traité de Montmartre. N'y ayant pu apporter aucun changement ni par ses sollicitations, ni par ses plaintes, il quitta dès-
1662 lors le Roïaume, & commença à l'âge de dix-neuf ans un exil qui dura autant que sa vie ; mais que par une multitude d'actions héroïques, il rendit plus illustre que les régnes les plus heureux & les plus éclatans.

Ce fut en Hongrie, qui devoit être dans la suite le théâtre de ses triomphes, qu'il signala d'abord son courage. Il fallut qu'il se dérobât à la tendresse de l'Empereur pour se
1664 rendre à l'armée qu'il trouva en présence des Infidéles sur la riviere de Raab. Un de leurs détachemens composé de sept à huit mille hommes ayant passé la riviere, attaqua avec tant de furie l'aîle droite de l'armée Impériale, qu'elle fut culbutée sans presque faire de résistance. Montecuculli qui commandoit en chef, couroit à l'aîle gauche pour y chercher du secours, lorsqu'ayant rencontré le Prince Charles

les, lui dit son embarras. Le Prince marcha sur le champ
à l'ennemi quatre fois plus fort que lui, donna avec une
intrépidité & une présence d'esprit qui étonnèrent les plus
vieux Officiers, renversa le premier rang des ennemis,
chargea le second jusqu'à quatre fois, & donna le tems
au Comte de la Feüillade de venir avec les François que
le Roi avoit envoïé au secours de l'Empereur, achever la
défaite des ennemis dont il demeura plus de cinq mille
sur le champ de bataille en ce seul endroit. Leur perte
monta dans cette journée à plus de dix-sept mille hommes.
Le Prince dans le fort de la mêlée, arracha lui-même un
drapeau à un Turc qui venoit pour le percer. L'Empereur
lui en ayant fait présent, il fut envoyé au Duc son pere,
& suspendu ensuite dans la Chapelle de Bon-Secours près
de Nancy. Le Comte de Ligniville Maréchal de Camp
dans cette armée, qui ne perdit jamais de vûë le jeune
Prince pendant le combat, marqua aussitôt après au Duc
Charles IV, que l'Empereur devoit le salut de ses troupes
à la valeur de son neveu.

La paix qui fut le fruit de cette victoire, tint quelque
tems dans l'inaction le courage du jeune Prince. Mais son
assiduité à la Cour ne lui fut pas inutile. L'Imperatrice
Doüairiere Eleonor de Gonzague sa tante, & l'Empereur
Leopold eurent le loisir de connoître de plus près ses gran- 1669
des qualitez. L'Imperatrice lui destina dès-lors la Princesse
Eleonor sa fille, & n'épargna rien pour le placer sur le Trône de Pologne après l'abdication du Roi Jean Casimir. Les
Polonois ne pouvant s'accorder en faveur d'aucun des Princes étrangers qui prétendoient à leur Couronne, la déférèrent à un de leurs compatriotes. Ce fut Michel Kori-
but Wiesnoviski à qui des raisons d'Etat obligèrent l'Empereur d'accorder en mariage la Princesse sa sœur. Le Prince Charles à force de sollicitations obtint de l'Empereur la
permission de servir dans l'armée du Rhin, & y fut emploïé en qualité de Général de la Cavalerie pendant les
campagnes qui suivirent la guerre de Hollande.

La mort du Roi Michel étant arrivée dans cet intervalle, il se mit de nouveau sur les rangs pour la Couronne 1674

I   de

de Pologne, appuïé de tous les partifans de la Reine Eleonor, & de la Maifon d'Autriche. Les victoires récentes
du Grand Maréchal Sobieski, déterminèrent les fuffrages
de la Nation en faveur de ce Seigneur. Charles combattit
la même année, & fut bleffé à la bataille de Senef. Cet
accident ne l'empêcha point de fe fignaler la campagne fuivante dans l'armée de Montecuculli, fur tout à l'attaque
du Pont de Strafbourg, où il donna avec tant de vigueur
fur l'avant-garde des ennemis, qu'il força deux ou trois
de leurs poftes, leur tua quatre cens hommes, & prit quelques Officiers avec trois étendarts. Sa valeur dans les attaques, & le bon ordre de fa retraite, lui méritèrent les éloges du Vicomte de Turenne Général de l'armée ennemie.
Le Duc fon oncle étant mort peu de tems après, il hérita
du titre de Duc de Lorraine & de Bar, en quoi confiftoit
alors toute la Succeffion de ce Prince infortuné. Le Prince
de Vaudémont fon coufin lui ayant amené ce qu'il étoit
refté de troupes au feu Duc, il les joignit à l'armée Imperiale.

A peine la nouvelle dignité de Charles eut-elle été reconnuë par tous les Princes de l'Europe, hormis le Roi
de France alors poffeffeur des deux Duchés, que l'Empereur par le Confeil de Montecuculli même le fubftitua à
ce vieux Général pour commander en chef fon armée fur
le Rhin. Sa premiere campagne fut fignalée par differens
avantages remportés fur le Duc de Luxembourg, fi célébre depuis par fes victoires en Flandres. Charles la termina
par la prife de Philifbourg, fous les yeux de ce Général,
& de quarante-cinq mille hommes qu'il commandoit. Se
voyant l'année fuivante à la tête d'une puiffante armée, il
paffa le Rhin, laiffa le Duc de Saxe Eifenach en Alface avec
les troupes des Cercles, & s'avança vers Metz dans le
deffein de fe mettre en poffeffion de fes Etats. Il s'empara
fur fa route de quelques petites Places. Mais le mauvais
état des affaires des Alliés en Flandres, fit évanouir ce projet. Charles reçut ordre d'y aller joindre le Prince d'Orange. Le Maréchal de Crequi qui l'avoit toujours harcelé
dans fa marche, continuant à lui couper les vivres, & à le
ferrer de près avec fon armée, il ne put tenter le paffage
de la

de la Meuse en présence de ce Général, & fut contraint
de reprendre le chemin d'Alsace. Le danger que couroit
le Général des troupes des Cercles investies par les François
dans une isle du Rhin, hâta son retour. Avant qu'il pût
les secourir, ces troupes avoient capitulé, & repassé le Rhin
à la faveur d'un passeport que leur avoit accordé le Maréchal. Celles des Alliés ayant ensuite, malgré lui, pris leur
quartier d'hiver, il eut le chagrin de voir l'ennemi terminer la campagne par la prise de Fribourg qui ne tint que
huit jours.

Malgré le mauvais succès de cette campagne, l'Empereur
fut si satisfait de la conduite du Duc, qu'il le rapella à
Vienne pour épouser la Reine Doüairiere de Pologne sa
sœur. Ce mariage se fit avec solemnité le 6. de Février de 1678
l'année suivante. Le Duc partit au mois d'Avril pour reprendre le commandement de l'armée sur le Rhin. Il vit
encore échoüer les projets qu'il avoit formé pour cette
campagne, autant par la faute des Commissaires Imperiaux qui laisserent manquer son armée d'argent & de vivres, que par l'habileté du Maréchal de Crequi que la France lui avoit opposé de nouveau. Le traité de paix conclu à
Nimegue le 10. d'Août de la même année, mit fin à cette
guerre. L'Empereur n'y accéda qu'au mois de Février suivant. La France y consentit à rendre au Duc ses Etats; 1679
mais à des conditions si dures, qu'il aima mieux n'y point
rentrer du tout que de les accepter. Il renvoïa même les
Lorrains qui étoient à son service, pour ne point exposer
leurs familles au ressentiment de la France.

La revolte des mécontens de Hongrie sous la conduite
du fameux Emeric Tekeli, appüié de toutes les forces de
l'Empire Ottoman, ouvrit au Duc de Lorraine une carriere
plus brillante. Il la fournit avec tant de gloire durant l'espace de près de sept ans, qu'il fixa sur lui les yeux de toute
l'Europe, & mérita d'être regardé comme un des plus illustres Héros que jamais la Religion eut opposé aux Infidéles.
La Guerre entre l'Empire & les Turcs commença l'an 1683.
Charles déclaré par l'Empereur Généralissime de ses armées,
ouvrit la campagne par le siége de Neuhausel; il en espé-

roit un heureux fuccès, lorfqu'il apprit que le Grand-Vizir
Kara-Muftapha s'avançoit à grand pas à la tête d'une armée formidable. Elle étoit compofée de deux cens quarante mille hommes, fans compter les gens de l'artillerie,
les mineurs, pionniers, & gens des vivres, qui tous enfemble faifoient plus de foixante mille hommes. Ils s'approchè-
rent de Raab fur la fin de Juin, mettant tout à feu & à
fang, & défolant le Païs par où ils paffoient. Le Duc après
avoir jetté quelques troupes dans cette Place, fe rendit fous
les murailles de Vienne avec fon armée qu'il n'avoit pu remettre de la confternation qu'y avoit jetté l'extrême fupériorité
des ennemis. Ceux-ci s'avancèrent droit à cette Capitale; ils
attaquèrent fur la route fans fuccès quelques régimens de l'armée du Duc, qui s'étoit pofté près de Vienne pour affurer la
retraite de l'Empereur. Ce Monarque en fortit le 7. de
Juillet, & fe retira à Lintz, & de là à Paffau avec toute
la Cour. Les ennemis après avoir mis le feu aux Fauxbourgs
de Vienne, difposèrent tout pour le fiége. Le Duc hors d'é-
tat de leur tenir tête, munit la Place d'une garnifon de dix à
douze mille hommes, commandée par le Comte de Starem-
berg, & s'éloigna pour leur couper les vivres, s'opofer aux
entreprifes des Hongrois rebelles, & attendre les fecours
promis par le Roi de Pologne & les Princes de l'Empire.

A peine étoit-il en marche qu'il apprit que la Ville de
Prefbourg s'étoit mife fous la protection de Tekeli, & que
ce chef des mécontens, foutenu de feize mille Turcs, s'a-
vançoit pour en forcer le Château. Charles y acourut, tédui-
fit la Ville, & mit en fuite l'ennemi. Il repaffa enfuite le Danube, & fe raprocha de Vienne pour joindre les troupes
des Electeurs & des Cercles qui arrivoient de toutes parts,
& difpofer tout pour la conftruction d'un pont dès que le
Roi de Pologne feroit arrivé. Tekeli s'étant avancé par ordre du Grand-Vizir pour traverfer ce deffein, avoit commandé à vingt-cinq mille Turcs & Tartares de marcher vers
l'armée Impériale, en les affurant qu'il les fuivroit bientôt. Le
Duc informé de leur marche vint les charger auffitôt, &
leur fit périr tant dans le combat que dans leur fuite plus
de douze cens hommes. Il s'avança enfuite au devant du Roi
de Pologne, & le joignit le 31. d'Août.   Ces

Ces deux Héros pleins d'eftime l'un pour l'autre, & trop grands hommes pour être fufceptibles de jaloufie, agiffant dès-lors parfaitement de concert, difposèrent tout pour la délivrance de Vienne. L'armée Imperiale renforcée par les Electeurs de Saxe & de Baviere & les troupes des Cercles, montoit à foixante-cinq mille hommes. Celle de Pologne étoit de huit mille hommes de pied, & de douze mille chevaux. Le commandement général fut déféré au Roi de Pologne, qui avant l'action fe plaça au centre de toute l'armée. Les Polonois eurent la droite vers les montagnes, le Duc de Lorraine prit la gauche du côté du Danube, les Electeurs de Saxe & de Baviere à la tête de leurs troupes, fe placèrent à fa droite. Dans cet ordre on marcha aux ennemis; ils étoient encore au nombre de cent quarante mille combattans. L'attaque commença le 12. de Septembre dès la pointe du jour; on livra autant de combats en détail qu'il y avoit de poftes à gagner. Les Turcs chaffés de montagne en montagne fe retirèrent au gros de leur armée. Le Roi de Pologne jugeant à leur contenance qu'ils ne foutiendroient pas un choc un peu violent, donna, avec un renfort que lui envoïa le Duc de Lorraine, dans le gros du Vizir qui ne fit plus de réfiftance. Le Duc avoit déja pénétré dans leur camp; le Roi y entra par le milieu fur les fix heures & demie du foir. La déroute alors fut générale. La nuit favorifa la retraite des Infidéles, qui fe fit dans une extrême confufion. Sobieski la paffa au pied d'un arbre, accablé de laffitude; il avoit été ce jour là quatorze heures à cheval. Charles lui ayant envoyé le lendemain faire compliment fur l'heureux fuccès de cette journée; le Prince lui fit dire que la principale gloire lui en étoit dûë; puifqu'il avoit le premier forcé le camp des ennemis. La fuite de ceux-ci livra aux vainqueurs le grand étendart de l'Empire Ottoman qui fut envoyé à Rome; toutes leurs tentes, la plus grande partie de leurs équipages, leurs munitions de guerre & de bouche, avec toute l'artillerie montant à cent quatre-vingt piéces de canon.

L'avis du Duc de Lorraine étoit qu'on profitât de la confternation des ennemis pour détruire leur armée fans reffource;

source; mais les Polonois étoient trop fatigués pour entreprendre cette poursuite. D'ailleurs le Roi de Pologne étoit bien aise de jouïr de sa victoire en se montrant dans Vienne au peuple qu'il venoit de sauver, & quelque tems après à l'Empereur même. L'accüeil froid & embarrassé de celui-ci, ne pouvoit être plus propre à le punir de la faute qu'il avoit fait en differant, pour l'attendre, la poursuite de l'ennemi, si cependant ce fut là le motif de son délai. Quoiqu'il en soit, le Grand-Vizir en profita pour rassembler ses troupes, munir les Places que sa défaite pouvoit exposer, & faire revenir de leur consternation les chefs & les soldats, que l'armée Chrétienne trouva, lorsqu'elle se remit enfin en marche, aussi disposés à la bien recevoir que s'ils n'avoient point reçu d'échec.

Le Roi de Pologne ne tarda pas à l'éprouver devant Barkan. Voulant assurer à ses troupes la gloire d'emporter cette Place, il s'avança sans faire part de son projet au Duc de Lorraine. Dès que son avant-garde parut à la vüe du Fort, les Turcs sortant des jardinages & des vergers où ils s'étoient répandus par pelotons sans avoir été aperçus, commencèrent l'escarmouche d'abord en assez petit nombre. Mais bientôt on vit débusquer les gros escadrons qui fondant à l'improviste sur les Polonois, renversèrent tout ce qui se présenta, & en firent une horrible boucherie. Le Roi qui suivoit, surpris de se trouver en tête une armée qu'il n'attendoit point, se prépara à en soutenir l'effort; mais à la troisiéme charge que firent les ennemis le sabre à la main, il se vit abandonné dans un moment. Contraint de prendre la fuite avec les autres, il alloit être étouffé dans la foule, lorsqu'un Gentilhomme Lithuanien, & le Grand Ecuyer de la Couronne, le soutenant des deux côtés, lâchèrent la bride sur le col de leurs chevaux, & le tirèrent de la mêlée. Charles averti de ce désordre, s'avança à la tête de son infanterie; à son approche les ennemis cessèrent leur poursuite, & se retirèrent dans Barkan. Le Duc alors aïant fait faire alte à ses troupes, vint trouver Le Roi de Pologne. Ce Monarque à demi mort de lassitude, & n'aïant presque ni force ni respiration, étoit cou-
ché

ꝗhé ſur un peu de foin, & entourré des Seigneurs Polonois échapés du carnage. Bientôt tout ſe diſpoſa de part
& d'autre à une nouvelle action, les ennemis ſe préparant
à pouſſer leur avantage, le Roi & le Duc à vanger cette
défaite. Le lendemain 9. d'Octobre ils s'avancèrent en
ordre de bataille dès la pointe du jour. Jean III. avoit pris
la droite, il avoit donné la gauche au Grand-Général de la
Couronne, le Duc de Lorraine occupoit le centre. Les Infidéles chargèrent d'abord l'aîle gauche avec furie, le ravage que fit dans leurs rangs la premieère décharge des Allemands, ne put ralentir leur impétuoſité. Les Vizirs de
Bude & de Siliſtrie qui les commandoient firent des efforts
incroïables, qui balancèrent longtems l'avantage. Le Roi de
Pologne pour le décider, ayant étendu ſa droite dans la
plaine pour leur couper le chemin du fort, les ennemis
pour le gagner quittèrent le champ de bataille; le Duc de
Lorraine les ayant alors pris en flanc, leur déroute fut ſi
complette, qu'ils ne purent faire tête en aucun endroit. Il
les fit pouſſer enſuite juſqu'aux portes de Barkan; le pont
qu'il falloit paſſer s'étant rompu ſous eux, il en périt tant
dans le fleuve que ſur le rivage un quantité prodigieuſe.
Il n'échapa de toute leur l'armée que ſept ou huit cens
hommes, qui, s'étant jettés dans Barkan, y implorèrent
dès le ſoir même la clémence du Vainqueur.

Dès le lendemain on réſolut le ſiége de Strigonie. Il
ne commença cependant que le 22. Cette importante Place dont les Turcs étoient maîtres depuis cent quarante-trois
ans, ne tint que cinq jours. Sa priſe couta la vie au Grand-
Vizir que le Grand-Seigneur fit étrangler à Belgrade quelque tems après. Cara Ibrahim fut mis en ſa place. Ainſi
finit cette glorieuſe campagne, dont le ſuccès attira au Duc
Charles des lettres de félicitation du Souverain Pontife Innocent XI. & de preſque tous les Princes Chrétiens. On
s'empreſſa à en immortaliſer la gloire par une foule de piéces d'éloquence & de poëſie, de médailles, & d'inſcrip-
tions dans les principales langues de l'Europe. Jamais réputation ne fut plus générale & moins conteſtée; il falloit des
reſſources au-deſſus du vulgaire, même des Héros pour la
ſoutenir

ſoutenir dans ce haut point d'élévation. Charles les trouva dans un mérite ſupérieur que de nouvelles occaſions continuèrent à développer pendant les campagnes ſuivantes.

1684   Le plan de celle de 1684. fut que le Comte de Schultz commanderoit dans la Hongrie ſupérieure un corps de huit mille hommes; que le Comte de Leſlie à la tête de douze ou quinze mille agiroit dans la Croatie & ſur la Drave, pendant que le Duc lui même à la tête de la grande armée forte de vingt-deux mille hommes de pied & de douze à treize mille chevaux, porteroit ſur le Danube le fort de la guerre. Ce Prince entra en action ſur la fin de mai. Il força le 16. du mois ſuivant la Ville de Viſſegrade. Le Château ayant capitulé le lendemain, le Duc paſſa le Danube & ſe rendit le 27. près de Watz ou Weitzen. Il apperçut de-là les troupes Ottomanes en bataille ſur des hauteurs eſcarpées. Il ne laiſſa pas de les attaquer ſur le champ.

Leur armée commandé par le Bacha de Bude, étoit de vingt-cinq à trente mille hommes. Leur perte fut de trois mille ou tués ou priſonniers. La victoire ne couta pas au Duc plus de cinquante hommes. La garniſon de Watz intimidée par cette défaite, ſe rendit à diſcrétion. Charles après s'être emparé de Peſt que les Turcs abandonnèrent à ſon approche, s'avança vers Bude dont il commença le ſiége le 15. de Juillet. Cette Ville, la plus forte de la Hongrie, étoit défenduë par une garniſon de plus de huit mille hommes, commandée par un des plus braves Officiers de l'Empire Ottoman. Dès le 19. on emporta d'aſſaut la Ville baſſe; les ennemis y perdirent près de douze cens Janiſſaires. Leur armée étoit à Hanſebech à deux lieuës de la Place. Le Duc marcha à eux avec un corps de quatorze mille hommes, ils étoient au nombre de vingt mille. Leur défaite n'en fut pas moins complette, & leur couta quatre mille hommes, huit piéces de canon, toutes leurs tentes, leurs armes & pluſieurs drapeaux, parmi leſquelles ſe trouva le grand étendart de l'Empire Ottoman. La perte des Impériaux ne fut que de cent cinquante hommes.

Le ſiége n'en fut repris enſuite qu'avec plus de vigueur. Une maladie ſurvenuë au Duc vers le milieu d'Août, en
rallentit

rallentit les travaux pendant quelque tems. L'Electeur de
Baviere étant arrivé avec son infanterie le 11. de Septembre, on fit de nouveaux efforts. La résistance des assiégés
n'en fut que plus opiniâtre; la présence du Seraskier qui,
à la tête de son armée sembloit vouloir attaquer le camp
des assiégeans, ranima leur courage. Le Duc quoique fort
affoibli de sa maladie, monta à cheval à l'approche de l'ennemi, & s'avança pour l'attirer au combat. Le Seraskier
n'ayant pas jugé à propos de l'attendre, il fallut se borner
au siége. Les nouvelles fatigues de Charles lui occasionnè-
rent une rechute, & les maladies s'étant mises en même
tems dans l'armée déja fort affoiblie par les sorties continuelles des assiégés, & harcelée par le Général ennemi, on
fut obligé d'abandonner cette entreprise après y avoir perdu plus de vingt mille hommes.

La campagne suivante s'ouvrit sur la fin de Juin par le 1685
siége de Neuhausel, l'une des plus fortes Places de la Hongrie. Pendant qu'on pressoit cette Place, les Comtes de
Schultz & de Leslie que le Duc avoit envoïé avec des corps
séparés pour observer les mouvemens de l'ennemi, empor-
tèrent le premier Eperies, le second Essek dont il brûla le
pont le plus grand qu'il y eut au monde, pour empêcher les
Infideles de passer de la Bosnie dans les Provinces héréditaires. Le Seraskier pour faire une diversion en faveur de
Neuhausel, forma avec soixante mille hommes le siége de
Strigonie. Le Duc marcha à lui avec une partie de ses troupes. A son approche le Seraskier voulant faire la moitié
du chemin, passa un grand marais qui le mettoit à couvert.
L'armée Imperiale aïant essuïé le premier feu des Turcs,
les chargea à son tour si vivement, qu'ils repasserent le marais dans un grand désordre. Il en périt plus de trois mille dans ce passage. On s'empara ensuite de leur camp, &
de toute leur artillerie. Neuhausel fut emporté d'assaut trois
jours après cette victoire. Ces rapides succès jettèrent la
consternation dans toutes les Places occupées par les ennemis; ils en abandonnèrent plusieurs après en avoir fait sau-
ter les fortifications. Pour arrêter la désertion de ses troupes qui n'osoient plus soutenir la présence de l'armée Chré-

K   tienne

tienne, le Seraskier en fit étrangler plus de deux mille dont
il fit mettre les têtes sur les palissades de Bude où il s'étoit
retiré après sa défaite. Ces nouveaux efforts n'empêche-
rent point ce brave Officier d'être la victime de sa mauvaise fortune, il fut mis à mort à la fin de la campagne. Le
Duc de Lorraine employa ce qui en restoit à réduire sous
la puissance de l'Empereur les Places de la Hongrie supérieure occupées par les Rebelles. La défiance qu'avoit conçu la Porte de Tekeli leur Chef qu'elle avoit fait arrêter à
Varadin, facilita cette réduction. Charles après avoir mis
ses troupes en quartier d'hiver, se rendit à Vienne vers le
milieu d'Octobre, & de-là à Inspruch auprès de la Reine
son épouse.

1686   Dès l'entrée de la campagne suivante on disposa tout
pour le siège de Bude. Les ennemis avoient dans cette importante Place près de douze mille hommes de leurs meilleures troupes. Depuis le dernier siége les brèches avoient
été réparées, & la Place fortifiée de nouveaux ouvrages.
Le Duc de Lorraine & l'Electeur de Baviere la firent investir le 17. de Juin. La tranchée ne fut néanmoins ouverte que le 22. La ville basse fut emportée d'assaut deux
jours après. C'étoit sur la Ville haute que comptoient les
ennemis, & ils s'y retirèrent résolus de la défendre jusqu'à
la derniere extrémité. Jamais défense en effet ne fut plus
opiniâtre. Par leurs fréquentes sorties, & l'intrépidité avec
laquelle ils avoient soutenu les assauts donnés à la Place,
ils avoient déjà fait durer le siège près de deux mois, lorsque le Grand-Vizir s'avança à leur secours. Le Seraskier
qu'il détacha pour en jetter dans la Ville, fut repoussé par
le Duc de Lorraine avec perte de deux mille hommes. Ses
autres tentatives ne furent pas plus heureuses, tous les différens corps par lesquels il fit tâter à diverses reprises les lignes des assiégeans aïant toujours été repoussés, son armée
entiére fut battuë en détail avec plus de perte qu'il n'en
auroit faite dans une action générale. L'armée Ottomane
n'étoit qu'à une lieuë de Bude lorsqu'elle fut enfin emportée d'assaut le 2. de Septembre. Le Duc Charles accompagné des Princes de Neubourg, de Commercy & de Croy,
étoit

étoit monté sur la brêche le sabre à la main. Le Vizir Gouverneur de la Ville, fit encore ferme dans les ruës, lors
même qu'il fut abandonné de ses troupes, jamais on ne
put l'engager à se retirer; il se fit tuer sur la place disant,
qu'il n'étoit pas juste qu'il survêcut à la prise d'une Ville
qu'il n'avoit pu conserver à son Maître.

Deux mille Turcs qui s'étoient retranchés avec le second
Pacha, obtinrent la vie, le reste fut passé au fil de l'épée.
Le Duc pour terminer cette glorieuse journée, se préparoit
à marcher au Grand-Vizir, lorsqu'il apprit que ce Général
s'étoit retiré en diligence après avoir mis le feu dans son
camp. Il se mit en marche pour le chercher, mais apprenant qu'il avoit gagné Belgrade, il se contenta de terminer
la campagne par la prise de Segedin & de Cinqeglises, &
retourna à Vienne sur la fin d'Octobre. Il y trouva deux
Agas envoïés par le Grand-Vizir pour traiter de la paix.
Le Duc fut d'avis que pour la rendre encore plus avantageuse, il falloit se préparer à attaquer les Infidéles l'année
suivante avec plus de vigueur que jamais.

Avant l'ouverture de la campagne il partit d'Infpruch où 1687
il avoit passé l'hiver, & vint conferer avec l'Empereur sur
les divers projets qu'il avoit formé pour la gloire de ses
armes. Des soixante-huit mille hommes qui formoient l'armée Impériale, jointe aux troupes des Alliés, il en destina douze à quatorze mille pour les garnisons de Hongrie,
& en laissa vingt mille à l'Electeur de Baviere qui avoit
demandé à agir seul. L'armée qu'il se reserva étoit d'environ trente-quatre mille hommes. Il s'y rendit au commencement de Juin, & la fit aussitôt marcher vers Esseck,
après avoir attaqué avec avantage les ennemis qui gardoient
la tête de ce fameux pont qu'ils avoient rétabli, & l'avoir
entiérement ruiné, il apprit qu'une partie de l'armée du
Grand-Vizir étoit déja à Petervaradin, & que l'autre passoit
la Save & s'avançoit vers Esseck. Il en donna avis à l'E-
lecteur de Baviere, le pressant de venir le joindre avec les
troupes qu'il commandoit. La jonction se fit le 16. de
Juillet. On se raprocha aussitôt d'Esseck où le Grand-Vizir
venoit d'arriver. Il s'y étoit si bien retranché, qu'on tenta

K ij

inutilement

inutilement de forcer son camp. Le Duc de Lorraine fit
bien des mouvemens pour l'obliger de quitter son poste.
Il se hazarda enfin de passer la Darde; mais le camp qu'il
occupa aussitôt se trouva si bon, que le Duc ne voïant point
de jour à l'y forcer, s'éloigna lui-même, ne pouvant plus
subsister dans cet endroit. Cette retraite fit l'effet desiré.
Le Grand-Vizir aïant envoyé le 12. Août un gros détachement pour donner sur l'arrière-garde des Imperiaux, on
en vint insensiblement à un combat général près de Mohatz. Il fut fort opiniâtre, les Turcs ne s'étant jamais bat-
tus avec plus d'ordre & de courage. Le Chevalier de Ligniville de Vannes, & le Comte de Tumejus, s'étant trop
avancés à la suite du Comte Picolomini, furent enve-
loppés par les ennemis, & tués au commencement du combat avec plusieurs autres Officiers. L'Electeur de Baviere
qui commandoit l'aîle droite, soutint le choc des Infideles
en grand Capitaine, se trouvant par tout, & s'exposant
comme un simple soldat. Le Duc de Lorraine força les retranchemens où l'Electeur entra peu de tems après. La victoire fut complette. Les ennemis perdirent plus de douze
mille hommes, quatre-vingt piéces de canon, dix mortiers,
avec leurs tentes & leur bagage. On trouva dans la cas-
sette du Grand-Vizir deux millions en or ou en pierreries.
Il profita de la nuit qui survint pour gagner Esseck avec les
débris de son armée qui s'y trouva de quarante mille hommes. Il en avoit le double avant le combat. Le Duc de
Lorraine n'ayant pu l'engager à en venir aux mains une seconde fois, & ne pouvant agir dans un Païs que les pluïes
continuelles & le débordement des rivieres rendôient im-
praticable, marcha vers la Transylvanie. Dès qu'il parut
tout se soumit. Clausembourg ouvrit ses portes, Herman-
stat capitale de cette Principauté reçut aussi garnison Imperiale. Les autres Villes firent de même. Michel Abaffi Prince de Transylvanie, fut conservé dans sa dignité sous la protection de l'Empereur. Le Duc en poussant ainsi ses conquêtes, croïoit ne travailler que pour ce Monarque & ses
descendans; mais la Providence dès-lors destinoit pour héritage à la posterité même du Conquérant de la Hongrie,

les

les fruits glorieux de ses travaux. A peine avoit-il pourvû
à la sûreté de sa nouvelle conquête, qu'il apprit que les
troupes qu'il avoit fait marcher vers l'Esclavonie avoient
soumis toute cette Province. Les succès de cette campagne
ne se bornèrent pas encore là. Agria se rendit après un
long blocus au commencement de Décembre. L'Empereur
maître de presque toute la Hongrie, fit en même tems déclarer ce Roïaume héréditaire dans sa Famille. L'Archiduc
Joseph son fils aîné en fut couronné Roi à Presbourg. Le
Duc de Lorraine fut reçu dans cette Ville avec les honneurs
dûs à ses exploits. Ils avoient coûté la vie au Grand-Vizir,
& la Couronne au Sultan Mahomet IV. qui fut déposé au
commencement de Novembre. Soliman III. son frere fut
mis sur le Trône à sa place. Ce changement ne fit point
cesser la confusion que les victoires du Duc de Lorraine
avoient occasionné non seulement à Constantinople, mais
dans toute l'étendüe de l'Empire Ottoman. La conjoncture
ne pouvoit être plus favorable aux armes Chrétiennes pour
chasser les Infideles au-delà du Bosphore, & une campagne
ou deux semblables aux cinq que Charles avoit fourni avec
tant de gloire, auroient suffi pour cela. Mais le Conseil de
Vienne fit donner l'année suivante le commandement de 1688
l'armée à l'Electeur de Baviere qui avoit paru se lasser d'a-
voir un Collégue à qui sa haute réputation faisoit donner
l'honneur de tous les bons succès. Les Ministres de l'Empereur ne voïoient qu'avec chagrin l'ascendant que Charles avoit pris sur l'esprit de ce Monarque. Une maladie
dont le Duc fut attaqué au commencement de la campagne, les aida à faire entrer Leopold dans leurs vûës, pour
lesquelles il n'étoit que trop accoûtumé d'avoir une entiere
déférence. Le siége de Belgrade que le Duc avoit proposé dans le Conseil fut la seule entreprise d'importance
formée pendant cette campagne. L'Electeur de Baviere
emporta cette Place d'assaut le 6. de Septembre.

La guerre entre la France & l'Empire ayant éclaté sur
la fin de cette année, le Duc de Lorraine fut demandé en
même tems par les deux armées de Hongrie & du Rhin
pour commander pendant la campagne suivante. Le dan- 1689
ger

ger paroiſſant plus preſſant du côté de la France, l'Empereur mit ce Prince à la tête des troupes deſtinées à agir
contre cette Couronne. La lenteur des Alliés à raſſembler
les differens corps qui devoient compoſer ſon armée, & le
peu de ſoin qu'on avoit eu de faire les proviſions de guerre & de bouche néceſſaires pour la campagne, en retarderent l'ouverture. Le Duc avoit réſolu le ſiége de Maïence,
poſte infiniment important, & occupé par les François qui
depuis huit mois travailloient ſans relâche à s'y fortifier. Il
ne put inveſtir cette Place que vers le milieu de Juillet.
Peu de ſiéges furent auſſi meurtriers. Le Marquis d'Uxelles
faiſoit quelque fois deux ou trois ſorties par jour. Après
ſept ſemaines de tranchée ouverte, voïant ſa contreſcarpe
emportée d'aſſaut, il capitula le huitiéme de Septembre.
Cette conquête fut ſuivie de celle de Bonn. L'Electeur de
Brandebourg en avoit commencé le ſiége, le Duc s'y rendit le 24. du même mois. Le Baron d'Asfeld Gouverneur
de la Place, la défendit avec tant de vigueur, qu'il fallut,
après en avoir emporté tous les dehors l'épée à la main,
ruiner preſque toutes les maiſons pour ôter tout abri aux
aſſiégés. La Place ſe rendit le 27me. jour de tranchée ouverte. Ce fut là le dernier exploit du Duc de Lorraine.
Comme il alloit commencer la campagne de 1690. il
tomba malade à Velz en Autriche le 17. d'Avril. Il ſentit
dès le lendemain les approches de la mort, & s'y diſpoſa
avec la fermeté d'un Héros, & les ſentimens d'un parfait
Chrêtien. Après avoir fait ſa confeſſion générale, il demanda avec inſtance la Ste. Euchariſtie; ſon Eſquinancie ne
lui ayant pas permis de la recevoir, il l'adora avec la plus
tendre piété, & reçut l'Extrême-Onction avec les mêmes
ſentimens. Son mal lui ayant ôté l'uſage de la parole, il ſe
fit donner du papier & écrivit deux lettres fort courtes. La
premiere à l'Empereur étoit conçuë en ces termes:

Sacrée Majeſté, je ſerois parti d'Inſpruch pour aller rece-
voir vos ordres; mais un plus grand Maître m'apelle, & je
pars pour lui aller rendre compte d'une vie que je vous avois
conſacrée. Je ſupplie très-humblement Votre Majeſté de vous
reſſouvenir d'une Femme qui vous touche d'aſſez près, des En-
fans ſans biens, & des Sujets dans l'opreſſion. Il

Il adreſſa la ſeconde lettre à la Reine Ducheſſe ſon épouſe pour lui donner les dernieres marques de ſa tendreſſe. Il ſe fit enſuite réciter les prieres des agoniſans, ayant toujours les yeux attachés ſur un Crucifix qu'il tint à la main juſqu'au dernier ſoupir. Il expira vers les quatre heures du ſoir le 18. d'Avril au commencement de ſa quarante-huitiéme année, après un jour & demi de maladie. Le Roi Louis le Grand ne put s'empêcher de dire en apprenant ſa mort, que c'étoit le plus grand, le plus ſage, & le plus généreux de ſes ennemis.

Charles V. Duc de Lorraine fut en effet un de ces grands hommes qui par l'aſſemblage rare de tous les talens ſupérieurs, & des vertus les plus héroïques, font honneur à l'humanité. A tout conſidérer il s'en trouve peu dans l'Hiſtoire qui lui ſoit comparable, & nul peut-être qui lui ſoit ſupérieur. Tout en lui étoit au deſſus du commun; la taille, l'air, l'eſprit, la valeur, la ſageſſe, & la piété. Vainqueur dans plus de trente combats, il fut encore plus Héros par ſes vertus que par ſes exploits. Son affabilité, ſa facilité à pardonner, ſon déſintéreſſement & ſa modeſtie, le rendoient auſſi aimable qu'il étoit digne d'admiration par la ſupériorité de ſon génie, la ſureté & l'étenduë de ſes vûës, & la grandeur de ſon courage.

D'Eléonor-Marie d'Autriche ſon épouſe, ſœur de l'Empereur Leopold, & veuve de Michel Wieſnoviski Roi de Pologne, Princeſſe d'un mérite fort ſupérieur à ſa naiſſance & à tant de titres éminens, il laiſſa quatre Princes. Le premier fut Leopold I. ſon ſucceſſeur. Le ſecond fut le Prince Charles-Joſeph-Ignace, né à Vienne le 24. Novembre 1680. Deſtiné dès l'enfance à l'état eccléſiaſtique, il dût à la haute réputation de ſon pere la dignité de Grand-Prieur de Caſtille dont il fut dès-lors pourvû. Il obtint enſuite l'Evêché d'Olmutz en Moravie. L'an 1698. il fut élû à l'âge de dix-ſept ans Evêque d'Oſnabruck. Huit ans après le Duc Leopold ſon frere qui l'avoit déja fait Primat de Nancy, fit tout ſes efforts pour lui ménager l'Evêché de Munſter. Le mauvais ſuccès de ce deſſein ne le rendit que plus attentif à procurer au Prince ſon frere un établiſſement

ment plus digne encore de ſon mérite & de ſa naiſſance.
Elu Coadjuteur de Trêves le 24. Septembre 1710. il ſuc-
céda peu de tems après à l'Electeur Jean-Hugues d'Orbeſch
mort au mois de Janvier ſuivant. Il jouît peu de cette
nouvelle dignité, la petite-vérole l'ayant enlevé à Vienne
le 4. Décembre 1715.

Joſeph-Emmanuel troiſiéme fils du Duc Charles V, naquit à Inſpruch le 20. Octobre 1685. La paix de Riſwick
ayant rétabli dans ſes Etats le Duc Leopold ſon frere, l'Empereur retint le Prince Joſeph à ſa Cour. Dès ſes premieres
campagnes en Italie, il commençoit à marcher à grands
pas ſur les traces de ſon invincible pere, lorſqu'une mort
prématurée, triſte fruit de ſa valeur, l'enleva en Lombardie
le 25. d'Août 1705. dans ſa vingtiéme année. Sa bravoure
l'ayant entraîné trop avant à la journée de Caſſano ou d'A-
gnadel, il avoit reçu à la gorge une bleſſure dont il ne
tarda pas à reconnoître tout le danger. Le ſoin de ſon ſalut l'occupa dès-lors uniquement. *Mon Pere*, diſoit-il à ſon
Confeſſeur, *apprenez-moi à bien mourir.* Ce fut en prati-
quant les leçons de ſalut que lui dictoit encore mieux ſa
piété, qu'il expira neuf jours après.

Le Prince François-Antoine, le dernier des fils de Char-
les V, n'avoit que huit ans lorſqu'après le rétabliſſement du
Duc ſon frere, il arriva à Lunéville le 1. de Juin 1698.
Ce Prince le fit élever dans la Maiſon des Penſionnaires du
Collége de la Compagnie de Jeſus de Pont-à-Mouſſon. Il
fut enſuite élu Abbé de Stavelot, & quelque tems après
Chanoine de Cologne & de Liége. Lorſque ſon mérite
égal à ſa naiſſance en faiſoit concevoir les plus hautes eſ-
pérances, il mourut de la petite-vérole à Lunéville le 27.
Juillet 1715. âgé de 26. ans.

XXVI.

LEOPOLD I.

LE régne de Léopold I. Duc de Lorraine & de Bar, rétabli par le traité de Riſwick ſur le trône de ſes peres, fut un régne de paix & de félicité pour cet Etat dont il a été le reſtaurateur. Malgré les bornes étroites qu'on s'eſt preſcrites dans cet Ouvrage, on croit devoir pour l'intérêt des hommes, faire connoître plus particulierement un Prince dont nous n'avons point encore d'Hiſtoire, & qu'il ſeroit cependant à ſouhaiter pour le bonheur du monde que tous les Souverains ſe propoſaſſent pour modèle.

En attendant un récit plus détaillé d'une vie bien plus digne de paſſer à la poſtérité, que celles de ces deſtructeurs d'Empires dont on ne ſe preſſe que trop d'immortaliſer les exploits & les crimes, on ſe bornera ici, pour en ébaucher le tableau, à raſſembler quelques-uns de ces traits profondément gravés dans les cœurs de tous les Sujets de ce Grand Prince. On en parlera au reſte avec d'autant plus d'impartialité, qu'on n'a, en lui rendant cet hommage, d'autre intérêt que celui qu'en qualité d'homme on ne peut s'empêcher de prendre à la gloire d'un Prince qui la ſu borner à faire des heureux.

Né à Inſpruck le 11. Septembre 1679, il perdit à l'âge de dix ans & demi le Duc Charles V. ſon pere. La Reine Ducheſſe veuve de ce Héros, ne crut pouvoir mieux réparer la grandeur de cette perte, qu'en redoublant ſes ſoins pour l'éducation de ſon fils, à qui ce grand homme ne laiſſoit pour tout héritage que des prétentions inconteſtables à la vérité, mais qui n'en avoient pas été moins ſtériles pour lui. L'Empereur Leopold ſecondant le zèle de la Reine ſa ſœur, voulut dès-lors tenir lieu au jeune Duc d'un pere, qui en

L   mourant

mourant avoit transporté à son fils tous ses droits sur la reconnoissance & les sentimens de ce Monarque. François Taff Comte de Carlinfort, Seigneur Irlandois d'un grand mérite, Conseiller d'Etat de Sa Majesté Impériale, & Maréchal de Camp-Général de ses armées, fut nommé Gouverneur du Duc son neveu. Le soin de ses études & de sa conscience fut en même tems confié au Pere Erenfride Creitzen Gentilhomme Saxon, qui ayant abjuré le Luthérianisme à Rome, y étoit entré dans la Compagnie de Jesus. Les sentimens que conserva toujours Leopold pour l'un & l'autre, font leur éloge & le sien.

Ils travaillèrent de concert à faire de leur Eleve un Prince accompli en tout genre, & n'eurent pas de peine à réüssir dans ce travail. La nature en avoit fait presque tous les frais. Un esprit vif & judicieux, pénétrant & docile, une humeur douce & affable, un cœur sur tout bon, tendre & généreux, sensible aux sentimens de la piété autant qu'à ceux de l'honneur ; pour le corps beaucoup d'adresse, d'agilité & de bonne grace. Tel étoit le riche fond confié à ces Maîtres habiles : ils surent y faire germer de bonne heure ces précieuses semences de toutes les vertus, & les fruits prévinrent & passerent leurs espérances.

A l'âge de seize ans l'inclination du jeune Prince, autant que l'exemple de son pere, l'entraîna aux armes, & sa premiere campagne fit assez voir ce qu'il auroit été en ce genre s'il n'avoit dans la suite sacrifié ses talens & son inclination à son devoir & au bonheur de ses Sujets.

Ces soldats tant de fois vainqueurs sous Charles V. retrouvèrent dans le fils la bravoure & la vigilance, l'application & le désintéressement, l'affabilité & la sagesse du pere. A la bataille de Temesvar, s'étant avancé au plus fort de la mêlée pour repousser le Turc vainqueur, il eut un de ses Gentilshommes tué à côté de lui, & fut lui-même démonté. Il ne laissoit pas de revenir à la charge, lorsqu'il fut arrêté par les Généraux chargés spécialement par l'Empereur de veiller à sa conservation. Son Gouverneur lui ayant représenté en cette occasion qu'il se devoit à ses Sujets : *La perte de ma vie*, repartit le jeune Héros,

sera

ſerà moins à plaindre que celle de mon honneur. Mes freres peuvent réparer le vuide que cauſera ma mort ; mais rien ne peut réparer la brêche qu'une lâcheté feroit à ma réputation.

Il ne ſe fit pas moins admirer l'année ſuivante dans l'armée du Prince Louis de Bade, à la priſe du château d'Ebern-bourg ſur le Rhin.

La paix de Riſwick en le rendant à ſes Etats, lui fit embraſſer un plan de vie tout different. Entraîné à l'hé-roïſme guerrier par ſon gout, & ſe ſentant tous les talens néceſſaires pour y arriver, dans un âge dont la vivacité donne à cette eſpéce de gloire de nouveaux attraits ; il eut en même tems aſſez de ſupériorité de génie pour ſentir combien le repos étoit plus glorieux pour lui dès qu'il étoit eſſentiel au bonheur de ſes Sujets, & aſſez de pouvoir ſur lui-même, & de tendreſſe pour eux pour y borner dès-lors tous ſes ſoins. A peine ſon rétabliſſement eut-il été réſolu, que la Reine Ducheſſe ſa mere ſongea à lui ménager dans la famille même du Roi Très-Chrêtien, dont il alloit de-venir le voiſin, une alliance également honorable & utile. Le choix fut digne de ſon diſcernement & de ſa piété. Il tomba ſur la Princeſſe Eliſabeth-Charlotte d'Orléans, fille de Philippe de France Duc d'Orléans, frere unique du Roi, & d'Eliſabeth-Charlotte de Baviere ſa ſeconde femme. Par ce mariage auguſte, le jeune Duc neveu déja de l'Empe-reur par ſa mere, le devenant du Roi Très-Chrêtien par ſon épouſe, intéreſſoit également à ſa deſtinée ces deux puiſſans Monarques, avec leſquels ſeuls, à raiſon de la ſi-tuation de ſes Etats, il pouvoit avoir quelque choſe à dé-mêler.

La mort de la Reine ſa mere arrivée à Vienne le 17 Décembre de cette année à l'âge de cinquante-cinq ans, en retardant l'accompliſſement d'un ſi ſage projet, mêla bien de l'amertume à la joie qu'il avoit eu de le ſavoir auſſi-tôt agréé que propoſé à la Cour de France. Devenu par cette mort le pere & le tuteur de ſes trois freres, il ſut leur faire trouver dans ſa tendreſſe généreuſe & vrai-ment paternelle, toutes les reſſources que ſembloit leur avoir enlevé la Providence. La mort prématurée du ſecond

L ij   d'entr'eux,

d'entr'eux l'empêcha d'exécuter les desseins que lui avoit inspiré pour lui son bon cœur. Les deux autres durent à ses soins les établissemens ausquels ils parvinrent dans la suite. Il n'épargna rien pour en faire des Princes aussi grands que lui-même, & leur mort seule put mettre des bornes aux mouvemens extraordinaires qu'il ne cessa de se donner pour y réüssir.

1698   On travailloit cependant à tout préparer pour son arrivée dans ses Etats. Les troupes Françoises répanduës en Lorraine au nombre de vingt-deux mille hommes, en sortirent au mois de Janvier suivant. Il n'en resta que deux régimens à Nancy pour démolir les fortifications de la Ville-neuve, & les dehors de la vieil e, suivant un des articles du traité. Le Comte de Carlinfort & l'Abbé le Begue envoïés en Lorraine pour prendre possession des deux Duchés au nom du Prince, arriverent à St. Nicolas sur la fin du même mois, & en informerent les Officiers du Roi qui le 6. Février les mirent en possession de la Capitale. Ces deux Ministres formerent ensuite le Conseil d'Etat du Duc, choisirent parmi les principaux Seigneurs du Païs les Officiers de sa maison, & des deux Cours Souveraines de St. Mihiel & de Nancy, formerent dans cette derniere Ville un parlement pour administrer la justice.

Les voïes étant ainsi préparées, Leopold partit de Laxembourg le 14. d'Avril. Il fut reçu à Strasbourg par ordre de la Cour de France, avec tous les honneurs qu'on auroit rendu à la Personne même du Roi. Accompagné ensuite de sa Noblesse qui étoit venuë au-devant de lui, & d'une multitude infinie de Peuple accouruë de toute part sur son passage pour applaudir à leur nouveau Souverain, il arriva le 15. Mai à Lunéville, & s'y arrêta jusqu'à l'entiere évacuation de Nancy.

C'est dès ce tems qu'il faut dater cette suite de jours heureux, dont la Lorraine joüit pendant l'espace de trente ans sous le gouvernement pacifique du meilleur de ses Princes. Dès-lors ce Païs désolé & rendu presque desert par soixante & dix ans de guerre, commença à se repeupler de toute part, & à reprendre par tout une face nouvelle.

Tout

Tout s'émut à la fois & à l'envi pour venir rendre au
Reſtaurateur de l'Etat des hommages auſſi ſinceres que l'é-
toit la joïe publique. Le P. Daubenton Provincial des Jéſuites, & depuis Confeſſeur du Roi d'Eſpagne, qui le premier prêcha devant cette nouvelle Cour, peignit au naturel le changement dont il étoit témoin, en appliquant à
la Lorraine cette viſion du Prophête Ezechiel, dans laquelle un tas d'oſſemens ſecs & arides répandus ſur la ſurface
d'une vaſte campagne, ſe raſſemblent tout à coup, prennent chacun leur place, & forment une multitude nom-
breuſe d'hommes ſains & vigoureux.

Dès que Leopold ſe vit entierement maître de ſes Etats
par la retraite de ce qui étoit reſté de troupes étrangeres
dans ſa Capitale, il ſongea à terminer l'affaire de ſon mariage avec la Princeſſe d'Orleans. Le Duc d'Elbeuf premier Prince du Sang de Lorraine, paſſa le contrat le 12,
Octobre à Fontainebleau dans le cabinet du Roi. Le Cardinal de Coaſlin Grand-Aumônier de France, fit le même
jour la cérémonie des fiançailles. Le mariage fut célébré
le lendemain. Deux jours après la nouvelle Ducheſſe eſ-
cortée par un détachement de la Maiſon du Roi, partit de
Paris dans les carroſſes de Sa Majeſté. Le Duc qui s'étoit
mis en chemin le même jour avec toute ſa Cour pour aller audevant d'elle, ſe déroba à ſa ſuite ſur les frontieres,
& s'avança juſqu'à Vitri pour voir ſon épouſe. Leur acceüil
mutuel annonça dès-lors à leurs ſujets cette union charmante qu'on vit toujours dans la ſuite régner entr'eux. La
cérémonie de la bénédiction nuptiale fut faite à Bar dans
la chapelle du Château par Mr. l'Abbe de Riguet Grand-
Prévôt de St. Diey, & Grand Aumônier de Lorraine. Elle
fut ſuivie des réjouïſſances publiques auſquelles on ſe livra
avec éclat dans tout le Païs.

Le Duc qui avoit différé juſqu'alors ſon entrée ſolem-
nelle dans ſa Capitale pour en partager les honneurs avec
ſon épouſe, eut ſoin d'en faire un ſpectacle digne d'elle &
de lui.

Témoin de la tendreſſe infinie des peuples pour leur
Souverain, cette Princeſſe commença auſſi dès-lors à la partager

tager avec lui. Elle les y accoutuma même tellement dans
la suite par une parfaite conformité de vertus & de bienfaits, qu'on a vû après la mort du Duc se réünir en sa faveur tous leurs cœurs & leurs vœux.

Dès-lors aussi on vit commencer de la part de Leopold
ces égards infinis qu'il ne cessa jamais de marquer à une
épouse si digne de son attachement. Attentif à tout ce qui
pouvoit la concerner, il alla toujours au devant de ses souhaits,
& lui fit rendre par tout le respect qui lui étoit dû. Lors même qu'il affectoit d'aller seul & sans cérémonie, il eu toujours soin qu'elle parut avec toute la dignité qui convenoit
à son rang & à sa naissance. L'union de leurs armes sur
presque tous les monumens publics, sera pour la postérité une image & une preuve de celle de leurs cœurs.

Le Ciel bénit par une heureuse fécondité une alliance
si bien assortie. Le premier fruit de leur mariage fut un
Prince né à Bar le 26. Août de l'année suivante; il fut suivi de douze autres tant Princes que Princesses, dont quatre seulement survêcurent au Duc leur pere.

En voïant multiplier chez lui ces fruits de la bénédiction céleste, Leopold se crut redevable de leur éducation
& au Seigneur qui les lui donnoit, & à ses peuples pour
le bonheur desquels il croyoit les avoir reçus. Soigneux à
ne mettre auprès d'eux que des personnes d'un mérite reconnu, il ne s'en crut pas moins obligé de veiller par lui
même à leur conduite. L'innocence de leurs mœurs attiroit sa principale attention; tout ce qui paroissoit s'écarter
des régles de la vertu & de la piété, l'alarma toujours sen-
siblement. Il fit faire lui-même aux Princes ses fils leur premiere Communion, comme la Duchesse aux Princesses ses
filles. Souvent on lui vit prendre plaisir à les méner lui-
même à la Parroisse, y rester avec eux durant tout l'Office, leur montrer dans leurs livres de piété les prieres qu'il
croyoit leur convenir, leur donnant toujours l'exemple de
la plus respectueuse modestie, & du recueillement le plus
édiffiant. Non content des leçons qu'il leur donnoit de
vive voix, il composa pour quelques-uns d'entr'eux, & écrivit de sa main des instructions remplies des plus pures ma-
ximes

ximes du Chriſtianiſme. Celle qu'il fit quelque tems avant
ſa mort pour la Princeſſe ſa fille aînée, depuis Reine de
Sardaigne, & pour laquelle ſe négocioit alors un autre
mariage, eſt également digne de la ſageſſe & de la piété
de ce Grand Prince.

Après avoir fait à Paris ſur la fin de cette année l'hommage qu'exigeoit le Roi Très-Chrêtien pour le Duché de
Bar, il envoya à Inſpruck Mr. Fournier Prevôt de St. 1700
George ſon Premier Aumônier, & le chargea de faire
apporter en Lorraine le corps de Charles V. ſon Pere.
Il fit rendre à ce Héros dans ſa Capitale les devoirs funé-
bres avec une magnificence proportionnée à la tendreſſe,
& à la vénération qu'il marqua toujours pour ſa mémoire.
Pour perpétuer celle de ſes glorieux exploits, non content
d'en faire dreſſer une hiſtoire ichnographique en trente plan-
ches avec des explications détaillées, il les fit peindre en
grand par les plus habiles Maîtres, & copier enſuite dans
une tenture magnifique de tapiſſeries aux gobelins travaillées à ſa Cour, & ſous ſes yeux. Monument également
précieux & reſpectable de la gloire du pere & des ſentimens du fils.

La ſucceſſion de Charles II. Roi d'Eſpagne, Prince d'u-
ne ſanté très foible, & qui n'avoit point d'enfans, donnoit
alors lieu à de grandes négociations entre les differens
Princes qui formoient des prétentions ſur cette Monarchie.

Après le premier traité de partage, le Sr. de Callieres
vint propoſer de la part du Roi de France au Duc de Lorraine l'échange de ſes Etats contre le Milanès. Il falloit toute la ſageſſe de ce Prince pour ſe démêler d'une affaire où
il avoit tout à riſquer quelque parti qu'il prît. L'échange
étoit une affaire réglée à la Cour de France. L'Empereur
ignoroit ce projet, il l'apprit du Duc ſon neveu, & en fut
vivement offenſé. Leopold d'ailleurs aimoit ſon Peuple, &
il lui coutoit infiniment de l'abandonner. La France exi-
geant cependant l'échange, il y ſouſcrivit enfin; mais à
deux conditions qu'il fit inſerer dans le traité, auſſi impoſ-
ſibles à accomplir qu'elles étoient indiſpenſables; la premiere, que l'échange ſeroit approuvé de toutes les Puiſſances;

tes; la feconde, que fa Maifon poffédéroit le Milanès en
fouveraineté auffi libre & indépendante que l'étoit la Lorraine. Les droits de l'Empereur & de l'Empire s'oppofant
également à ces deux conditions, le traité alloit s'annuller
de lui-même, lorfque le teftament du Roi d'Efpagne le fit
échoüer entiérement, & occafionna entre la France & l'Efpagne d'une part, & l'Empereur & fes Alliés de l'autre, une
guerre fanglante qui pendant treize ans mit toute l'Europe
en feu.

C'eft à la fage politique de fon Souverain que la Lorraine fut redevable de la parfaite tranquillité dont elle jouit
feule dans ce tumulte univerfel. Sollicité de part & d'autre,
Leopold n'écouta que l'intérêt de fon Etat, & refta neutre.
Parmi tant d'intérêts oppofés, il fe comporta avec une cir-
confpection qui le fit toujours triompher de la malignité de
ceux qui dans les differentes Cours tâchèrent plus d'une
fois de répandre des foupçons fur l'impartialité dont il s'é-
toit fait une loi. Il fut même par les correfpondances
qu'il entretenoit avec fes voifins, & le grand nombre de
lettres qu'il écrivoit de fa propre main, fe procurer dans
les affaires générales une influence à laquelle le peu d'étendüe de fes Etats fembloit ne lui laiffer aucun lieu de pré-
tendre.

1702 Malgré ce qu'il put faire cependant pour fe ménager dans
des conjonctures fi délicates, le Roi Très-Chrétien craignant, après la prife de Landau, que les ennemis ne pé-
nêtraffent par la Lorraine dans le Royaume, envoya pro-
pofer au Duc de recevoir garnifon Françoife dans fa Capitale.

On n'ignoroit pas à la Cour de France les nouveaux
motifs qu'avoit Leopold de pancher du côté de l'Empereur
fon oncle. Ce Monarque par un diplome qu'il fit enrégi-
ftrer dans toutes les Cours d'Allemagne, avoit l'année précédente déféré au Duc & à fes fucceffeurs à perpétuité, le
titre d'Alteffe Royale, reconnu depuis par la France même.

On favoit d'ailleurs les mouvemens qu'il fe donnoit pour
détacher fon neveu du parti de la neutralité qu'il avoit embraffé. Pour s'affurer donc de ce Prince & de fes Etats,
Louis

Louis XIV. envoya le Sr. de Callieres lui annoncer la nécessité dans laquelle il se trouvoit de faire entrer ses troupes dans Nancy. Leopold objecta avec fermeté sa neutralité agréée de la France ; ce qu'il devoit à l'Empereur, &
l'indécence qu'il y auroit pour lui à paroître entrer pour
quoi que ce fut dans des mesures prises contre ce Monarque.

Callieres ayant cru tout concilier en lui proposant de se
laisser assiéger dans sa Capitale par les troupes qui s'avançoient pour appuïer sa négociation : *Toute l'Europe*, lui ré-
pliqua le Duc, *est instruite de la foiblesse de Nancy ; on sait
que je n'ai d'autres troupes que mes Gardes. Je passerois pour
un téméraire ou un Comédien si avec de pareilles forces j'en-
treprenois de résister à un Roi puissant & armé.* Il céda donc
sagement à la force, & se retira à Lunéville le 2. Décembre ; & y fit bâtir dans la suite un magnifique Palais, &
y établit sa Cour pendant tout le tems qu'il y eut dans Nancy des troupes Françoises.

Ce désagrément fut suivi l'année d'après d'un autre d'au- 1703
tant plus sensible pour le Prince ; qu'il vint d'un endroit
qui lui étoit infiniment respectable. Leopold aussitôt après
son rétablissement, avoit nommé des Magistrats éclairés
pour rassembler en un corps les divers réglemens & usages
qui composoient la Coutume de Lorraine. Il fit ensuite une
Ordonnance pour donner à ce recueil force de loi dans ses
Etats. Les articles concernant les affaires éccléslastiques,
quoiqu'anciennement reçus & pratiqués dans le Païs, parurent à Mr. de Bissy, alors Evêque de Toul, & depuis
Cardinal, contraires aux Canons & à la Jurisdiction de
l'Eglise. Sur les plaintes de ce Prélat, le Pape Clément XI.
fit examiner le Code, & le censura par un Bref du 22. Septembre, & par des lettres particulières pressa vivement le
Duc de le faire corriger. Mr. Bourcier, Procureur-Général,
interjetta aussitôt appel de l'exécution du Bref au Pape mieux
informé. Le Prince ne laissa pas de faire retoucher les points
de l'Ordonnance qu'on crut avoir déplu au Souverain Pontife. Ces corrections parurent bientôt sous le titre d'Ordonnance Ampliative, & furent regardées à Rome comme

M   autant

autant d'apologies des divers articles qu'on avoit ſur-tout
eu en vûë de cenſurer dans le Code. Clément XI. n'en
fut que plus irrité. Son mécontentement allarma la piété
du Duc. Il envoya à Rome pour calmer le Souverain Pontife, le Marquis de Lenoncourt & l'Abbé de Nay. Ces
deux Ambaſſadeurs furent bien reçus du Pape, qui après
leur avoir marqué ſon eſtime pour le Duc leur Maître, déclara que ne voulant point toucher aux anciens uſages du
Duché, il n'avoit point prétendu y donner par ſon Bref
aucune atteinte. L'Ordonnance Ampliative n'en fut pas
moins cenſurée après leur départ, on ne s'en tint pas
moins auſſi en Lorraine au Code dont on crut la cenſure
ſuffiſamment révoquée par la déclaration qu'avoit fait Sa
Sainteté aux deux Ambaſſadeurs. Mais le Duc ayant fait
ſolliciter à Rome quelques années après les Bules de Coadjuteur de l'Archevêque de Trêves pour le Prince Charles
Evêque d'Oſnabruck ſon frere, le Pape fit difficulté de les
accorder tant que le Code & l'Ordonnance qui lui ſervoient
d'apologie ſubſiſteroient en Lorraine. Il en coutoit trop à
la piété de Leopold de voir ſubſiſter ſi longtems cette eſpéce de méſintelligence entre lui & le Pere commun des
fidéles; il révoqua les deux Ordonnances par un Arrêt de
ſon Conſeil l'an 1711, en réſervant néanmoins les anciennes Coûtumes de ſes Etats auſquelles le Souverain Pontife
avoit déclaré qu'il n'avoit pas prétendu donner atteinte.
Par ce moïen, ſans que ſes droits, ni la Juriſprudence du
Païs en ſouffriſſent, il contenta le St. Siége, en obtint ce
qu'il ſouhaitoit, & trouva le ſecret de tout pacifier.

1708   Ferdinand-Charles de Gonzague, Duc de Mantoüë &
de Montferrat, Prince d'Arches & de Charleville, étant
mort ſans enfans à Venize le 5. Juillet 1708, Leopold
ſongea à faire valoir ſur les Etats de ce Prince les droits
qu'il avoit du chef de l'Imperatrice Eleonor de Gonzague
ſon aïeule maternelle. Quoiqu'il en fut inconteſtablement
le plus proche héritier, il ne lui revint de cette riche ſucceſſion que la promeſſe que lui fit l'Empereur Joſeph ſon
couſin, de l'indemniſer pour le Duché de Mantoüë.

Ce Monarque s'en étoit emparé quelque tems avant la
                                                          mort

mort du feu Duc, qu'il avoit fait mettre au ban de l'Empire à raison de son attachement aux intérets de la France. Le Montferrat fut donné au Duc de Savoye, qui renouvella alors sur cet Etat d'anciennes prétentions auxquelles son alliance avec l'Empereur donna un nouveau poids. Pour la Principauté de Charleville dont les Députés étoient venus reconnoître le Duc de Lorraine aussitôt après la mort du Duc de Mantouë, ce Prince en fut dépoüillé par Arrêt du Parlement de Paris dix-sept jours après en avoir fait prendre possession par le Marquis du Chatelet-Trichâteau, & Mr. Bourcier Procureur-Général de sa Cour Souveraine. Il ne lui resta donc, avec le Duché de Teschen en Silesie, que l'Empereur Charles VI. successeur de Joseph lui donna pour commencer l'indemnité promise, que les titres de Duc de Montferrat, & de Prince Souverain d'Arches & de Charleville qu'il joignit à tant d'autres de cette nature, pour servir comme eux de monumens des droits de sa Maison.

La même attention qu'il ne cessoit cependant d'avoir pour 1709 écarter de ses Etats le fleau de la guerre qui s'allumoit de plus en plus dans le reste de l'Europe, il l'apporta l'année suivante pour les garentir de cette disette affreuse qui fut par tout la suite du plus rigoureux hiver qu'on eut éprouvé depuis longtems. Non content d'établir pour les grains une police exacte, d'en empêcher le transport hors de ses Etats, & d'en faire faire par tout avec soin la recherche & la répartition, il en fit venir d'Allemagne pour plus de cent mille écus, & les fit distribuer à crédit. Il établit des magasins dans les Villes & les Bourgs pour prévenir la disette, & porta ses soins pour son Peuple jusqu'à faire diverses Ordonnances pour faciliter les emprunts à ceux qui se trouvoient dans le besoin, & pour empêcher les créanciers de poursuivre, au moins avant la récolte, leurs débiteurs insolvables. Aussi la Lorraine ne s'apperçut-elle de la misère, alors presque universelle, que par les soins extraordinaires du Prince pour l'en garentir. Il n'en eut pas moins quelques années après pour en éloigner le fleau de la peste qui ravageoit la Province. Les précautions qu'il avoit prises pour empêcher tout commerce avec les Païs infectés, ne le raffurant pas entièrement, il fit acheter à fes frais pour cinquante mille écus de remèdes utiles dans le danger, qu'il fit enfuite diftribuer dans les Hôpitaux.

Un Païs où les malheurs n'avoient point d'accès, n'en étoit que plus propre à fervir d'azile aux malheureux. 1712 Comme c'étoit fur tout à la Cour d'Angleterre que le Roi Très-Chrêtien étoit redevable du Traité d'Utrecht, & d'une Paix aussi avantageufe que néceffaire à fon Roïaume, il fe vit en conféquence obligé d'abandonner les intérets du fils unique du Roi Jacques II, malgré la démarche qu'il avoit faite de le reconnoître pour Roi de la Grande-Bretagne après la mort de fon Père. Ce Prince compta affez en cette occafion fur la générofité du Duc de Lorraine pour lui demander dans fes Etats un azile qu'il ne pouvoit plus efpérer en France.

Léopold lui offrit auffitôt la Ville de Bar, & en fit meubler le Château pour l'y recevoir avec fa Cour. Ce Prince 1713 s'y étant rendu fous le nom de Chevalier de St. George au mois de Février fuivant, le Duc l'y vint vifiter quelque tems après, & n'oublia, pendant l'efpace de deux ans que dura fon féjour dans ce Païs, ni honneurs, ni fêtes, ni attentions pour lui adoucir fes infortunes. La Reine fa mère ne reçut pas l'année fuivante un accueil moins diftingué.

Après la Paix concluë à Raftat entre la France & l'Empire, les troupes Françoifes ayant évacué Nancy, Leurs Al- 1714 teffes Roïales y retournèrent le 13. de Novembre. Le Duc attentif aux intérets de fon Etat, avoit fait inférer dans le Traité conclu entre ces deux Puiffances, un article par lequel le Roi Très-Chrêtien promettoit d'exécuter au plutôt tous ceux du Traité de Rifwick qui concernoit la Lorraine. Pour ne point laiffer trainer cette affaire, Léopold obtint du Roi des Commiffaires chargés de conférer à Metz avec fes Députés. Les principales difficultés fe trouvant applanies, tout alloit être réglé lorfque la mort de Louis XIV. 1715 arrivée le 1. Septembre de l'année fuivante, retarda la conclufion du Traité. La régence du Roïaume pendant la minorité du jeune Roi, arrière petit fils de ce Monarque, fut déférée à Philippe Duc d'Orléans, frère de Madame la

Duchesse

Duchesse de Lorraine, Léopold sollicita auprès de ce Prince la continuation des conférences ; on les reprit à Paris, & malgré les obstacles & les retardemens que, sous prétexte de la minorité du Roi, on tâcha d'apporter à cette affaire, le Duc vint à bout de faire terminer toutes les difficultés qui depuis près d'un siécle subsistoient entre les deux Couronnes. Par le Traité conclu le 20. Janvier 1718, & homologué au Parlement de Paris, Léopold recouvra la Ville de St. Hypolite avec son térritoire, & la Prévôté de Longwy, excepté la Ville de ce nom, en échange de laquelle on lui céda Remberviller avec ses dépendances. On y ajouta la somme de dix-huit cent mille livres par forme d'indemnité pour la détention de ces fiefs depuis la Paix de Riswick.

Ce fut cette même année qu'avec la Duchesse son épou-1718 se & l'élite de sa Cour, il fit un voïage à Paris à la sollicitation de Madame la Duchesse Douairière d'Orléans & du Duc Régent son Fils. Mais pour éviter le cérémonial il ne voulut y paroître que sous le nom de Comte de Blâmont. Il eut avec le Duc d'Orléans de fréquentes conférences, & ce Prince accoutumé déjà à fixer sur lui les yeux de toute l'Europe par l'étenduë de son génie & la profondeur de sa politique, rendit hautement justice aux grands talens du Duc de Lorraine.

Il eut été à souhaiter pour le bonheur de la France, que le Régent l'eut consulté sur les mesures qu'il étoit alors sur le point de prendre pour le rétablissement des finances. Ce que fit Léopold dans ses Etats pour les préserver des ravages dont ils étoient ménacés par les systêmes qui ne tardèrent pas à se mettre en vogue, prouve assez combien il pensoit là-dessus différemment de son beaufrère. La fureur des actions qui, comme une maladie épidémique, se ré-1719 pendant les années suivantes d'Angleterre en France, & de France en Hollande, entraînoit les Peuples dans leur ruine par l'espoir d'un gain facile, cherchoit à s'introduire dans les Etats de Léopold. On lui offrit jusqu'à neuf millions pour y permettre seulement les billets de banque ; il fut inflexible, & sauva ainsi une seconde fois ses Sujets du naufrage presque universel de ses voisins,

Cette

Cette année, malheureusement célèbre à jamais dans l'histoire de France par le fanatisme des billets & des actions, ne fut funeste en Lorraine qu'au Prince même par l'incendie qui réduisit en cendres le 3. Janvier une grande partie du magnifique Palais qu'il avoit fait bâtir à Lunéville, avec les riches ameublemens dont il étoit orné. A la vûë de cette perte qui montoit à près de cinq millions, le Prince & son épouse ne parurent sensibles qu'au danger de ceux de leurs gens qu'ils croyoient exposés à l'incendie. En moins de deux ans tout se trouvant rétabli avec plus de magnificence qu'auparavant, le Duc ramena la Cour de Nancy à Lunéville, où sa piété lui inspira de rassembler pour une grande Mission les Ouvriers Apostoliques les plus célèbres de France & de ses Etats. Pendant un mois qu'elle dura, le religieux Prince fit cesser tous les divertissemens de la Cour. On n'y fut occupé, à son exemple, que des exercices de la piété Chrétienne. Sermons, processions, communions générales, Léopold se trouva à la tête de tout. S. A. R. Madame ne dédaigna pas de conduire elle-même au catéchisme les Princes & Princesses ses enfans, de les faire interroger par le Missionnaire chargé de cette instruction, & de lui permettre de les récompenser par les présens de dévotion usités en pareilles conjonctures.

1720

Ces soins particuliers pour sa Cour & sa Maison, ne ralentissoient pas l'application du Duc à l'intérêt commun de ses Etats. Il les avoit étendus par l'acquisition faite au mois de Novembre de l'année précédente du Comté de Ligny qu'il acheta du Duc de Luxembourg, & réünit au domaine de son Duché de Bar. Les oppositions qu'y forma le Duc de Chatillon frère du Duc de Luxembourg, par des poursuites au Parlement de Paris, aussi inusitées qu'injurieuses à la Souveraineté du Duc de Lorraine, furent annullées par le Conseil du Roi Très-Chrétien, avec les arrêts obtenus au Parlement en conséquence. Léopold soutint toujours avec la même fermeté les prérogatives de sa Couronne. Il y avoit donné un nouveau lustre en la fermant dès le commencement de son règne en même tems qu'il reprit le titre de Roi de Jérusalem, porté par quelques-uns ques-uns de fes Ancêtres, & fondé fur les droits que fa Maifon avoit hérité de celle d'Anjou. Il y réünit dans la fuite, ou par héritage, ou par acquifition, les Principautés de Lixin & de Commercy, le Comté de Falkenftein, les Baronies d'Ancerville & de Fénéftranges, avec le Marquifat de Nommeny, & les Seigneuries de Hombourg & de St. Avold que fes Prédécefleurs n'avoient tenuës qu'en fief de l'Evêché de Metz, & qu'il obtint en fouveraineté indépendante pour lui & fes Succefleurs. Le fonds de ces différentes additions eftimé quinze millions, prouve & l'habileté du Prince, & fa vigilance à procurer le bien de fes Etats.

Ils s'aggrandifloient infenfiblement fous fon règne d'une manière encore plus avantageufe par le grand nombre d'habitans nouveaux, qu'y attiroient de toute part les facilités & les encouragemens pour le commerce & l'induftrie, & plus encore la douceur de fon gouvernement, & l'abondance qu'il s'appliqua toujours à maintenir. Il y réüflit en faifant défricher par tout, particulièrement dans la Lorraine Allemande, pays inculte avant fon règne, & prefque défert. Il excitoit à ce travail par les privilèges accordés à ceux qui l'entreprenoient. C'eft par le même attrait qu'il fçut fixer dans fes Etats tant d'hommes habiles en tout genre, fûrs de trouver fous fa protection leur propre avantage en procurant celui de fes Sujets. De là ce grand nombre de manufactures de toutes fortes d'ouvrages, établies par fes foins à Nancy, à Mirecourt, à Neufchâteau, & dans d'autres Villes. L'attention à faire par tout fleurir le commerce, fut auffi un des principaux objets de fa fage politique. A peine à fon arrivée dans fes Etats, y avoit-il dans fa Capitale trois ou quatre gros Marchands; on en vit le nombre s'augmenter fenfiblement chaque année de fon règne non feulement dans cette Ville, mais dans tout l'Etat. Les efforts qu'il fit pour établir à Nancy une Compagnie de Commerce d'abord en 1720, enfuite en 1724, prouvent combien il fouhaitoit de le rendre floriffant dans fes Etats. C'eft pour faciliter le tranfport des denrées & des marchandifes, autant que pour la commodité des voyageurs, qu'il a fait faire ces chemins magnifiques, ouvrages dignes de la grandeur

deur & de l'opulence de l'ancienne Rome, qui n'ont cependant couté à ses Peuples que peu d'années d'un travail infiniment plus avantageux pour eux dans la suite, qu'il ne leur avoit paru d'abord pénible & onéreux.

Sa bonté & sa tendresse pour tous ses Sujets, étoient pour les étrangers des attraits du moins aussi puissans que tous ces divers avantages réünis sous son gouvernement. C'est sur tout dans les tems de calamités, qu'il parut toujours véritablement Père de son Peuple. Dans les maladies populaires qui ont de tems en tems affligé quelques parties de l'Etat, on l'a vû constamment envoyer des Médecins avec de l'argent, & tous les secours nécessaires pour en arrêter le cours. Pour dédommager ensuite ce Peuple affligé, il avoit coutume de l'exempter pour un tems des charges ordinaires ; souvent il fit la même grace aux particuliers qui avoient essuyé quelques disgraces considérables. On vit en différens tems partir du même principe divers réglemens pour pourvoir à la substance des pauvres, en établissant dans chaque Parroisse une Aumône Publique ; & dans les principales Villes des Maisons déstinées à y occuper les Mendians en état de travailler, & à servir de retraite aux Vieillards & aux autres infirmes qui ne pouvoient en trouver dans les Hôpitaux. Il établit lui-même quelques-uns de ces derniers aziles, comme ceux de Lunéville & de Gondreville, & procura ou favorisa l'établissement de plusieurs autres. Les lits fondés dans l'Hôpital de Lunéville pour entretenir & faire guérir à ses frais deux fois l'année les Pauvres, soit du Pays, soit étrangers, travaillés de la Pierre, sont aussi des monumens de cette bonté compatissante qui le faisoit entrer dans le détail des maux pour y appliquer les remèdes. De-là vint aussi ce nombre étonnant de pensions & de gratifications prodiguées, non-seulement à ses propres Domestiques, mais à tous ceux qui avoient servi ou ses Ancêtres, ou les Princes de sa Maison, il les étendit presque toujours sur leurs veuves & leurs enfans. Sa Maison & son service étoient l'azile de ceux qui avoient perdu leurs Maîtres, ils y trouvèrent dans leur Souverain une bonté & des attentions qu'ils n'auroient presqu'osé qu'ofé efpérer de leurs égaux. Il prenoit foin d'eux & de tout ce qui leur appartenoit, les foulageoit dans leurs maladies, jufqu'à leur fournir des voitures pour les tranfporter aux lieux où on lui faifoit efpérer leur guérifon. Il leur donnoit des penfions dans leur vieilleffe, & fe chargeoit de leurs enfans, faifoit apprendre aux uns des métiers, entretenoit dans les Collèges & les Séminaires ceux qui paroiffoient avoir quelques talens, les faifoit paroître devant lui de tems en tems, & s'informoit de leur conduite & de leur progrès. Il plaçoit auffi leurs filles dans des Monaftères, payoit lui-même la dot de celles qui s'y fentoient appellées, & procuroit aux autres par fes libéralités & fa protection des mariages avantageux. Ses bontés ne fe bornèrent ni à fes Domeftiques, ni même à fes Sujets; il s'informoit exactement des étrangers qui arrivoient au lieu de fa Cour, de ceux même qui ne faifoient que paffer. Plufieurs d'entr'eux ont été fort étonnés à leur départ de fe trouver défrayés pendant leur féjour, fouvent même pourvûs pour le refte de leur route aux dépens du Prince auquel ils croïoient & leurs perfonnes & leurs befoins également inconnus.

Ce fut en faveur de la Nobleffe fur tout qu'il épuifa pendant tout le cours de fon règne, les reffources fans nombre du cœur le plus magnifique & le plus généreux. A fon avénement au Trône les Gentilshommes des plus anciennes Maifons du Païs épuifés par de longues guèrres, par la défolation de leurs Tèrres & la ruine de leurs Châteaux, par leur conftance même à foutenir les intérets de la Maifon Souveraine & à partager fa fortune, traînoient dans l'obfcurité des noms refpectés depuis tant de fiécles, alors avilis par l'indigence. Le premier foin de Léopold fut de les appeller auprès de fa Perfonne, & d'en remplir les emplois les plus diftingués de fa Cour. Dès-lors il les regarda comme faifant partie de fa famille; il entra dans le détail de leurs pertes & de leurs befoins, & voulut favoir le nombre, les talens & les vûës de leurs enfans, dont l'établiffement, les emplois, la fortune roulèrent dès-lors prefque uniquement fur lui. Il fe plût à en faire tous les frais, & il les fit avec une magnificence proportionnée à

N   fon

ſon grand cœur, toujours au-delà de leurs beſoins, ſouvent
même de leurs prétentions. Il aimoit à les prévenir lorſqu'ils s'y attendoient le moins, pour laiſſer à des cœurs,
dans qui l'indigence n'avoit pu étouffer les ſentimens attachés à leur nom, la ſatisfaction de ſe voir comblés d'honneurs & de biens ſans avoir fait aucune démarche pour y
parvenir. Par ce moyen non content de rendre à ſa Nobleſſe ſon ancienne ſplendeur, il l'a augmentée conſidérablement. On a vû la plûpart retirer leurs Fiefs aliénés, en
acquérir de nouveaux, & y bâtir des Châteaux dignes de
loger le Souverain même qui en faiſoit les principaux frais.

Les Seigneurs étrangers partagèrent avec ceux du Païs
les bienfaits de Léopold. Tous ceux de quelque nom étoient
ſûrs d'être reçus gracieuſement à ſa Cour, ordinairement
à ſa table. Ils étoient de ſes parties de chaſſe, & de tous
ſes divertiſſemens. Il établit & ſoutint autant pour eux que
pour ceux des deux Duchés, l'Académie de Lunéville où
on les voïoit accourir en foule pour y faire leurs exercices
ſous les habiles Maîtres que le Prince avoit eu ſoin d'y
attirer. Ce ne fut pas là le ſeul ornement qu'il procura à
ſes Etats. Le nouveau Palais de Nancy, celui de la Malgrange auprès de cette Ville, le Château de Lunéville avec
ſes parterres, ſes boſquets & ſes orangeries, celui d'Ein-
ville avec ſon parc, ſont ſes ouvrages. Dans ſa Capitale il
fit exhauſſer les maiſons, embellir les ruës, étendre les fauxbourgs, conſtruire des fontaines, & d'autres ouvrages publics. Il contribua à ce grand nombre d'Hôtels ſuperbes,
dont la principale Nobleſſe, pour entrer dans les vûës du
Prince, a embelli cette Ville. Les Egliſes magnifiques de
la Primatiale, de St. Léopold & de St. Sébaſtien à Nancy,
ſans compter quantité d'autres Egliſes, Maiſons Religieuſes & Edifices publics dans le reſte du Pays, ſont auſſi des
monumens de la paix & de l'abondance qu'il ſçut faire
régner dans ſes Etats.

Telles avoient été conſtamment pendant l'intervalle des
affaires dont nous avons rendu compte, telles furent pendant toute la ſuite de ſon régne, les occupations toujours
aſſez ſemblables de Leopold. La vie des Héros pacifiques
n'offre

n'offre point d'autres exploits. Mais en est-il de plus dignes de la curiosité & de l'attention des hommes ? Le détail dans lequel on vient d'entrer, n'aura pas laissé de paroître trop long à quelques-uns, exagéré peut-être à quel-
ques-autres; mais ce ne sera qu'aux Lecteurs assez étrangers
pour n'avoir pas même entendu parler de cet Etat. Quant
à ceux qui le connoissent, qui l'habitent sur tout, ils regret-
teront dans ce détail un grand nombre de traits & de circonstances également dignes d'admiration qu'on a été obligé d'omettre tout-à-fait, ou de ne toucher qu'en passant
pour se renfermer dans les bornes de l'abregé. Ils trouve-
ront tout ce qu'on a dit fort au-dessous de ce qu'ils ont
vû, de ce qu'ils voyent, & éprouvent même encore tous
les jours.

Avec de pareilles qualités, dans quelque Païs que ce soit,
un Prince ne peut manquer de s'attacher tous les cœurs.
En Lorraine où la plus vive tendresse pour le Souverain est
un sentiment si naturel aux Sujets, qu'on y avoit vû Charles IV. presqu'adoré par des Peuples dont il avoit au moins
occasionné la ruine; on peut juger aisément quels étoient
les sentimens pour la personne de Léopold. Il l'éprouva
sur tout pendant la périlleuse maladie dont il fut attaqué
l'an 1723, & qui l'obligea d'essuyer une opération également pénible & dangereuse. Le Ciel le redonna alors aux
vœux de son Peuple désolé, mais ce fut pour peu de tems.

L'an 1728. il se rendit à Nancy pour assister à la cérémonie de la Canonisation des deux Saints Jésuites Louis de
Gonzague son parent, & Stanislas Kostka allié de la Reine
sa mère. Il la fit faire à ses frais avec cette piété & cette
magnificence extraordinaire qu'il faisoit sur tout éclater
dans ces sortes de spectacles pour lesquels on lui avoit toûjours remarqué un goût particulier. Jamais Prince en effet
ne fut plus pénétré de la divinité de la Religion, & n'eut
pour toutes ses pratiques une vénération plus profonde. Il
se croyoit plus honoré de suivre à pied le St. Sacrement
dans les Processions, ou lorsqu'on le portoit aux malades,
que lorsque du haut de son Trône il voyoit ses Sujets s'empresser à lui rendre à l'envi leurs hommages. Tous les ans
à la

à la Fête-Dieu depuis son arrivée dans ses Etats, il s'étoit attaché à donner de l'éclat au triomphe de Jésus-Christ dans l'Eucharistie, par l'ordre & la magnificence qu'il y faisoit régner. Pendant le Jubilé de 1725. on l'avoit vû assister à quinze Processions sans qu'il se crût pour cela dispensé des stations ordinaires. La pompeuse solemnité de la Canonisation des Sts. Louis & Stanislas, fut le dernier spectacle de cette nature qu'il donna à sa Capitale.

Le mardi 22. Mars de l'année suivante, il se sentit incommodé sur le soir, & le lendemain fortement attaqué d'une maladie dont il vit dès-lors tout le danger. Son premier sentiment en cette occasion fut une vive reconnoissance envers Dieu à qui il avoit souvent demandé la grace de le préserver de mort subite, dont son tempérament replet & sanguin paroissoit le ménacer. Il fit aussi-tôt sa confession générale, & la recommença jusqu'à quatre fois pendant le court espace que dura sa maladie. Le vendredi Fête de l'Annonciation de la Ste Vierge, il demanda avec instance, & reçut avec la plus tendre dévotion le St. Viatique. Il se fit administrer l'Extrême-Onction deux jours après. Pénétré aux approches de la mort des mêmes sentimens qui l'avoient occupé pendant tout le cours de sa vie : *Je meurs*, dit-il, *sans autre douleur que de n'avoir pas servi Dieu avec autant de fidélité que je le devois, & de n'avoir pas travaillé au bonheur de mon Peuple avec autant de soin que je le pouvois.* Il profita de toute sa présence d'esprit qui lui resta jusqu'au dernier soûpir pour répéter souvent des actes de toutes les vertus Chrétiennes. Se sentant près de sa fin, il demanda un Crucifix, le baisa avec tendresse, & expira doucement le 27. Mars 1729. sur les six heures du soir, âgé de 49. ans six mois & seize jours.

Son corps fut conduit de Lunéville à Nancy, & mis d'abord en dépôt dans l'Eglise du Noviciat des Jésuites où son cœur devoit rester avec celui du Duc son Père, du Prince Léopold-Clément son fils, & de quelques-uns de ses Ayeux. Le corps fut transporté le 7. Juin dans l'Eglise des Cordeliers, lieu de la sépulture ordinaire des Ducs de Lorraine depuis René II. Les funérailles y furent célébrées

pendant

pendant trois jours avec beaucoup de magnificence. Tous les Ordres de l'Etat s'empressèrent de rendre les mêmes devoirs à un Prince à qui tous étoient également redevables, & dont la mémoire profondément gravée dans tous les cœurs, sera à jamais également chère & respectée en Lorraine.

Les divers événemens de son règne, & le détail sur tout de ses bienfaits, ont déjà donné quelqu'idée de son caractère, nous allons y ajouter quelques traits qui n'ont pu trouver place dans la suite historique de ses années, parce qu'ils appartiennent moins à quelques tems particulier qu'à toute la suite de sa vie. On sera d'ailleurs bien aise de reconnoître dans ce que nous allons dire de ses qualités & de ses inclinations personnelles, le principe & le ressort constant des événemens que nous avons décrit. Le détail n'en peut être qu'intéressant pour quiconque aime la vertu.

Léopold I. Duc de Lorraine & de Bar, étoit d'une moyenne taille, & fort replet. Il avoit le bas du visage chargé, le haut très-beau, les yeux vifs & perçans, le ton de voix fait pour exprimer la bonté qui lui étoit naturelle. Génie né pour le gouvernement, également pénétrant & appliqué, facile & judicieux. Il étoit dans son Etat le principal, & presque le seul moteur de tout. Impénétrable sur les affaires qui demandoient le secret, il les traitoit par lui-même. Il assistoit en personne à tous ses Conseils, à tous les rapports des Requêtes, des Procès mêmes de quelqu'importance. Il entendoit à demi mot, pénétroit même les pensées, saisissoit du premier coup les points essentiels, s'y attachoit fixément, & en découvroit avec les difficultés les solutions & les remèdes. Son avis étoit ordinairement le plus judicieux ; s'il s'en trouvoit un meilleur, il s'y rendoit sans peine, & en faisoit honneur à celui qui l'avoit ouvert. Ses lumières acquises en tout genre, auroient pu le faire passer pour très-habile homme, quand il n'eut été qu'un simple particulier. Il s'exprimoit & écrivoit avec une égale précision en Latin, en François, en Allemand, en Italien, raisonnoit avec les Savans en homme cultivé, avec les Artistes en connoisseur délicat, & s'appliquoit à inspirer le

goût

goût des sciences à ses enfans, & à les faire fleurir dans les Etats.

D'une noblesse de sentimens supérieure même à celle de sa naissance, il soutint toujours avec dignité son rang & ses droits, s'attacha à donner un nouveau lustre à sa Maison, & à laisser à la postérité des monumens également utiles & dignes d'admiration. Sa passion fut de combler sa Noblesse d'honneurs & de biens, de la faire paroître aux yeux des étrangers que sa magnificence attiroit en foule à sa Cour, d'une manière digne d'elle & de lui, & de répandre par tout ses bienfaits avec cette espèce de profusion qui a été son unique défaut. Il en sentoit les conséquences, convenoit même avec les plus zélés de ses Ministres, de la nécessité d'y mettre des bornes. Mais à la première occasion de faire du bien, il oublioit tout ce qu'il avoit résolu, & les contraignoit, malgré la résistance que leur faisoit apporter souvent à l'exécution de ses volontés leur zèle pour ses véritables intérets, à le réduire lui-même à la fortune des particuliers, pour faire passer chez-eux l'opulence & la fortune du Souverain.

Ce fut sur tout par le cœur, qui fait seul le véritable mérite de l'homme, qu'il se distingua toujours. Il l'avoit droit, ennemi de la duplicité & de l'artifice ; tendre & sensible aux maux des moindres de ses Sujets ; déterminé par un penchant plus fort que toutes les réflexions à n'échapper aucune occasion de faire du bien, incapable de faire de la peine, & de résister à l'importunité. Pardonnant avec inclination quand il le pouvoit, punissant à regret quand il y étoit obligé, ayant égard à l'honneur des familles ; changeant souvent la peine de mort en quelque punition plus douce & moins éclatante ; remettant ou modérant les confiscations qui étoient à son profit, & portant la bonté jusqu'à veiller à ce qu'il ne coûtât rien aux pauvres pour se faire expédier les lettres de grace que rârement il pouvoit refuser à leurs larmes, lors même que son intéret & sa justice parloient contr'eux. C'est en se laissant aller simplement à la pente naturelle de ce cœur bienfaisant, qu'il fut à un point dont on n'a pas vû d'exemple sur le Trône, bon fils,

bon

bon frère, bon mari, bon père, bon maître, bon Prince, dans toute l'énergie de ces différens tèrmes. On en a déjà des preuves dans ce que nous en avons dit, ceux qui l'ont vû de plus près, en pourroient citer une infinité d'autres. Témoins de cette bonté admirable, ils n'y peuvent penser ni en parler encore sans une espèce de transport.

Avec un cœur ainsi fait, il est moins surprenant que Léopold ait joui d'un avantage inconnu à la plûpart des Souverains, & dont toute leur grandeur compense mal la perte. Il eut des amis. Par des manières douces & prévenantes, il sçavoit les mettre de niveau avec lui, & se délasser avec eux dans une conversation aisée des mistères & des embarras de la grandeur. C'est-là que développant sans affectation tous les agrémens d'un esprit facile & cultivé, joints aux charmes encore plus touchans d'un cœur vrai, tendre & complaisant, il paroissoit aussi aimable homme qu'on le trouvoit ailleurs Politique habile, Souverain respectable, & Grand Prince.

Pesé au poids du Sanctuaire, il ne parut pas moins Grand. Il étoit pénétré de sa Religion au point que lorsqu'il parloit de Dieu, non-seulement ses expressions, mais toute sa contenance inspiroient le respect le plus profond. Protecteur déclaré de l'Eglise, il en appuïa toujours les décisions de toute son autorité, & par sa fermeté à ne souffrir dans ses Etats aucun Refractaire, il en éloigna l'hérésie nouvelle qui se répandant en France sous son règne, n'épargna ni soins, ni artifices pour se faire des Prosélytes parmi ses Sujets. Plein de respect pour le Souverain Pontife, il étendit ce sentiment sur tous les Ministres des Autels, & sur tout ce qui concernoit le Service Divin. Il aimoit à y faire règner l'ordre & la décence, & à les maintenir sur tout dans les Processions, autant par la force de son exemple que par le respect dû à sa présence. Un Sacrilège ayant volé le St. Ciboire dans l'Eglise des Cordeliers de Nancy, on vit le Prince venir exprès de Lunéville pour assister à la Procession & à l'Amande-honorable qu'il fit faire en réparation de cette impiété. Du même zèle pour l'honneur de la Religion, naissoit son attention extrême à ne choisir

en

en nommant aux Bénéfices que les Sujets les plus dignes.
De-là auſſi la diſtribution des heures de l'Office Divin , faite
par ſes ordres dans les différentes Egliſes de ſa Capitale , de
façon qu'il n'y a aucun tems du jour ou de la nuit auquel
on n'y chante les louanges de Dieu. C'eſt au même principe que la plûpart des Egliſes Collégiales de ſes Etats, doi-
vent leur aggrandiſſement , pluſieurs Maiſons Religieuſes
leur établiſſement , d'autres leur réparation & un luſtre
nouveau.

Par la plus édifiante piété , il fit encore plus d'honneur
à la Religion. Il s'étoit ménagé dans l'intérieur de ſon Palais un Oratoire ſecret, là en commençant & en finiſſant le
jour , il alloit répandre ſon cœur devant Dieu. Il s'y enfer-
moit auſſi ſouvent pour y faire de pieuſes lectures. Ses dé-
votions ordinaires , outre le *St.* Sacrifice de la Meſſe auquel
il aſſiſtoit tous les jours, étoit le Chapelet qu'il portoit ſans
ceſſe ſur lui , les Litanies de la *Ste.* Vierge, & celles de *St.*
François Xavier. Il avoit dans l'interceſſion de ce *St.* Apôtre des Indes , une confiance particulière , & c'eſt en recon-
noiſſance des bienfaits ſignalés qu'il croioit en avoir reçus ,
qu'il a fait élever à Dieu , ſous ſon invocation , un magnifique Autel en marbre dans l'Egliſe du Noviciat des Jéſuites
à Nancy. Les ſoirs avant ſon coucher il avoit coutume de
ſe dérober aux divertiſſemens de ſa Cour pour aller avec
ſa pieuſe épouſe adorer le *St.* Sacrement dans la belle Chapelle qu'il avoit joint à ſon Palais de Lunéville. Depuis la
Meſſe du Jeudi-Saint juſqu'à l'Office du Vendredi , il y avoit
établi une Adoration perpétuelle dont il donnoit l'exemple en y paſſant une heure le jour & autant la nuit. Il ne
bornoit point là ſa dévotion pour Jéſus-Chriſt dans l'Euchariſtie. Aſſez longtems avant ſa mort , il avoit contracté la
pieuſe habitude d'aller ſeul l'après-midi à l'Egliſe des Capucins de Lunéville. Là retiré dans le chœur, il paſſoit tous
les jours une demi-heure proſterné ſouvent la face contre
terre, toujours dans l'anéantiſſement le plus profond devant la ſuprême Majeſté. C'eſt dans l'exercice de cette ſo-
lide dévotion qu'il contracta ſa dernière maladie. Il revenoit
de la promenade fort échauffé quand il apprit qu'on alloit

porter

porter le St. Viatique à un malade. Il entra, selon sa coutume, dans l'Eglise pour recevoir la bénédiction, & se mettre à la suite du St. Sacrement. Un frisson dont il y fut saisi, fut le premier symptome de sa maladie. Il se confessoit & communioit souvent. On voyoit son nom à la tête de la plûpart des Associations formées pour honorer Dieu de quelque culte particulier. Assidu sur tout à la Paroisse, il s'y trouvoit confondu avec la foule de ses Sujets. Le grand nombre d'exercices qui s'y faisoient ne suffisant pas à sa dévotion, il assistoit dans les différentes Eglises des Réguliers au moins aux Fêtes particulières qui s'y célébroient. Par tout il paroissoit devant le Seigneur avec un respect & une modestie qui frappoient & contenoient dans les mêmes bornes non seulement ses Courtisans, mais les étrangers, même hérétiques qui entroient à sa suite dans nos Temples. Aussi soumis aux réglemens pratiques de l'Eglise qu'à ses décisions, lors même que sa santé le dispensoit de l'abstinence, il ne déféroit pas sur ce point aux ordres de ses Médecins qu'il n'eut demandé, & obtenu même dans le cours de ses voyages, la permission des Pasteurs.

D'une réserve extrême sur ce qui pouvoit altérer la charité, s'il échappoit quelque mot trop fort à la vivacité de son tempérament, revenant aussi-tôt à lui-même & se condamnant le premier, il inspiroit à ceux qui l'approchoit les mêmes ménagemens pour la réputation du prochain dont il s'étoit fait une loi. Ennemi déclaré de la calomnie, des faux rapports & de toutes sortes d'injustices, il ne l'étoit pas moins de tout ce qui pouvoit blesser la plus austère bienséance. Personne sur cet article n'osoit s'échapper devant lui, ou ne l'osoit impunément. Eloigné du faste qui semble attaché à la grandeur, au milieu d'une Cour qu'il avoit rendu une des plus brillantes de l'Europe, il affectoit une extrême simplicité dans ses habits & dans tout son extérieur. Si on le distinguoit de la foule de ses Courtisans, c'étoit à un air de noblesse & dignité répandu dans ses manières, & sur toute sa personne qui le trahissoit malgré lui, & découvroit, à travers l'humble simplicité du Chrêtien, la grandeur & la majesté du Souverain.

O   Tel

Tel parut pendant trente années de règne aux yeux de ses Sujets & des étrangers, un des plus grands Princes qu'ait jamais vû non seulement la Lorraine, mais l'Univers, si la grandeur des Souverains doit se mesurer sur l'étenduë de leur mérite, & non sur celle de leur domination, sur leurs bienfaits plus que sur leurs conquêtes, sur le nombre enfin des heureux qu'ils ont faits, & non sur la multitude des hommes qu'ils ont égorgés ou rendus malheureux.

De Son Altesse Royale Madame, son épouse, Léopold avoit eu plusieurs enfans. Le premier qui eut le titre de Duc de Bar dès sa naissance, ne vêcut que sept mois. Il fut suivi le 21. Octobre 1700. de la Princesse Elisabeth-Charlotte, éluë Abbesse de Remiremont au commencement de 1711, & morte le 4. Mai de la même année. Une seconde Princesse née le 13. Novembre 1701. mourut le 19. du mois suivant. La Princesse Gabriëlle née au mois de Décembre 1702. mourut de la petite-vérole peu de jours après sa sœur aînée. La même maladie enleva presque en même tems le Prince Louis né à Lunéville le 28. Janvier 1704, & tenu sur les Fonds de Batême au nom du Roi Louis le Grand, & de l'Imperatrice Marie-Madeleine de Neubourg. La Princesse Josephe, née à Lunéville le 16. Février 1705, & morte le 16. Mars 1709, fut suivie l'année d'après d'un Prince mort aussi en bas-âge.

Par tant de morts arrivées presque coup sur coup, le Prince Léopold-Clément né à Lunéville le 25. Avril 1707, se vit à l'âge de 4. ans l'aîné de sa Maison ; il pouvoit seul la dédommager de tant de pertes. Un génie heureux joint à beaucoup d'application, un cœur sensible & bienfaisant, un goût prématuré pour la piété & la vertu, justifièrent dans sa première jeunesse les grandes espérances qu'il avoit fondées presque dès le berceau. Le Duc son père dont le discernement égaloit la tendresse, reconnu dès-lors dans son fils une maturité si fort au dessus de son âge, que non content de l'avoir fait entrer au Conseil dès sa douzième année, il régla, par un Edit vérifié dans les Compagnies Souveraines, que désormais les Princes Héréditaires de Lorraine seroient Majeurs & habiles à gouverner par eux mê-

m

mes à quatorze ans accomplis. Dès que le jeune Prince eut
atteint cet âge, le Duc le déclara publiquement Majeur &
son Successeur dans tous ses Etats le 26. Avril 1721. Il le
fit en même tems asseoir sur son Trône où il reçut les hommages & les complimens des Grands Officiers de la Couronne, & des Députés des Cours Souveraines convoqués
pour ce sujet à Lunéville. Sur la fin de la même année
l'Empereur l'ayant nommé Chevalier de la Toison d'or, il
en reçut le Collier l'année suivante des mains du Duc son
père. Il alla quelques mois après avec Madame la Duchesse
sa mère, les deux Princes ses frères, & les Princesses ses
sœurs, assister à Reims au Sacre du Roi Louis XV, & parut avec avantage à la Cour de ce jeune Monarque.

Après son retour le Duc s'étant déterminé à souffrir la
dangereuse opération qui au commencement de 1723. alarma si fort ses Sujets, saisit cette occasion de faire entrer
dans le gouvernement le Prince son fils, en le substituant
à sa place pour gouverner l'Etat pendant sa maladie. Il donna pour cela un Edit le 2. Décembre 1722. en vertu duquel le jeune Prince ayant pris en mains l'autorité Souveraine, l'exerça avec tant de sagesse & d'application, que
les Ministres accoutumés aux grands talens du père, ne purent refuser à ceux du fils leurs suffrages & leur admiration.

L'Empereur informé de ses grandes qualités, souhaita
l'avoir auprès de lui, & le demanda peu de tems après au
Duc son père. Tous les préparatifs étoient faits pour le départ du Prince, lorsqu'il fut attaqué de la petite-vérole, qui
peu de jours après le ravit à la vive tendresse de Leurs Al-
tesses Royales, aux vœux des Peuples qui fondoient déjà
sur lui leurs plus douces espérances, & à la fortune brillante qui l'appelloit. Dans de pareilles circonstances, & à la
fleur de l'âge, la mort devoit lui paroître bien amère; il la
vit cependant approcher sans inquietude; reconnut le premier le péril de sa maladie, & demanda avec instance les
secours de l'Eglise. On lui représenta qu'il n'y avoit point
encore de danger : *Il y en a encore moins,* répliqua-t'il
avec une fermeté vraiment chrétienne, *à faire ce que je*
souhaite; les Sacremens ne font mourir personne. Il les reçut
avec

avec des fentimens de piété & de réfignation qui rendirent encore plus enfible la grandeur de fa perte. Il mourut le 4. Juin dans fa dix-feptième année. Par cet accident la nombreufe famille de Léopold I. fe trouva à fa mort réduite à deux Princes & à deux Princeffes.

François, l'aîné des Princes, fuccèda au Duc fon père; on en parlera dans l'article fuivant, ainfi que du Prince Charles fon frère.

Elifabeth-Thérefe, Princeffe aînée de Lorraine, née à Lunéville la nuit du 15. au 16. Octobre 1711, époufa en 1737. Charles-Emmanuel III. Duc de Savoye, Roi de Sardaigne, dont elle a eu Charles-François-Marie de Savoye, Duc d'Aoft, né le 1. Décembre 1738; Marie-Victoire-Maurice de Savoye, née le 22. Juin 1740; & Benoît-Marie-Maurice de Savoye, Duc de Chablais, né le 21. Juin 1741. Douze jours après la naiffance de ce Prince, la Reine fa mère mourut à Turin dans la trentième année de fon âge. Elle avoit fait éclater fur le Trône de Sardaigne cette bonté compâtiffante, cette piété tendre, cette aimable candeur, & cette douceur charmante qui formoient fon caractère, & qui en avoient faite en Lorraine les délices de la Cour, le canal des graces, & la reffource des malheureux.

Anne-Charlotte de Lorraine fa fœur, Princeffe plus digne encore du Trône par fa grandeur d'âme, fon attention à cultiver fon efprit, & fon penchant à faire du bien, & à foulager fans éclat les befoins des malheureux, que par tous les avantages dont la nature l'a partagée dans un dégré fi frappant, nâquit à Lunéville le 17. Mai 1714. Elle a été éluë Abbeffe de Remiremont le 10. du même mois l'an 1738.

XXVII.

XXVII.

FRANÇOIS III.

FRANÇOIS III. Duc de Lorraine & de Bar , Roi de Jérusalem , &c. est né à Lunéville le 8. Décembre 1708. François de Lorraine , depuis Abbé de Stavelo son oncle , lui donna son nom. Après la mort du Prince Léopold-Clément son aîné , il fut demandé par l'Empereur Charles VI. pour être élevé à sa Cour. Il partit de Lunéville le 1. d'Août 1723. accompagné des Seigneurs destinés quelques mois auparavant à faire le même voyage avec le Prince son frère. Arrivé à Prague où se trouvoit alors la Cour Impériale , il fut reçu de l'Empereur avec une tendresse vraiment paternelle. La Cour étant retournée quelque tems après à Vienne , ce Monarque qui avoit dès-lors sur le Prince Royal les grands desseins qu'on a vû se manifester dans la suite , lui composa une Cour choisie , & régla lui-même ses divers exercices. René-Marc de Beauvau , Marquis de Craon , qui ayant la première place dans la confiance du Duc Leopold , avoit été spécialement chargé de la conduite du jeune Prince , fut créé en cette occasion Prince de l'Empire. Les autres Seigneurs reçurent aussi avant leur retour en Lorraine divers témoignages de la bienveillance de l'Empereur.

Le séjour du Prince héréditaire de Lorraine auprès de ce Monarque , augmenta l'étroite correspondance qui avoit toujours subsisté entre les deux Cours. Léopold apprenoit souvent , avec une égale satisfaction , de Leurs Majestés Impériales le contentement que leur donnoit son fils , & de ce Prince les nouvelles marques de tendresse qu'il recevoit de jour en jour de Leurs Majestés Imperiales. Ses alarmes n'en furent que plus vives lorsqu'au mois de Décembre 1727. il reçut la nouvelle que le jeune Prince venoit d'être attaqué de la funeste maladie qui lui avoit enlevé deux

de

de ses frères, & la plûpart de ses Enfans. Ce fut particulièrement dans l'intercession de St. François Xavier qu'il mit sa
confiance en cette occasion. Il ordonna deux neuvaines à
l'honneur de l'Apôtre des Indes dans les deux Maisons
de Jésuites de sa Capitale. La réflexion qu'il fit que la
maladie avoit commencé pendant l'octave du Saint, l'en
fit bien augurer, & son espérance ne fut point trom-
pée. Le Ciel rendit le jeune Prince aux larmes du Souverain & des Sujets. On ne tarda pas à apprendre sa parfaite
convalescence, & alors à la Cour & dans tout l'Etat les
pleurs & les larmes se changèrent en réjouissances & en
actions de graces.

1729　Il étoit dans la vingt-unième année de son âge lorsqu'il
apprit la mort du Duc son père. Jusqu'à son arrivée dans
ses Etats, la Régence en fut confiée à Madame la Duchesse
Doüairière sa mère. Le nouveau Duc se rendit à Lunéville,
& y reçut les hommages de ses Sujets au mois de Novem-
1730 bre de la même année. Il alla à Versailles le 1. de Février
suivant, prêta l'hommage usité pour le Duché de Bar, &
fit briller pendant son séjour à la Cour de France une sagesse & une maturité qui lui en attirèrent l'admiration. A son
départ pour ses Etats le Roi lui fit présent d'une riche tenture de tapisseries rehaussées d'or, & travaillées à la manu-
facture des Gobelins, sur les desseins de Raphaël.

Revenu à Lunéville il s'appliqua à remettre l'ordre dans
ses finances, à retirer ses domaines aliénés, & à faire pour
la suite des réglemens également sages & utiles. A la tête
de tous ses Conseils, entrant dans tout, & plus appliqué
dans le feu de l'âge, que ses Ministres les plus accoutumés
au travail; ne se forma dès-lors aucun projet, comme il
ne s'accorda aucune grace dont il ne fût le principal, ou
plutôt l'unique auteur. Aussi impénétrable lui-même aux
yeux les plus perçans, qu'habile à pénétrer dans les secrets
les plus cachés des cœurs, & à les leur arracher sans qu'ils
s'en apperçussent, il trouva dans un génie né pour les grandes affaires toutes les ressources d'une longue expérience.
Jaloux des bienfaits qu'il aimoit à répandre lorsqu'on s'y
attendoit le moins, on le vit aussi sourd aux sollicitations

&

& à l'importunité, qu'attentif à prévenir le mérite & les
services. Ce fut par ces grands talens pour le gouvernement, qu'il ajouta dès-lors un nouveau lustre aux qualités
de l'esprit & du cœur qui lui étoient naturelles. Son tendre dévoüement pour S. A. R. Madame sa mère, lui inspira pour la personne de cette Auguste Princesse, le respect le plus profond ; pour sa santé les soins les plus tendres ;
pour tous ses desirs la complaisance la plus étenduë. D'une
sobriété presque sans exemple sur le Trône, se contentant
des mets, des logemens, des habillemens les plus communs,
donnant l'exemple pour toutes les fatigues du corps quand
il n'a pû dans la suite en garantir ses troupes. Aussi réglé
dans ses mœurs que pénétré des sentimens de la Religion,
sentant devant Dieu son néant jusqu'à ne vouloir dans ses
Etats aucune place marquée dans les Eglises, s'y confon-
dant avec ses Sujets dont on ne le distinguoit que par son
recueillement & sa piété.

Tel parut sur le Trône de ses Pères, au commencement
même de sa carrière, le successeur de Léopold. Des vûës
supérieures qu'il justifioit dès-lors, & qu'il se prépara à
remplir dans toute leur étenduë, l'arrachèrent à ses Sujets
dès l'année suivante. Pour se mettre au fait des intérets 1731
de l'Europe, dans laquelle il étoit destiné à faire dans la
suite un personnage si éclatant, & pour ménager les siens,
il en visita les principales Cours, s'y fit connoître avec
avantage, & ne se rendit en Allemagne que sur la fin de
cette année. Il étoit à Breslau au mois de Mars suivant, 1732
lorsque l'Empereur le déclara son Lieutenant au Roïaume
de Hongrie. Il s'y rendit quelque tems après, & fit son
entrée à Presbourg au mois de Juin.

En quittant ses Etats l'année précédente, il en avoit
laissé la régence à Son Altesse Roïale Madame. Les Peuples dont elle avoit tous les cœurs, la virent avec applaudissement prendre une seconde fois la conduite des affaires.
Ils en augurèrent bien pour leur félicité, & ne furent point
trompés dans leur attente. La bonté de Léopold présida à
tous les Conseils de son auguste épouse, régla ses démarches, & ouvrit à tous un accès facile au pied de son Trône.

ne. Mère tendre de tous les différens corps de l'Etat, elle les vit tous à l'envi s'empresser à lui manifester en toute occasion ce dévoüement sans réserve qui est le partage ordinaire, & la plus douce récompense des bons Princes.

La rupture entre la France & l'Empire, porta en 1733. le Roi Très-Chrêtien à mettre des troupes dans Nancy, & dans quelques autres Villes de Lorraine. Jamais guèrre de si peu de durée ne produisit des révolutions plus considérables, & plus imprévûës. L'Empereur après l'avoir soutenu avec désavantage contre les forces réünies de la France, de l'Espagne & du Roi de Sardaigne, voulut, en y mettant fin, prendre en même tems les mesures les plus convenables pour assurer à l'Archiduchesse sa fille aînée, la succession aux Etats de sa Maison. Afin d'intéresser dans ses vûës le Roi Très-Chrêtien, il consentit, par les articles préliminaires signés à Vienne le 3. Octobre 1735, & insérés depuis dans le Traité de Paix conclu aussi à Vienne le 18. Novembre 1738, à céder à l'Infant d'Espagne Dom Carlos, Duc de Parme & de Plaisance, & reconnu Prince héréditaire de Toscane, les Roïaumes de Naples & de Sicile, avec cinq Ports sur les côtes de Toscane, à condition que ce Prince céderoit à Sa Majesté Impériale les Duchés de Parme & de Plaisance, avec ses droits sur le Grand-Duché de Toscane. Il fut réglé en même tems que les Duchés de Lorraine & de Bar, seroient cédés en Souveraineté à Stanislas I. Roi de Pologne, beaupère de Sa Majesté Très-Chrêtienne, pour être réünis après sa mort à la Couronne de France; & qu'en échange les Puissances contractantes garantiroient au Duc de Lorraine & à sa Maison, la succession au Grand-Duché de Toscane, après la mort du Grand-Duc Jean-Gaston de Médicis alors régnant. La garantie de la Pragmatique-Sanction pour l'ordre de succession aux Etats de l'Empereur, fut aussi un des articles de ce fameux Traité.

Avant que d'exiger du Duc de Lorraine la Cession de ses Etats, ce Monarque voulut se l'attacher par les liens les plus étroits, & le dédommager d'avance du sacrifice qu'il attendoit de lui en cette occasion. Son mariage avec Marie-Thérèse d'Autriche, fille aînée & héritière de Sa Majesté Impériale,

Impériale, fut célébré à Vienne le 12. Février 1736. avec
une magnificence digne de la grandeur & des hautes deſtinées des deux époux. Le Duc ne pouvant enſuite ſe diſ-
penſer d'entrer dans les vûës de l'Empereur ſon beaupère,
céda, par un acte daté de Vienne le 24. Septembre, le 1736
Duché de Bar, ſous les clauſes portées par les articles préliminaires. L'acte de ceſſion de la Lorraine fut donné à Pre-1737
ſbourg le 13. Février de l'année ſuivante. Ce Prince avoit
réſervé la Principauté de Commercy pour être donnée en
Souveraineté à Madame la Ducheſſe Douairière ſa mère,
avec la ſomme de ſix cent mille livres payables chaque année à cette Princeſſe, ſur les revenus de la Lorraine.

A la nouvelle de cet événement la conſternation fut générale parmi tous les habitans de cet Etat. L'attachement
au Souverain, eſpèce d'habitude chez les autres Peuples;
mais ſentiment naturel aux Lorrains, étoit devenu, par le
bonheur ſur tout du dernier règne, une véritable paſſion. On
en vit en cette occaſion les effets les plus touchans; quelques-
uns eurent peine à ſurvivre à leur perte, preſque tous ne
purent voir, ſans fondre en larmes, s'éloigner d'eux pour
toujours une Maiſon appliquée depuis tant de ſiécles à faire
leur bonheur. Au départ de Madame la Ducheſſe Douairière de ſon Palais de Lunéville pour aller fixer à Commercy ſa nouvelle Cour, on vit un de ces ſpectacles infiniment touchans, préférable à tous les triomphes, & que
les Rois devroient ſans ceſſe avoir devant les yeux. Le
Peuple accourut en foule de toutes parts, ſe jetta à genoux
devant ſon carroſſe. On arrêta les chevaux à pluſieurs repriſes. Par tout on n'entendoit que des cris, on ne voïoit
que des larmes. Ainſi ſe termina en Lorraine le règne des
Princes de cette Maiſon, ſix cent quatre-vingt-dix-huit ans
après que Gerard d'Alſace en eut reçu l'Inveſtiture. Il ne
pouvoit finir d'une manière plus glorieuſe pour elle.

Le nouvel héritage qui leur étoit deſtiné fut bientôt après
ouvert en faveur du Prince qui en étoit le chef. Jean-
Gaſton, dernier Grand-Duc de Toſcane, de la Maiſon de
Médicis, étant mort le 9. Juillet de cette année, François III. Duc de Lorraine, ſe trouvoit, en vertu des der-

P   niers

niers Traités, héritier de cet Etat. Le Prince de Craon, qu'il avoit muni de ses pleins-pouvoirs, & nommé Gouverneur du Grand Duché, & Président du Conseil de Régence, en prit aussi-tôt possession en son nom, & reçut le serment de fidélité des différens Corps de l'Etat.

Le nouveau Grand-Duc se trouvoit alors en Hongrie à la tête de l'armée Impériale, dont il avoit été nommé Généralissime. L'Empereur en lui déférant cette qualité, lui avoit fait présent de la magnifique tente du Grand-Visir, prise en 1716. à la bataille de Peterwaradin. Un mois après la Diéte de Ratisbonne, l'avoit élû Feld-Maréchal-Général de l'Empire. Il reçut le 25. Juillet la capitulation de Nissa, & en fit prendre possession par le Prince Charles de Lorraine son frère, à la tête de 600. Grenadiers. Les Turcs reprirent cette Place sur la fin de la campagne.

1738 L'année d'après ces Infidèles étant tombés sur l'armée Impériale près de Cornia le 9. de Juillet, le Grand-Duc se portant du côté de la principale attaque, & au plus fort de la mêlée, donna par tout ses ordres avec une présence d'esprit égale à son courage, animant les soldats par ses discours & son exemple. Les ennemis repoussés de toute part, décampèrent avec précipitation la nuit suivante, laissant dans leur camp cinq pièces de canon, & beaucoup de munitions. Ils avoient perdu dans le combat près de deux mille hommes avec un de leurs plus considérables drapeaux. Un pareil nombre de Janissaires qu'ils avoient laissez dans Méadia, s'étant rendûs cinq jours après, le Grand-Duc marcha le lendemain vers Orsova, dont ils continuoient le siége. A son approche ils abandonnèrent à la hâte leur camp où l'on trouva trente pièces de canon, avec presque tout le bagage. Ce Prince ayant ainsi dissipé ces deux corps de leurs troupes, qui montoient à plus de cinquante mille hommes, resta près de Méadia les deux jours suivans. Voïant ensuite l'impossibilité qu'il y avoit de faire subsister son armée dans un païs stérile & déjà ruïné, il résolut de repasser les défilés par lesquels il étoit arrivé à Méadia, & décampa pour cet effet le 15. à trois heures du matin.

Les Turcs qui s'étoient réünis, & avoient reçu du Grand-Visir

Vifir un renfort de deux mille hommes, s'avancèrent alors
au nombre de trente mille, & donnèrent en même tems
avec impétuofité fur l'arrière-garde de l'armée Impériale,
& fur le fort voifin de Méadia, dans le tems qu'une partie
de l'Infanterie entroit dans le camp marqué pour ce jour-
là. Le Grand-Duc que la fièvre dont il étoit travaillé depuis quelques jours, n'avoit pû empêcher de régler lui-
même la marche des troupes, monta à cheval dès qu'il fut
averti de l'approche des Infidèles. Malgré l'opiniâtreté de
leurs attaques, ils furent toujours repouffés, & forcés enfin de prendre la fuite, & de fe retirer vers Orfova, laif-
fant fur le champ de bataille plus de trois mille hommes
de tués, un grand nombre de bleffés, deux paires de tim-
balles, & trente-trois drapeaux, dont Son Alteffe Royale
en envoya deux à Madame la Ducheffe Doüairière de Lorraine fa mère.

Ce Prince qui malgré fa maladie avoit été en action durant tout le combat, fe trouva fi affoibli fur le foir, qu'on
l'obligea de fe faire tranfporter à Bude. La fièvre continuant toujours dans cette Ville, l'Empereur le fit revenir
à Vienne.

Il en partit le 17. Décembre pour la Tofcane, avec la
Grande-Ducheffe fon époufe, & le Prince Charles de Lorraine fon frère, & arriva à Florence le 20. Janvier fuivant.
Après trois mois de féjour qu'il emploïa à vifiter fon nouvel Etat, & à pourvoir au gouvernement pendant fon ab-**1739**
fence, il alla vifiter à Turin la Reine de Sardaigne fa fœur,
eut fur fa route une entrevûë avec Son Alteffe Roïale Madame fa mère, & la Princeffe Charlotte fa fœur puînée, &
arriva à Vienne environ un mois après fon départ de fes
Etats.

La mort de l'Empereur Charles VI, dernier mâle de
l'augufte Maifon d'Autriche, arrivée le 20. Octobre de l'an-**1740**
née fuivante, ouvrit au Grand-Duc fon gendre une carrière
brillante mais laborieufe, & dans laquelle, pour ne point
fuccomber, il falloit autant d'étendüe de génie que de fermeté & de prudence. Le feu Empereur prévoïant les troubles que pourroient exciter après fa mort un héritage auffi

vafte

vaste que le sien, avoit, par sa Pragmatique-Sanction, donnée à Vienne le 6. Décembre 1724, assuré après sa mort la
possession de tous ses Roïaumes, Provinces, & Etats héréditaires, tant au dedans qu'au dehors de l'Allemagne, à
l'Archiduchesse Marie-Thérèse d'Autriche sa fille aînée, née
le 13. Mai 1717, & mariée au Duc de Lorraine, Grand-
Duc de Toscane. En différens tems il avoit obtenu des
principales puissances de l'Europe, la garantie de cet ordre
de succession, en vertu duquel la Grande Duchesse de Toscane fut en effet aussi-tôt après sa mort reconnuë Reine de
Boheme & de Hongrie, Archiduchesse d'Autriche, &c. par
tous les Corps de ces divers Etats.

Tant de titres éminens se trouvoient encore fort au-
dessous des qualités personnelles de cette Auguste Princesse.
Divisée sur ses droits à la possession indivisible de ce grand
héritage, l'Europe entière n'a qu'une voix sur son mérite.
L'assemblage rare de toutes les graces du corps & de l'esprit, joint à un caractère doux & bienfaisant, à une piété
tendre & exemplaire, à une fermeté à l'épreuve de tout,
& à des connoissances qui feroient honneur aux génies
mêmes les plus cultivés; voilà ce qui autant que ses droits,
lui a assuré, de la part de ses Sujets, une fidélité sans exemple, & ce qui a forcé à l'admiration, peut-être aux vœux
même pour sa personne, les ennemis les plus déclarés de
son pouvoir.

A peine eût-elle pris possession de ses Etats, qu'elle
associa au gouvernement le Grand-Duc son époux. La manière dont ce Prince a sçu depuis faire seul face à la plus
grande partie des Puissances voisines liguées contre son Auguste Epouse, est trop connuë de toute l'Europe, dont il fixe
depuis longtems les yeux sur lui, pour qu'il soit nécessaire
d'entrer sur cette guerre dans aucun détail.

De quatre enfans qu'il eut de la Reine son épouse, il
ne reste en cette année 1742, que Joseph-Benoît de Lorraine, Archiduc d'Autriche, Prince Héréditaire de Toscane, &c. né à Vienne le 13. Mars 1741; & Marie-Anne
de Lorraine, Archiduchesse d'Autriche, Princesse de Toscane, née à Vienne le 6. Octobre 1738.

Le

Le Prince Charles de Lorraine, frère du Grand-Duc, est né le 12. Décembre 1712. On remarqua en lui dès sa plus tendre enfance, ces vertus bienfaisantes qui semblent héréditaires dans sa Maison. Une docilité sans réserve, & portée jusqu'au respect pour tous ceux qui ont eu l'honneur de donner leurs soins à son éducation, à perfectionné les talens supérieurs en tout genre qu'il avoit reçu de la nature. Ravi de connoître jusqu'à ses moindres défauts pour s'en corriger, il a toujours marqué la plus sincère reconnoissance envers ceux de ses Maîtres assez zélés pour sa gloire pour ne pouvoir y souffrir la moindre tache. Egalement attentif à cultiver son esprit dont l'étenduë & la facilité extraordinaire pour tout, sembloient le dispenser de ce travail; il ne s'est pas moins distingué par son goût pour les sciences & les beaux arts, les Mathématiques sur tout, dans lesquelles le génie & la méchanique ont été sa partie favorite. Le Traité d'échange de la Lorraine le fit passer en Allemagne auprès du Grand-Duc son frère. Dans la dernière guèrre contre les Turcs, ses premiers exploits ont annoncé à ces Infidèles l'héritier de la valeur & de l'habileté comme du sang & du nom de Charles V. son aïeul. Au combat de Cornia, la droite & le centre de l'armée Impériale aïant été entâmés par les ennemis, la gauche où il se trouvoit commençoit à s'ébranler. Quoique le danger fut, de son aveu, des plus grands, son sens froid néanmoins dans cette occasion, rassura tellement ses troupes, que les ennemis frappés de leur contenance, n'osèrent les attaquer. Ce qui donna lieu de porter à l'aîle droite deux régimens de Cuirassiers qui rétablirent le combat, & rassurèrent la victoire. Quelque tems après à la journée de Méadia, comme il étoit à la tête des Grenadiers, il s'apperçut, peu avant le combat, de quelque changement dans l'ordre de l'attaque que méditoient les ennemis. Le Général qui etoit auprès de lui, crut devoir en aller conférer avec le Grand-Duc Généralissime, & le Comte de Konigseck. Dans cet intervalle le Prince aïant été obligé de se décider par la manœuvre de l'ennemi, trouva dans son génie la ressource d'un Conseil de guèrre, & le Général revenant à lui le vit

occupé

occupé à exécuter précisément ce qui venoit d'être réglé. Il le fit avec tant de succès, que la victoire ne balança pas.

L'année suivante étant chargé à Kroska de conduire l'Infanterie par un défilé différent du chemin qu'on avoit fait prendre à la Cavalerie, comme il étoit sur le point de déboucher dans une plaine, & qu'il n'entendoit pas parler du Général qui avoit été culbuté avec toute sa Cavalerie, il se vit tout à coup attaqué vivement par les ennemis qui le tiroient même à couvert. Il tint cependant ferme depuis cinq heures du matin jusqu'à cinq heures du soir sans rien perdre de son terrein, & ramena ses troupes au camp ayant ses habits & son chapeau tout criblés de coups de feu.

Après la mort de l'Archiduchesse Gouvernante des Païs-Bas, morte le 27. Août 1741, le Prince Charles de Lorraine a été nommé à cet emploi par la Reine de Hongrie sa bellesœur. La guerre suscitée de toute part à cette Princesse pour la succession aux Etats de l'Empereur son père, fournit depuis deux ans au Prince Charles de Lorraine de fréquentes occasions de développer tous ses talens qui lui attirent de la part des troupes autant de confiance que sa tendresse compâtissante pour ceux qui souffrent, sa bonté & son affabilité pour les Prisonniers, ses manières aisées, gracieuses & prévenantes pour tous, lui gagnent de cœurs & lui méritent d'éloges de la part même des ennemis.

HISTOIRE

HISTOIRE
DE LA
MAISON
DE
LORRAINE.

QUATRIEME PARTIE.

*Branches Collatérales forties des Ducs Antoine,
& René II.*

LES différentes Branches de la Maison de Lorraine qui fe répandent dans cet Etat, & fur tout en France depuis le feizième fiécle, ont produits tant d'Hommes Illuftres & dans l'Eglife & dans l'Etat, tirent toutes leur origine de deux principales, forties immédiatement la première du bon Duc Antoine, & c'eft celle de Mercœur; la feconde, le Duc René II, & c'eft la Branche de Guife. De celle-là eft iffuë la Branche de Chaligny; de celle-ci viennent & les Branches de Mayenne, d'Aumale, de Lillebonne préfentement éteintes, & celles d'Elbeuf, de Harcourt,

court, d'Armagnac & de Marfan, feules Branches collatérales de l'Augufte Maifon de Lorraine qui fubfifte aujour-
d'hui.

On fe propofe dans cette quatrième Partie de donner
fimplement quelque idée des plus grands hommes fortis de
ces différentes Branches. Leurs vies & leurs exploits font
la principale partie de l'Hiftoire de France des derniers fiécles, & demanderoient pour être traités avec quelque étendüe, non un Abregé auffi court que celui-ci, mais plufieurs
volumes.

BRANCHE DE MERCŒUR.

I.

NICOLAS DE LORRAINE, Comte de Vaudémont & de Chaligny, Duc de Mercœur, & Marquis
de Nommeny, étoit fils puîné du Duc Antoine, & de
Rénée de Bourbon, Dame de Mercœur fon époufe. A
l'âge de cinq ans il fut fait Coadjuteur du Cardinal Jean
de Lorraine fon oncle, Evêque de Metz; il en fut reconnu
Evêque quinze ans après par la démiffion du Cardinal qui lui
réfigna auffi l'Abbaye de Gorze en 1643, & l'Evêché de
Verdun l'année fuivante. Ces grands bénéfices ne purent
fixer dans l'état Eccléfiaftique un Prince qui ne s'y croioit
point appellé. Il les remit au Cardinal fon oncle quelques
années après, & prit le titre de Comte de Vaudémont,
& de Baron de Mercœur. Il étoit alors Régent de Lorraine fous la minorité du Duc Charles III. fon neveu. Ce
Prince pour reconnoître dans la fuite les foins de fon oncle, érigea en fa faveur la Tèrre de Chaligny en Comté,
y joignit la Seigneurie de Pont-St.-Vincent, & y annéxa
la qualité de premier Vaffal de fa Couronne. Il ratifia en
même tems la donation faite à ce Prince par le Duc François fon père de la Seigneurie de Kœurs auprès de Saint
Mihiel. Le Cardinal Charles de Lorraine Adminiftrateur de
l'Evêché

l'Evêché de Metz, lui donna aussi la Seigneurie de Nommeny, y compris le Ban de Delme. L'Empereur Maximilien II. érigea cette Seigneurie en Marquisat l'an 1567. L'élevation du Comte de Vaudémont ne se borna point à ces différens titres. En 1569. le Roi Charles IX. érigea en sa faveur la Baronie de Mercœur en Auvergne, qu'il avoit eu pour appanage, en Duché & Pairie de France.

Ce Prince comblé d'honneurs & de biens, mourut l'an 1577. Il avoit été marié trois fois.

De Marguerite d'Egmont sa première femme, il ne lui restoit à sa mort que Louïse de Lorraine, mariée le 15. Février 1575. à Henri III. Roi de France & de Pologne, dont elle n'eut point d'enfans. Après la mort tragique de ce Monarque, elle se retira au Château de Moulins, l'une des Tèrres de son doüaire, y passa le reste de ses jours dans de continuels exercices de piété, & mourut le 29. Janvier 1601. dans sa cinquante-troisième année.

Les enfans de Nicolas de Lorraine, & de Jeanne de Savoïe-Nemours sa seconde femme, furent, 1°. Philippe-Emmanuel de Lorraine, Duc de Mercœur. 2°. Charles de Lorraine, dit le Cardinal de Vaudémont. Ce Prince après avoir fait avec succès ses études dans l'Université de Pont-à-Mousson, y dédia à l'âge de dix-neuf ans ses Thèses de Théologie au Pape Grégoire XIII. qui lui donna le Chapeau peu de tems après. Elû Evêque de Toul à l'âge de 21. ans, il gouverna dès-lors ce grand Diocèse avec la sagesse & la maturité d'un Pasteur expérimenté. Les Jésuites ses premiers Maîtres, eurent toujours la principale part à sa confiance. Il en avoit toujours auprès de sa personne pour l'aider de leurs conseils, & le seconder dans ses fonctions apostoliques. Des revenus de ses bénéfices à peine le tiers étoit-il emploïé à son usage. Le reste étoit consacré au soulagement des pauvres, & à la réparation des Eglises. Le faste, la molesse & l'oisiveté étoient bannis de son Palais. On y vivoit avec un recüeillement aussi exact que dans le cloître le plus austère. L'an 1584. il fut élû Evêque de Verdun. Le Pape Sixte V. aïant voulu qu'il conservât en même tems l'Evêché de Toul, il partagea ses soins entre ces deux Diocèses.

Q II

Il prêchoit souvent avec beaucoup d'onction & de fruit.
Une parfaite conformité d'inclinations forma une étroite
liaison entre St. Charles Boromée & lui. On voit par leurs
lettres qu'ils étoient animés du même esprit. Le Cardinal
de Vaudémont mourut à Toul le 29. Octobre 1587.

Les autres enfans du second lit du Comte de Vaudémont, furent François Marquis de Chaulseins, mort sans
alliance en 1592, & Marguerite mariée, 1°. à Anne Duc
de Joieuse, Pair & Amiral de France. 2°. A François de
Luxembourg Duc de Piney, & morte sans postérité l'an
1625.

De son troisième mariage avec Catherine de Lorraine-
Aumale, le Comte de Vaudémont eut Henri, tige de la
branche de Chaligny, & Erric nommé Evêque de Verdun
l'an 1593. Ce Prince pendant les troubles de la Ligue, demeura toujours attaché au Roi Henri IV. Trois ans après
son élevation sur le Siège Episcopal de Verdun, il alla à
Rome dans le dessein de se faire Jésuite. N'aïant pu obtenir pour cela le consentement du Souverain Pontife, son
zèle lui fit demander avec instance d'être employé dans
quelque Légation qui put lui donner occasion de travailler
à l'avancement de la foi Catholique, & de répandre son
sang pour une si belle cause. Le Pape crut sa présence plus
utile dans son Diocèse. Il y retourna l'année suivante, & le
gouverna avec édification jusqu'en 1610; qu'il résigna son
Evêché au Prince Charles de Lorraine son neveu, dans le
dessein de se consacrer entièrement à Dieu dans l'Ordre des
Capucins. La foiblesse de sa santé ne lui permit pas d'exécuter cette pieuse résolution. Il mourut à Nancy le 27. Avril
1623, & fut enterré dans le Couvent des Capucins qu'il
avoit établi à St. Nicolas. Personne n'avoit travaillé avec
plus de zèle à la réforme de l'Ordre de St. Benoît en Lorraine. Il l'introduisit dans ses Abbaïes de St. Vanne & de
Moienmoutier, d'où elle s'est répanduë dans les autres Maisons de cet Ordre.

II,

I I.

PHILIPPE-EMMANUEL DE LORRAINE, Duc de Mercœur, &c. Gouverneur de Bretagne, Généralissime des armées de l'Empereur en Hongrie, né l'an 1558, s'acquit par sa valeur, sur tout contre les Turcs, la réputation d'un des plus grands hommes de son siécle. Des intérets de famille autant peut-être qu'un zèle mal entendu pour la Religion, l'avoient entrainé fort avant dans le parti de la Ligue formé par le Duc de Guise, & les autres Princes de la Maison de Lorraine établis en France. Il fut même le dernier à se soumettre au Roi Henri IV. qui fut obligé de marcher en 1598. vers la Bretagne, dont le Duc qui en étoit Gouverneur, songeoit à se faire, avec l'assistance des Espagnols, une Souveraineté particulière & indépendante. Hors d'état de résister aux forces supérieures du Roi, il fit son traité avec S. M. qui lui accorda sa grace moïennant le mariage de Françoise de Lorraine sa fille unique, avec Cesar Duc de Vendôme, fils naturel du Roi.

En 1601. l'Empereur Rodolphe II. lui avoit fait offrir le commandement de son armée contre les Turcs en Hongrie, il s'y rendit avec l'agrément du Roi. Les Turcs avoient formé le siége de Canissa avec une armée de près de cent mille hommes. A peine le Duc en joignant ce qu'il avoit amené de troupes à celles de l'Empereur, pût-il former un corps de dix à douze mille hommes. Avec des forces si inégales il ne laissa pas de s'approcher de la Place pour en tenter le secours. Attaqué par l'élite de l'armée ennemie qui s'étoit avancée pour envelopper sa petite armée, il reçut les Infidèles avec tant de courage, qu'ils furent repoussés de toute part, contraint de regagner leur camp après avoir perdu beaucoup de monde, & une partie de leur artillerie. Après un pareil succès il avoit tout à espérer pour la suite de son entreprise, lorsque la disette des vivres occasionnée en partie par les pluies continuelles qui rendoient les chemins impraticables aux convois, en partie par la négligence ou la jalousie des Officiers de l'Empereur, chargés de pour-

voir

voir à la subsistance des troupes, l'obligea de décamper à la faveur d'un brouïllard épais qui couvroit sa marche.

Au premier avis qu'en eurent les ennemis, ils tombèrent sur la petite armée du Duc, en renversèrent les premiers escadrons, & se flatoient déjà d'une victoire complette, lorsque ce Prince, qui joignoit à un courage intrépide une étenduë de génie capable de balancer l'extrême supériorité des Infidèles, rassembla ses troupes qui se débandoient, & fit sans pouvoir être entâmé par une armée près de dix fois plus nombreuse, qui pendant huit jours s'opiniâtra à le poursuivre, cette belle retraite qui a été regardée, avec raison, comme un chef-d'œuvre de l'art militaire. Il assiégea ensuite Albe-Roïale qu'il prit d'assaut, & défit l'armée des Turcs qui venoit au secours de cette Place. Les traverses que lui suscitèrent les Généraux de l'Empereur, l'obligèrent de borner-là les exploits de cette glorieuse campagne. Il alla à Prague en rendre compte à ce Monarque. S'étant mis ensuite en chemin pour retourner en France, il fut attaqué à Nuremberg d'une fièvre maligne dont il mourut en cette Ville le 19. Février 1602. St. François de Sales fit son oraison-funèbre dans l'Eglise de Nôtre-Dame de Paris. Il avoit épousé Marie de Luxembourg, fille unique & héritière de Sébastien de Luxembourg, Duc de Pentievre & Vicómte de Martigues. Il n'en laissa que Françoise de Lorraine, qui porta les Duchés de Mercœur & de Pentievre, & la Vicómté de Martigues dans la Maison de Vendôme. Pour le Marquisat de Nommeny Henri II. Duc de Lorraine, l'acheta de la Duchesse Doüairière de Mercœur, & le réünit à sa Couronne.

BRANCHE DE CHALIGNY.

I.

HENRI I. COMTE DE CHALIGNY, Marquis de Moüy, &c. fut l'aîné du troisième lit de Nicolas de Lorraine Comte de Vaudémont, Duc de Mer-

cœur.

cœur. Il fit ſes premières armes avec diſtinction en Hongrie, ne s'acquit pas enſuite moins de réputation dans le parti de la Ligue, & repaſſa en 1601. en Hongrie avec le Duc de Mercœur ſon frère. Dans la fameuſe retraite que fit ce Prince devant Caniſſa, le Comte de Chaligny qu'il avoit mis à la tête de l'arrière-garde, eut à ſoutenir pendant les huit jours que dura la pourſuite des ennemis tout l'effort de leur armée, ſans prendre pendant tout ce tems aucun repos. Epuiſé de fatigues & de quelques bleſſures qu'il avoit reçuës en faiſant par tout face aux Infidèles; dès que l'armée fut dégagée, il fut obligé de ſe faire tranſporter à Vienne où il mourut peu de tems après à l'âge de trente ans. De Claude héritière de Moüy ſon épouſe, il en eut, outre trois fils dont nous allons parler, Louiſe de Lorraine mariée à Florence, Prince de Ligne, & morte Religieuſe Capucine à Mons le 1. Décembre 1667. dans ſa 74me. année. Elle avoit embraſſé cet Inſtitut après la mort de ſon mari, & en avoit pratiqué toutes les obſervances pendant plus de trente ans. La Princeſſe ſa mère lui avoit donné l'exemple en ſe conſacrant à Dieu dans le Monaſtère du St. Sépulchre de Charleville qu'elle avoit fondé. Elle y mourut l'an 1627. dans la pratique de la plus auſtère pénitence.

I I.

CHARLES DE LORRAINE, fils aîné du Comte de Chaligny, nâquit le 17. Juillet 1592. Il n'avoit que neuf ans lorſque le Grand-Duc Charles III. voulant lui tenir lieu du Comte ſon père qu'il venoit de perdre, l'appella ſur la fin de 1601. à ſa Cour. Eric Evêque de Verdun ſon oncle, s'appercevant du penchant du jeune Prince pour la piété, forma dès-lors le deſſein de le faire entrer dans l'état Eccléſiaſtique. Afin de l'y préparer il le plaça dans la Maiſon des Jéſuites de Pont-à-Mouſſon pour y faire ſes études. Dès qu'il eut atteint l'âge de dix-huit ans, réſolu de lui réſigner ſon Evêché, il le fit aller à Paris pour en obtenir l'agrément de la Cour de France. Le jeune ne Prince y connut le Sr. Evêque de Genêve François de Sales, qui lui conseilla de s'éloigner au plutôt des dangers de la Cour. Il se rendit en effet aussi-tôt après en Lorraine ; & ayant été sacré à Nancy l'an 1617, il se fixa dans son Diocèse, & s'y livra tout entier aux devoirs de son état. Il visitoit souvent les différentes parties de son troupeau, administroit les Sacremens, annonçoit souvent la parole de Dieu, & donnoit par tout des exemples de la piété la plus édifiante. Son application infatiguable aux fonctions de son ministère, ne le rassurant pas encore assez contre les dangers du monde, il résolut d'y renoncer entièrement.

La nouvelle qu'il eut qu'on songeoit à le nommer Cardinal à la première promotion, hâta l'accomplissement de ce pieux dessein. Il se rendit secrettement à Rome, & y entra au Noviciat des Jésuites, après avoir résigné tous ses bénéfices au Prince François son frère. Il fit sa profession à l'âge d'environ trente ans. Les Supérieurs remplis dès-lors d'estime pour son éminente vertu, l'envoïèrent peu de tems après à Bordeaux pour gouverner la Maison Professe des Jésuites de cette Ville. Il refusa constamment les dignités de l'Eglise ausquelles on songea de nouveau de l'élever. Pour se souftraire aux honneurs que lui attiroit sa naissance, il avoit déja demandé avec instance à ses Supérieurs la permission de passer aux Indes pour y annoncer aux Barbares le nom de Jesus-Christ, & y cacher le sien. La peste commençant à se faire sentir à Bordeaux, il alla avec les principaux de sa Communauté s'offrir aux Magistrats pour servir les pestiférés. La foiblesse de sa compléxion ne permit pas à ses Supérieurs de lui laisser suivre en cette occasion les mouvemens de son zèle. Il fut envoyé à Touloufe pour y exercer le même emploi qu'il avoit eu à Bordeaux. Ce fut en cette Ville qu'il mourut l'an 1631. dans la 39me. année de son âge. Depuis son entrée en religion il s'étoit constamment appliqué à se perfectionner dans toutes les vertus qui font les Saints, & qui longtems auparavant avoient été le principal objet de ses soins. Aussi sa vie nous offre-t'elle un modèle parfait de la piété Chrétienne. On en a une histoire composée par le Père Lau-
bruffel

bruſſel Jéſuite, Précepteur des Infans d'Eſpagne, & imprimée à Nancy en 1733.

HENRI DE LORRAINE, II. du nom, Marquis de Moüy, fils puîné du Comte de Chaligny, recueillit par la retraite de ſon aîné les biens de ſa Maiſon. L'an 1633. le Roi Louis XIII. ayant formé le deſſein d'aſſiéger Nancy, ce Prince s'y jetta pour défendre la Place. Mais une négociation entre le Duc Charles IV. & Sa Majeſté, mit ce Monarque en poſſeſſion de cette Capitale. Pendant la priſon du Duc Charles IV. en Eſpagne, le Marquis de Moüy fut un des principaux auteurs du paſſage de ſes troupes au ſervice de France. Il mourut ſans poſtérité le 10. Juin 1672. après avoir inſtitué pour ſon héritier univerſel Hyacinthe-Joſeph Prince de Ligne, petit-fils de ſa ſœur, à la charge de porter le nom, les armes & la livrée de Lorraine & de Moüy.

FRANÇOIS DE LORRAINE, troiſième fils du Comte de Chaligny, fut Evêque de Verdun après la démiſſion de Charles ſon frère aîné. Il s'en falloit beaucoup que François apportât à la même dignité une égale application à en remplir les devoirs. D'un naturel vif & impétueux, il ſe plaiſoit bien plus à la tête d'une armée que dans les fonctions paiſibles de l'Epiſcopat. Auſſi le ſien fut-il agité ſans ceſſe de pluſieurs troubles que lui ſuſcita ſucceſſivement ſon eſprit inquiet & ambitieux. La Citadelle bâtie à Verdun par ordre de la Cour de France, lui parut un attentat contre ſes droits, & la Souveraineté qu'il s'attribuoit ſur cette Ville. Son reſſentiment le porta juſqu'à excommunier ceux qui travailloient à cet ouvrage. Un pareil éclat piqua vivement le Roi Louis XIII. Il fit ſaiſir le temporel de l'Evêque qui ſe retira à Cologne. Ce Prélat prit enſuite part aux démêlés du Duc Charles IV. avec la France, & vint à la tête de quelques troupes attaquer inutilement la Ville de Verdun. En 1648. après la paix de Munſter il fut rétabli dans ſon Evêché, & dans ſes autres bénéfices. Comme il n'avoit jamais été engagé dans les Ordres Sacrés, il renonça enfin en 1661. à l'état

Eccléſiaſtique,

Eccléfiaftique, dans lequel il n'auroit jamais dû s'engager,
& époufa Chriftine de Maffauve, Baronne de St. Menge,
dont il n'eut point de poftérité.

BRANCHE DE GUISE.

I.

CLAUDE DE LORRAINE, cinquième fils de
René II. Duc de Lorraine & de Bar, & de Philippe
de Gueldres fa feconde femme, fut Duc de Guife, Pair &
Grand-Veneur de France, Comte d'Aumale, Marquis de
Mayenne & d'Elbeuf, Baron de Joinville, Chevalier de
l'Ordre du Roi, Gouverneur de Bourgogne, de Champagne & de Brie. Il nâquit le 20. Octobre 1496. A l'âge
de dix-neuf ans il commanda les Lanfquenets à la fameufe
bataille de Marignan contre les Suiffes. Après le combat
on le tira de la foule des morts, tout couvert de bleffu-
res, dont il ne guérit que par une efpèce de miracle. Le
Roi François I. témoin en cette occafion de fa valeur extraordinaire, conçut dès-lors pour lui la plus haute eftime.
Il contribua beaucoup fix ans après à la prife de Fontara-
bie. En 1523. douze mille Lanfquenets ayant pénétré dans
le Duché de Bourgogne par la Franche-Comté, ce Prince
chargé de la défenfe des frontières de ce côté-là, fuppléa
par fon habileté au peu de troupes qu'il avoit fous fes ordres. Après avoir affamé les ennemis en leur coupant les
vivres, il les obligea de fe retirer, & défit une partie de
leur arrière garde dans le tems qu'ils repaffoient la Meufe.
Pour le récompenfer de plufieurs autres fervices non moins
fignalés, le Roi érigea fa Terre de Guife en Duché Pairie.
Ce fut là le commencement de la grandeur où parvint en
France cette branche de la Maifon de Lorraine. Le nouveau Duc continua de juftifier la faveur du Monarque par
de nouveaux exploits. Il ferma en 1536. aux troupes Impériales l'entrée de la Champagne, & fe trouva cinq ans
après

après au secours de Landrecy. Il mourut à Joinville le 12. Avril 1550. Il avoit épousé en 1513. Antoinette de Bourbon, sœur de Charles Duc de Vendôme, aïeul du Roi Henri IV. Il en eut plusieurs enfans tous illustres par leurs dignités & leurs vertus. Les voici selon l'ordre de leur naissance.

I. FRANÇOIS DUC DE GUISE, continua la postérité.

II. CHARLES DE LORRAINE, Archevêque de Rheims, de Lyon & de Narbonne, Evêque de Metz, de Toul, de Verdun, de Theroüanne, de Luçon, d'Alby & de Valence; Abbé de St. Denis, de Feschamp, de Cluny, de Marmoutier & de Gorze, dit le Grand Cardinal de Lorraine, fut dans le seisième siécle l'oracle de la France; le plus ferme soutien de l'Eglise, & le plus redoutable ennemi de l'hérésie. Il nâquit le 17. Février 1519. & fut élevé dans l'étude & le goût des belles lettres. Il s'y distingua par la beauté de son génie, & sur tout par un talent rare pour l'éloquence. Il fut nommé Archevêque de Rheims à l'âge de quinze ans. En cette qualité il sacra le Roi Henri II. sous le règne duquel il eu la principale part aux affaires. Ce fut par ses conseils que ce Monarque s'opposa avec tant de vigueur au Calvinisme pendant tout le cours de son règne. Sous celui de François II, dont il avoit ménagé le mariage avec Marie Stuart Reine d'Ecosse sa nièce, il eut avec le Duc de Guise son frère toute l'autorité. Le Roi Charles IX. ne lui donna guères moins de crédit. Il parut avec beaucoup d'éclat au Concile de Trente. Ce fut au retour de cette assemblée qu'il établit l'Université de Rheims, & fonda le Collège des Jésuites de Pont-à-Mousson, & l'Université de cette Ville. Il travailla aussi beaucoup au lustre & à l'aggrandissement de sa Maison. Il mourut à Avignon le 26. Décembre 1574, avec la réputation d'un des plus grands hommes de son siécle.

III. CLAUDE, tige de la branche d'Aumale.

IV. LOUIS CARDINAL DE GUISE, Archevêque de Sens, s'étant démis de cet Archevêché, fut pourvû en 1568. de l'Evêché de Metz qu'il gouverna avec beaucoup de zèle & de prudence jusqu'à sa mort arrivée l'an 1578.

V. FRANÇOIS DE LORRAINE, Chevalier

R   de

de Malthe , Grand Prieur de France , & Général des Galères , fut un des Princes les plus accomplis de son siécle.
Devant l'Isle de Rhodes avec quatre galères de la Religion ,
il attaqua la flotte des Turcs , mit en fuite six de leurs
vaisseaux , en coula deux à fond , & en prit un. Il s'étoit
signalé auparavant à la défense de Metz , & au combat de
Renty. Il mena aussi en Ecosse des troupes à la Reine sa
sœur , Régente de ce Royaume. Après avoir combattu en
Héros à la bataille de Dreux , comme il revenoit au camp
couvert de sang , de poussière & de sueur , il fut saisi d'une
pleurésie dont il mourut le 6. Mars suivant , dans sa vingt-
unième année.

VI. RENE' MARQUIS D'ELBEUF , fut tige
de la branche de ce nom , & de toutes celles qui subsistent aujourd'hui.

VII. MARIE DE LORRAINE , sœur de ces
Princes , épousa d'abord Louis d'Orléans II. du nom , Duc
de Longueville. En étant restée veuve l'an 1537 , elle se
retira à la campagne , résoluë de passer le reste de ses jours
dans la retraite. Elle venoit de refuser l'alliance de Henri
VIII. Roi d'Angletèrre , lorsque le Roi François I. lui commanda en 1538. d'épouser Jaques V. Roi d'Ecosse , veuf
alors de Madeleine de France , fille de ce Monarque. Elle
eut de ce mariage l'illustre Marie Stuart , Reine de France &
d'Ecosse , si célèbre par sa beauté , son esprit , ses vertus &
ses malheurs. Cette Princesse n'ayant que huit jours à la
mort du Roi son père dont elle étoit héritière , la Régence
du Royaume fut confiée à la Reine sa mère. Recherchée de
nouveau par le Roi d'Angletèrre , Marie de Lorraine refusa
une seconde fois cette alliance , & ne s'occupa qu'à maintenir l'état en paix. Les Anglois jaloux s'efforcèrent plus
d'une fois de la troubler ; mais avec les secours qu'elle reçut de France , la Reine s'opposa toujours avec fermeté à
leurs projets. Elle mourut l'an 1560. Par cette vertueuse
Princesse la Maison Royale de Stuart descend de celle de
Lorraine.

VIII. LOUISE DE LORRAINE fut alliée en
1541. à Charles de Croy Prince de Chimay , & mourut
sans postérité l'année suivante.

IX. RENE'E DE LORRAINE, Abbesse de St.
Pièrre de Rheims, mourut le 3. Avril 1602, âgée de 80. ans.

X. ANTOINETTE, Abbesse de Farmoutier, mourut en 1561. dans sa trentième année.

I I.

FRANÇOIS DE LORRAINE, Duc de Guise
& d'Aumale, Prince de Joinville, Marquis de Mayenne, &c. Chevalier de l'Ordre du Roi, Pair, Grand-Maître,
Grand-Chambellan & Grand-Veneur de France, Ministre
& Lieutenant-Général de l'Etat, fut plus grand par son mérite personnel, que par tant d'éminentes qualités. De l'aveu
de tous les Historiens, ce fut un des plus grands hommes en
tout genre qu'on ait jamais vû. L'Histoire des règnes de
François I, de Henri II, de François II. & de Charles IX, est
pleine de ses victoires sur tous les ennemis de l'Etat. La
défense de la Ville de Metz contre l'Empereur Charles V. qui
avec une armée de cent mille hommes étoit venu en former
le siége, que le Duc de Guise le contraignit de lever en 1552,
fut la première action d'éclat où sa valeur & son habileté
parurent dans tout leur jour. Le Roi Henri II. pour perpétuer la mémoire d'un événement si glorieux, fit frapper
en l'honneur du Duc une Médaille autour de laquelle on
lisoit une inscription latine dont voici le sens : *A François
de Lorraine, Pair de France, par le décret des armées ;* &
dans le champ : *Pour avoir conservé la Ville de Metz &
les Grands du Royaume assiégés par l'Empereur Charles V. &
les Allemands.* Le revers étoit rempli par ces paroles : *Mars
vous a donné une couronne d'herbe,* (ou de chiendent ; les
Anciens décernoient ces sortes de couronnes à ceux qui
avoient sauvé une Place ou une armée assiégee) *continués,
il vous rendra les Couronnes Royales de Jérusalem & de Sicile possedées autrefois par vos Ancêtres.* Au bas étoient ces
mots : *Par ordre de Henri II. Roi de France.*

Le reste de la vie de ce Grand Homme, répondit à de si
beaux commencemens. La victoire de Renti en 1553 ; la
prise

prife de Calais & de Guines fur les Anglois, & de Thionville fur les Efpagnols en 1558 ; la fameufe conjuration
d'Amboife diffipée l'année fuivante ; la prife de Rouen &
de Bourges, fuivie de la bataille gagnee à Dreux contre
les Huguenots en 1562, en font les principaux événemens.
Il fut honoré par le Parlement du titre glorieux de Con-
fervateur de la Patrie. C'eft à ce Héros fur tout qu'on eft
redevable de la confervation de la Religion en France. Il
la fit autant refpecter par fes vertus, que par fes exploits.
Comme il étoit fur le point de réduire Orléans, dont les
Huguenots avoient fait leur Place d'armes, un d'entr'eux
nommé Poltrot, le bleffa fur le foir, au retour de la tranchée, d'un coup de piftolet à l'épaule. Les bales étoient
empoifonnées, & le Duc en mourut fix jours après, avec
la réputation du plus grand Capitaine, & du Prince le plus
accompli de fon tems.

Il avoit époufé Anne d'Eft, fille de Hercule II. Duc de
Ferrare, & de Renée de France. Il en eut,

I. HENRI I. Duc de Guife, dit le Balafré.

II. CHARLES, qui a fait la branche des Ducs de
Mayenne.

III. LOUIS II. DE LORRAINE, Cardinal de
Guife, Commandeur de l'Ordre du St. Efprit, & Archevêque de Rheims. Ce Prélat fut un des plus hardis Partifans de la Ligue, & porta l'animofité contre le Roi Henri
III, jufqu'à dire fouvent qu'il ne mourroit point qu'il n'eut
rafé ce Prince pour le faire Moine. Le Roi craignant tout
de fon ambition, le prévint, & le fit tuer à Blois l'an 1588,
le lendemain de la mort du Duc de Guife fon frère.

IV. CATHERINE-MARIE DE LORRAINE,
mariée en 1570 à Louis de Bourbon, Duc de Montpenfier, mourt le 6. Mai 1596.

I I I.

HENRI DE LORRAINE I. du nom, Duc de
Guife, Prince de Joinville, &c. Pair, & Grand-Maître
de France, Chevalier des Ordres du Roi, Général de fes
armées,

armées, & Gouverneur de Champagne, né le 31. Décembre 1550, fit ſes premières armes en Hongrie. De retour en France, il défendit avec ſuccès la Ville de Poitiers contre les Huguenots ; & battit près de Château - Thierry le corps d'armée que leur amenoit Guillaume de Montmorency Seigneur de Thoré, l'un des fils du Connêtable. Une cicatrice qui lui reſta à la jouë d'une bleſſure reçuë dans ce combat, lui fit donner le ſurnom de Balafré. Il fut auſſi bleſſé à la bataille de Montcontour, & ſe diſtingua beaucoup au ſiége de la Rochelle, où il courut encore riſque de la vie. Une valeur ſi ſouvent éprouvée, jointe à beaucoup d'eſprit, d'éloquence & de bonne grace, à des manières populaires, affables, & inſinuantes, & au talent le plus râre de gagner les cœurs, firent de ce Prince l'Idôle du Peuple, à Paris ſur tout. Il fut un des principaux auteurs de la ſanglante journée de la St. Barthelemi. L'aſcendant qu'il avoit prit ſur tous les eſprits, lui fit naître la penſée d'attirer à lui ſeul toute l'autôrité. Le prétexte dont il ſe ſervit fut la conſervation de la Religion Catholique menacée, ſelon lui, d'une déſtruction totale, ſi, le Roi Henri III. venant à mourir ſans enfans, la Couronne tomboit à Henri de Bourbon Roi de Navarre, chef alors du parti Huguenot. Pour l'en exclure, & ſe l'aſſurer vraiſemblablement à lui-même, il forma ce puiſſant parti appellé la Ligue Catholique, y engagea tous les Princes de ſa Maiſon, la principale Nobleſſe Catholique, & la plus grande partie du Roïaume.

Ses exploits contre les Reitres qu'il ſurprit d'abord à Vimori, enſuite à Auneau, quoique le Roi, qui s'en défioit, ne lui eut donné contre ce corps nombreux d'étrangers, qu'une très-petite & très-foible armée, accréditèrent extrêmement ce Parti. Revenu victorieux à Paris, il y fut reçu comme le Sauveur de la Nation. Le Roi dont l'autorité ſe trouvoit preſqu'anéantie, voulut l'eſſaïer en cette occaſion ; il donna des ordres pour arrêter quelques Bourgeois des plus ſéditieux, & défendit au Duc l'entrée de Paris. Il n'étoit plus le maître. Le Duc de Guiſe entra dans la Ville ; auſſi-tôt les Bourgeois prirent les armes, barricadèrent toutes les ruës, & arrêtèrent les gardes du Roi, qui ſe vit empriſonné dans ſon Palais.

Si le Duc eut voulu en cette conjoncture entreprendre sur
la liberté, sur la vie même du Monarque, il ne lui en auroit couté qu'un clin d'œil, & il étoit le maître de la France ; mais après avoir fait en ce jour de beaucoup trop pour
un Sujet, il fit voir que l'ambition n'en avoit pas encore
fait un tyran, & laissa échapper le Roi. Ce Prince convo-
qua à Blois les Etats Généraux du Royaume ; le Duc s'y
rendit dans l'espérance de se faire déclarer dans cette assemblée Lieutenant-Général de l'Etat. Il fut plusieurs fois averti de se défier du Roi ; mais sa présomption l'aveuglant, il
le méprisa jusqu'à ne lui pas croire assez de courage pour
entreprendre sur sa personne. Il fut la duppe de sa sécurité.
Le Roi le fit poignarder à l'entrée de son appartement un
Vendredi 23. Décembre 1588. Il s'étoit attiré une fin si
tragique par son ambition démésurée qui plongea l'Etat
dans une infinité de maux. Mais à cela près ce fut un des
plus grands hommes qui eussent paru depuis longtems, aussi grand Prince, aussi habile guerrier, que mauvais citoïen.

Il laissa de Catherine de Cleve Comtesse d'Eu son épouse, fille de François de Cleves, Duc de Nevers, Comte
d'Eu, & de Marguerite de Bourbon Vendôme, sept enfans.

I. CHARLES DUC DE GUISE.

II. LOUIS III. Cardinal de Guise, Archevêque de
Rheims, Abbé de St. Denis, de Cluny, d'Orcamp, de St.
Remi de Rheims, de Corbie & de St. Hilaire de Poitiers.
Il mourut n'étant que Soudiâcre le 21. Juin 1621. âgé de
46. ans. Son prétendu mariage avec Charlotte des Essarts,
l'une des maîtresses du Roi Henri IV, dont il laissa plusieurs enfans, prouve que l'intéret & la politique avoient
eu plus de part à son engagement dans l'état Ecclésiastique,
que son goût & la volonté du Ciel.

III. CLAUDE DE LORRAINE, Duc de Che-
vreuse, Pair, Grand-Chambellan & Grand-Fauconnier de
France, Chevalier des Ordres du Roi & de la Jarretière,
nâquit le 5. Juin 1578. Il se signala sous le nom de Prince de Joinville d'abord dans le parti de la Ligue sous le Duc
de Mayenne son oncle, ensuite au service du Roi Henri IV.
aux siéges de la Fere & d'Amiens ; il exerça aussi son courage

rage en Hongrie contre les Infidèles. A son retour le Roi Louis XIII. lui donna le Gouvernement d'Auvergne ; il servit ce Monarque avec zèle contre les Factieux pendant sa minorité, & ensuite contre les Huguenots. En 1625. Charles I. Roi d'Angleterre, le constitua son Procureur pour épouser en son nom Henriette-Marie de France, sœur du Roi, qu'il conduisit en Angleterre. Marie de Rohan son épouse se rendit célèbre par la part qu'elle eut aux troubles arrivés en France sous la minorité de Louis XIV. Il n'en laissa que trois filles, Anne-Marie Coadjutrice de Remiremont, puis Abbesse du Pont-aux-Dames ; Charlotte-Marie fiancée à Armand de Bourbon, Prince de Conti, & morte sans alliance ; & Henriette Abbesse du Pont-aux-Dames, après sa sœur aînée.

IV. LOUISE DE LORRAINE, mariée à François de Bourbon, Prince de Conti, & morte sans postérité l'an 1631, fut une Princesse de beaucoup d'esprit & de goût pour les belles lettres. Les plus grands hommes de son tems firent gloire de lui dédier leurs ouvrages. Elle en composa elle-même quelques-uns.

V. RENE'E, Abbesse de St. Pierre de Rheims, morte en 1626.

VI. JEANNE, Abbesse de Jouarre, mourut en 1638.

VII. FRANÇOIS-ALEXANDRE-PARIS, né posthume en 1589, fut Chevalier de Malthe. Il se distingua sur tout par son adresse extraordinaire dans tous les exercices du corps. Ayant eu ordre de se retirer en Provence, à raison d'un duel avec les Barons de Lux père & fils qu'il avoit tués l'un après l'autre, comme il s'amusoit au Château de Baux dans cette Province, à faire tirer au blanc, il fut blessé d'un éclat de canon, dont il mourut peu après âgé de vingt-cinq ans.

I V.

CHARLES DE LORRAINE, Duc de Guise & de Joïeuse, Pair de France, Prince de Joinville, Comté d'Eu, &c. Chevalier des Ordres du Roi, & Gouverneur
de

de Provence, né le 20. Août 1571, fut arrêté à Blois aussitôt après la mort du Duc son père. Il s'échapa en 1591.
de sa prison de Tours, & se rendit à Paris. La mémoire
du feu Duc de Guise que sa fin tragique n'avoit rendu que
plus cher aux habitans de cette Capitale, l'y fit recevoir
avec des applaudissemens extraordinaires. Ce fut un bonheur pour le Roi Henri IV. devenu dès lors concurrent du
Duc de Mayenne. Il partagea dans les esprits des Ligueurs
le crédit qu'y avoit ce Duc reconnu chef de la Ligue après
la mort du Duc de Guise. Dans l'assemblée qu'ils tinrent à
Paris pour donner un successeur à leur prétendu Roi Charles X, (c'étoit le Cardinal de Bourbon qui venoit de mourir dans sa prison) le souvenir de la gloire & des exploits
de Henri Duc de Guise, firent pancher la plûpart des suffrages en faveur de son fils. Les Espagnols firent semblant
de l'appuyer de tout leur pouvoir, jusqu'à le flater de lui
faire épouser l'Infante fille du Roi Philippe II, qu'ils prétendoient placer sur le Trône de France. La diversité d'intérets parmi les chefs de la Ligue, fit traîner en longueur
cette affaire, que la conversion du Roi légitime fit évanouir
entièrement. Ce Monarque abjura le Calvinisme dans l'Abbaïe de St. Denis le 25. Juillet 1593. Après cet événement
tant désiré de tous les véritables François, le corps de la Ligue commença à se démembrer de toutes parts. L'accommodement du Duc de Guise conclu l'année suivante la mit
aux abois. Ce Prince rendit au Roi Rheims, St. Dizier,
Rocroi, Guise, Joinville & quelques autres Places dont il
étoit le maître, & ce Monarque au lieu du Gouvernement
de Champagne dont le Duc étoit en possession, lui donna
celui de Provence. Il fallut que ce Prince s'en emparât les
armes à la main. Le Duc d'Epernon lui en disputa quelque tems la possession, qu'il fut enfin forcé de lui céder
après qu'en plusieurs rencontres le Duc de Guise secondé
de Lesdiguieres, depuis Connétable de France, eut rem-
porté sur lui divers avantages. La soumission de Marseille
au Roi fut un des premiers événemens du gouvernement
de ce Prince. La défaite du Duc d'Epernon à St. Tropés,
le rendit maître de toute la Province où il se fit également
estimer

eftimer par fa prudence, & chérit par fa bonté. Il défit en 1622. la flotte des Rochelois Huguenots; mais dans la fuite ayant encouru la difgrace du Roi Louis XIII. pour avoir parlé trop librement de l'autôrité du Cardinal de Richelieu, il fe retira avec fa famille à Florence pour fe fouftraire au reffentiment de ce Miniftre. Il mourut dans le territoire de Sienne le dernier jour de Septembre 1640.

Il avoit époufé Henriette-Chatherine Ducheffe de Joïeufe, Comteffe de Bouchage, veuve du Duc de Montpenfier, & fille unique de Henri Duc de Joyeufe, Comte du Boucha-ge, Maréchal de France, & enfuite Capucin. Il en eut,

I. FRANCOIS DE LORRAINE, Prince de Joinville, mort fans alliance le 7. Novembre 1639. dans fa vingt-huitème année.

II. HENRI DE LORRAINE II. du nom, Duc de Guife.

III. CHARLES-LOUIS DE LORRAINE, Duc de Joyeufe, mort fans alliance l'an 1637, dans fa dix-neuvième année.

IV. LOUIS DE LORRAINE, Duc de Joyeufe, qui a continué la poftérité.

V. ROGER, Chevalier de Malthe, né le 21. Mars 1624, mort le 6. Septembre 1653.

VI. MARIE DE LORRAINE, qui après la mort de fon petit neveu, recüeillit la fucceffion de fa Maifon.

VII. FRANCOISE-RENE'E DE LORRAINE, Abbeffe de Montmortre, morte le 4. Décembre 1682.

V.

HENRI DE LORRAINE II. du nom, Duc de Guife, Prince de Joinville, Comte d'Eu, &c. Pair & Grand-Chambellan de France, ayant d'abord embraffé l'état Eccléfiaftique, fut Archevêque de Rheims, Ab-bé de St. Denis, de Corbie & de Fefcamp. Après la mort du Prince de Joinville fon frère, il renonça à l'état Ec-cléfiaftique. Le Cardinal de Richelieu l'ayant obligé de fe

S   démettre

démettre de ses bénéfices, des revenus desquels il prétendoit avoir droit de disposer, il entra dans les projets du
Comte de Soisson contre ce Ministre, & se retira avec lui
à Sedan. Le Cardinal qu'on n'offensoit pas impunément,
lui fit faire son procès. Il fut condamné par contumace
l'an 1641 ; mais il fit son accommodement après la mort
du Cardinal, & revint à la Cour. Trois ans après il alla
à Rome, & entra fort avant dans l'amitié du Pape Innocent
X. qu'il attacha à la France. Ce fut de là qu'il partit l'an
1647. pour se mettre à la tête des Napolitains révoltés
contre les Espagnols. Il s'embarqua dans une petite felou-
que qui passa à travers l'armée navale d'Espagne, aborda
à Naples le 15. Octobre, & fut reçu aux acclamations de
toute la Ville. Le Peuple le proclama deux jours après
Généralissime de ses armées. En peu de jours par son courage & son habileté, il fit prendre une nouvelle face aux
affaires. Il rétablit l'abondance dans la Ville en s'emparant
aux dehors de plusieurs postes qui lui facilitèrent l'entrée
des vivres. Il attendoit des secours de France, il lui en falloit d'assez médiocres pour se rendre maître de tout le
Royaume, il n'en reçut point du tout. L'Agent de France gagné par les Espagnols, n'oublia même rien pour le
perdre dans l'esprit du Peuple, en lui faisant entendre que
le Duc n'étant point agréable à cette Couronne, Naples
n'en devoit attendre aucun secours tant que ce Prince y auroit quelqu'autorité. Réduit donc aux seules ressources que
lui fournirent son courage & son habileté au milieu d'un
Peuple inconstant, sans pouvoir compter sur l'attachement
des Chefs de cette multitude, qu'autant qu'ils trouveroient
leur intérêt à seconder ses vûes, il ne laissa pas de se maintenir jusqu'au mois d'Avril de l'année suivante. Les Espagnols enfermés dans les Châteaux de la Ville, étoient depuis longtems réduits aux dernières extrémités. Ils avoient
tout mis en œuvre pour gagner le Duc, ou le faire périr.
La trahison d'un Citoïen qu'ils vinrent à bout de corrom-
pre, ouvrit à Dom Juan d'Autriche l'entrée de la Ville,
tandis que le Duc de Guise étoit allé s'emparer de la petite Isle de Nisita. Ce Prince trouvant à son retour toutes
les

les avenuës occupées par les Espagnols, résolut d'aller se mettre à la tête de quelques corps de bandits qui dans l'Abruzze faisoient la guerre sous ses commissions. Mais les chemins se trouvèrent par tout bordés de gens apostés pour l'arrêter ; il essuïa plusieurs coups de feu, enfin son cheval aïant été blessé, il fut obligé de se rendre. On le conduisit en Espagne où il resta quatre ans prisonnier, & ne fut relâché que dans l'espérance qu'il appuyeroit le Prince de Condé dans la guerre civile qui venoit de s'allumer en France. Il le promit pour sortir de prison, & fut assez sage pour n'en rien faire quand il se vit en liberté. Il fit deux ans après une nouvelle tentative sur le Roïaume de Naples. Il emporta Castelamare qu'il ne put conserver faute de vivres, & de tout ce qui étoit nécessaire pour une pareille expédition. Elle se borna là. De retour en France il s'emploia avec beaucoup de zèle d'abord pour la liberté, ensuite pour le rétablissement du Duc Charles IV. chef de sa Maison. Il mourut l'an 1664. âgé de 50. ans. C'étoit un Prince très-bien fait, d'un esprit vif, d'un courage intrépide, & possédant au souverain dégré le talent héréditaire dans sa Maison de gagner les cœurs. Beaucoup d'inconstance, & un trop grand amour pour le plaisir, ternirent ces grandes qualités.

Il avoit épousé en Flandres Honorée de Berghes, veuve du Comte de Bossut ; il prétendit peu de tems après faire rompre ce mariage qui fut regardé comme valide à Rome, & déclaré nul par arrêt du Parlement de Paris. Il n'en eut point d'enfans. Nous avons sous son nom des Mémoires qui contiennent un détail curieux de son expédition de Naples.

LOUIS DE LORRAINE son frère, Duc de Joïeuse & d'Angoulême, Pair, Grand-Chambellan, & Colonel-Général de la Cavalerie légère de France, servit comme Volontaire au siége de Gravelines, & à la levée de celui d'Arras : Il mourut à Paris le 27. Septembre 1654. d'une blessure qu'il avoit reçuë au bras droit en chargeant un parti des ennemis près d'Arras le 22. Août précédent. Il avoit épousé en 1649. Marie de Valois, fille unique & héritière

ritière de Loüis-Emmanuel Duc d'Angoulême, Comte d'A-
letz, &c. dont il n'eut d'enfans que le suivant.

V I.

LOUIS-JOSEPH DE LORRAINE, Duc de
Guise, de Joyeuse & d'Angoulême, Pair de France,
Prince de Joinville, Comte d'Eu, &c. hérita de son père,
de sa mère & de son oncle, les grands biens de Joïeuse,
d'Angoulême & de Guise. Il épousa le 15. Mai 1667. Elisabeth d'Orléans, Duchesse d'Alençon, fille puînée de Gaston Duc d'Orléans, frère du Roi Louis XIII, & de Marguerite sœur du Duc de Lorraine Charles IV. Il mourut
de la petite-vérole à Paris le 30. Juillet 1671. âgé de 21. ans.

V I I.

FRANÇOIS-JOSEPH DE LORRAINE, fils
unique du précédent, Duc d'Alençon, de Guise, de
Joyeuse & d'Angoulême, Pair de France, Prince de Joinville, Comte d'Eu, &c. mourut l'an 1675. âgé de 5. ans.
En sa personne finit cette branche de la Maison de Lorraine si féconde en grands Hommes en tout genre, après avoir
subsisté avec éclat en France l'espace de 162. ans, à compter
depuis le mariage de Claude premier Duc de Guise. Marie
de Lorraine, dite Mademoiselle de Guise, fille du Duc
Charles, recüeillit ce riche héritage. Elle mourut sans alliance l'an 1688. distinguée par sa piété, sa bonté, & sa
charité envers les pauvres.

BRANCHE DE MAYENNE.

I.

CHARLES DE LORRAINE, Duc de
Mayenne, Pair, Amiral, & Grand-Chambellan de
France, étoit fils puîné du Duc François de Guise. Il avoit
toutes

toutes les grandes qualités de Henri I. dit le Balafré son frère; mais il n'avoit pas eu au même dégré le talent de les faire valoir. Quoiqu'il se fut distingué par sa valeur dans toutes les occasions où il s'étoit trouvé du vivant de Henri, sa gloire n'avoit pas laissé d'être éclipsée par celle de ce fameux Chef de la Ligue. Il étoit à Lyon lorsqu'il apprit la mort de ce Prince, & l'ordre donné en même tems pour l'arrêter lui-même. Il se rendit aussi-tôt à Paris où il trouva presqu'autant de partisans déclarés, qu'il y avoit d'habitans dans cette grande Ville. Le grand nom des Princes de sa Maison, leur magnificence, leur libéralité, leur zèle pour la Religion en avoient fait les délices de cette Ville. Tout se souleva de concert, & s'unit au Duc de Mayenne pour venger la mort de ses frères. Tandis que la Sorbonne & le Peuple se portoient contre le Roi Henri III. aux derniers excès, le Duc, après avoir pris le titre de Lieutenant-Général de l'Etat & Couronne de France, se disposa à défendre la Capitale contre ce Monarque, qui, avec le Roi de Navarre, en vint former le siège à la tête d'une armée de trente mille hommes. Malgré toutes les précautions qu'il avoit prises en grand Capitaine, il est assez probable que la disette seule n'auroit pas tardé à réduire la Ville, sans l'assassinat du Roi commis le 1. d'Août 1589. par un jeune Religieux Dominicain, dont les horribles invectives des Prédicateurs de la Ligue avoient troublé l'esprit jusqu'à lui faire regarder comme une action méritoire ce détestable parricide. Le Roi de Navarre Henri de Bourbon, ayant été reconnu Roi de France par une partie de l'armée, & abandonné par l'autre, les Ligueurs donnèrent ce titre au Cardinal Charles de Bourbon, oncle de ce Monarque. Il étoit alors dans la prison où le feu Roi l'avoit fait mettre aussitôt après le meurtre du Duc de Guise, & où Henri IV. le tint jusqu'à la mort. Le Duc de Mayenne muni de l'autôrité roïale, appuïé du Pape & des Espagnols, continua la guèrre contre le Roi, que la désertion de son armée avoit contraint d'abandonner le projet formé sur Paris. Ce Monarque par son courage, son activité & sa politique, se trouva bien-tôt en état de mesurer en pleine campagne ses

forces

forces avec celles de la Ligue. La bataille d'Ivry fut la plus mémorable de cette guerre. Les deux Généraux y montrèrent toute leur capacité. Le Roi après la victoire avoüa que le Duc son ennemi avoit rempli tous les devoirs d'un grand Général. *Il n'a péché*, dit ce Monarque si bon connoisseur en cette matière, *que dans la cause qu'il soutenoit.* La guerre fut poussé après cette bataille avec divers succès. Le Roi assiégea Paris en 1590, & serra la Ville de si près, qu'elle fut bien-tôt réduite aux dernières extrémités; après avoir mangé les chiens, les chats, les rats, les cuirs même, on alla jusqu'à faire une espèce de pâte des os pulvérisés des morts. Le Duc de Mayenne cependant à force de négociations & d'instances, vint à bout d'engager le Prince de Parme à entrer en France à la tête d'un corps nombreux d'Espagnols. A leur approche le Roi fut contraint de lever le siége. Sur ces entrefaites le Cardinal de Bourbon étant mort dans sa prison de Fontenai-le-Comte, les Ligueurs tinrent à Paris une assemblée qu'ils nommèrent les Etats-Généraux du Roïaume. Le Duc de Mayenne y avoit un parti considérable qui vouloit le mettre sur le Trône. Quelques-uns prétendent qu'il y pensa sérieusement. Ce qui est certain c'est qu'en cette occasion il rendit au Roïaume un service essentiel en rompant toutes les mesures des Espagnols qui firent tous leurs efforts pour faire déférer la Couronne à l'Infante Isabelle, fille de leur Roi Philippe II. Le Roi mit fin à tous ces projets par sa conversion. Peu de semaines après Paris lui ouvrit ses portes. Le Duc de Mayenne après avoir lutté encore quelque tems contre la fortune supérieure de ce Monarque, le reconnut enfin au commencement de 1596. Jamais reconciliation ne fut plus sincère de part & d'autre. Le Roi non-content de le recevoir dans ses bonnes graces, lui donna sa confiance, & l'emploïa dans des affaires importantes, & le Duc fut pendant tout le reste de sa vie le plus fidèle Sujet du meilleur des Princes. Il en donna des preuves sur tout aux siéges de la Fere & d'Amiens. Il mourut l'an 1611. âgé de 57. ans.

De son épouse Henriette de Savoïe, fille unique & héritière de Honorat de Savoïe II. du nom, Marquis de Villars,

lars, Comte de Tende & de Sommerive, Marêchal & Amiral de France, il eut,

I. HENRI DE LORRAINE, Duc de Mayenne.

II. CHARLES-EMMANUEL DE LORRAINE, Comte de Sommerive, né le 19. Octobre 1581, mort à Naples en 1609. sans alliance.

III. CATHERINE DE LORRAINE, mariée à Charles de Gonzague, Duc de Nevers, puis de Mantouë & de Montferrat, dont elle eut Charles II. de Gonzague, père de l'Imperatrice Eléonôre de Gonzague, aïeule maternelle du Duc de Lorraine Léopold I.

IV. RENE'E DE LORRAINE, mariée à Mario Sforce II. du nom, Duc d'Ognano & de Segni, Comte de Sancta-Fior, &c. oncle de Fréderic Sforce III. du nom, Duc de Cesarini, dont la fille Olimpia Sforce mariée à Scipion de Capua, Prince de Venasco, en a eu Béatrix de Capua, mariée à Léopold - Marc, Marquis de Ligniville, Général dans les troupes de l'Empereur, tué en Italie à l'attaque du poste de Colorno le 1. Juin 1734.

I I.

HENRI DE LORRAINE, Duc de Mayenne & d'Aiguillon, Pair & Grand-Chambellan de France, Chevalier des Ordres du Roi, & Gouverneur de Guienne, se jetta sous la minorité de Louis XIII. dans le parti des Seigneurs mécontens du crédit qu'avoit alors à la Cour le Marêchal d'Ancre; il fut assiegé dans Soissons, & ne fit son accommodement qu'après la mort du Marêchal en 1617. Dans le feu de ces troubles, le Prince de Condé qui étoit à la tête des Mécontens, ayant cru devoir s'appuyer des Huguenots, avoit conclu avec eux un traité que le Duc de Mayenne refusa constamment de souscrir, quelqu'avantageux qu'il fut d'ailleurs pour le parti qu'il avoit embrassé. Héritier du zèle de ses Ancêtres pour la Religion Catholique, il protesta en cette occasion qu'aucun motif ne pourroit l'engager à rien faire dont l'hérésie put tirer avantage. Il se déclara aussi en 1620. pour la Reine Marie

rie de Médicis opprimée alors par l'ascendant qu'avoit pris
sur l'esprit du Roi, le Duc de Luynes, fait peu de tems
après Connêtable de France. Ces démêlés ne durèrent pas.
L'année suivante le Duc à la tête d'un fort petit corps de
troupes, assiégea Nérac où les Huguenots étoient au moins
en aussi grand nombre. La Ville fut prise le 7. de Juillet.
Ce Prince ne se distingua pas moins au siége de Montauban que le Roi faisoit en personne. Mais son courage intrépide qui lui avoit acquis tant de réputation dans le cours
de cette guèrre, l'emporta trop loin dans cette occasion.
Il fût tué dès le commencement du siége le 17. Septembre 1621. Il ne laissa point d'enfans de Marie de Gonzague, seconde fille de Louis Duc de Nevers, qu'il avoit
épousée l'an 1599.

BRANCHE D'AUMALE.

I.

CLAUDE DE LORRAINE, Duc d'Aumale,
Pair, Grand-Veneur, & Colonel-Général de la Cavalerie légère de France, troisième fils de Claude premier
Duc de Guise, s'accoutuma dès sa plus tendre jeunesse aux
travaux de la guèrre. Il servit d'abord en Italie l'an 1551.
Chargé l'année suivante par le Duc de Guise son frère d'observer Albert Marquis de Brandebourg, qui avec un corps
assez nombreux de troupes, se tenoit aux environs de Metz,
sans qu'on sçut s'il se déclareroit pour le Roi ou pour
l'Empereur qui venoit former le siége de cette Ville, le
Duc d'Aumale ne le perdant point de vûë empêcha qu'il ne
fit des ravages en Lorraine. Le Marquis se voïant serré de
près, se déclara pour Charles-Quint dès qu'il le sçut arrivé
devant Metz. Comme les troupes du Duc le gênoient, il
résolut de s'en débarrasser. Dans le combat qui se livra près
de St. Nicolas, la petite armée du Duc eut d'abord l'avantage. Mais le Marquis ayant fait envisager à ses gens la
nécessité

nécessité qu'il y avoit pour eux de périr s'ils ne s'ouvroient un passage l'épée à la main ; leur terreur se changea en désespoir. Ils fondirent avec impétuosité sur les ennemis, & les mirent en déroute. Le Duc lui-même, après avoir fait des prodiges de valeur, & tué de sa main un grand nombre d'ennemis, accablé enfin par le nombre, blessé de trois coups de pistolet, & ayant eu son cheval tué sous lui, fut contraint de se rendre, & conduit au camp de l'Empereur. Il ne tarda pas à obtenir sa liberté, & servit ensuite avec distinction aux principaux siéges, & aux batailles les plus mémorables des règnes de Henri II, de François II, & de Charles IX. Victime enfin de son courage & de son zèle contre l'hérésie, il fut tué d'un coup de canon au siége de la Rochelle le 14. Mars 1573.

De Louise de Brezé, Dame d'Anet son épouse, fille de Louis de Brezé, Comte de Maulevrier, &c. Grand-Sénéchal de Normandie, & de Diane de Poitiers, Duchesse de Valentinois, il eut,

I. HENRI DE LORRAINE, Comte de St. Valier, mort l'an 1559. à l'âge de dix ans.

II CHARLES DE LORRAINE, Duc d'Aumale.

III. CLAUDE DE LORRAINE, dit le Chevalier d'Aumale, Abbé du Bec, & Général des Galères de Malthe, Prince d'un courage impétueux & intrépide. Il fut regardé comme l'épée de la Ligue dans le tems que le Duc de Mayenne en étoit le bouclier. L'ardeur de se signaler le précipitoit dans tous les endroits les plus périlleux. Son génie entreprenant lui en fournissoit souvent l'occasion. S'étant mis à la tête des Ligueurs de Paris pour s'emparer de St. Denis, il s'avança la nuit sur le glacis du fossé, passa les murailles abbatuës en divers endroits, & fit ensuite entrer ses gens au nombre de huit cent fantassins, & de deux cent cavaliers par l'une des portes. Le Gouverneur de la Place accourut au bruit avec sept Gentilhommes affidés ; il menoit avec lui un Trompette à qui il ordonna de sonner la marche comme si ç'eut été un corps nombreux de cavalerie. Les ténèbres empêchant qu'on ne distinguât rien, la terreur se répandit dans la troupe du

Chevalier

Chevalier d'Aumale : le Gouverneur s'étant jetté en même tems au travers des ennemis, acheva de les mettre en déroute. Le Chevalier pourſuivi juſques dans une Auberge, y fut tué ſans être reconnu, le 3. Janvier 1591. Il étoit dans ſa vingt-huitième année.

IV. MADELEINE-DIANE DE LORRAINE, épouſa François de Luxembourg, Duc de Piñey, dont elle eut Henri Duc de Luxembourg, aïeul de Madeleine-Charlotte-Bonne-Théreſe de Clermont, Ducheſſe de Luxembourg, qui porta ce Duché dans la Maiſon de Montmorency-Boutteville.

V. ANTOINETTE-LOUISE, Abbeſſe de Nôtre-Dame de Soiſſons.

VI. MARIE, Abbeſſe de Chelles.

I I.

CHARLES DE LORRAINE, Duc d'Aumale, Pair, & Grand-Veneur de France, Chevalier des Ordres du Roi, & Gouverneur de Picardie, porta les armes dès ſa jeuneſſe pendant les guèrres civiles de France. Il ſe trouva avec le Duc Henri I. de Guiſe ſon couſin, à l'attaque des Reitres à Vimori. Malgré l'affection ſingulière du Roi Henri III. pour lui, il s'attacha fortement au parti des Ligueurs ; il commandoit l'aîle gauche de leurs troupes à la bataille d'Ivry gagnée ſur eux par le Roi Henri IV. Il contribua auſſi beaucoup à obliger ce Monarque de lever les ſiéges de Paris & de Rouen. Après la paix il fut le ſeul des Princes de ſa Maiſon qui refuſât de ſe ſoumettre au Roi. Il paſſa au ſervice d'Eſpagne, ſe trouva au ſiége d'Amiens, & mourut à Bruxelles l'an 1618. Il ne laiſa de ſon mariage avec Marie de Lorraine-Elbeuf ſa couſine, que la Princeſſe Anne de Lorraine, Ducheſſe d'Aumale, Comteſſe de Maulevrier, mariée l'année de la mort de ſon père, à Henri de Savoïe I. du nom, Duc de Nemours.

BRANCHE

BRANCHE D'ELBEUF.

I.

RENE' DE LORRAINE , Marquis d'Elbeuf, dernier fils de Claude premier Duc de Guise, fit ses premières armes sous le Grand François Duc de Guise son frère aîné. Il s'enferma avec lui dans Metz pour défendre cette Place contre l'Empereur Charles-Quint. Il eut le commandement de cinq mille Suisses dans l'armée que ce Prince conduisit en Italie l'année suivante. La perte de la bataille de St. Quentin en 1557, le fit revenir en France avec le Duc son frère, déclaré en cette occasion Lieutenant-Général de l'Etat. Après la mort du Grand-Prieur, le quatrième de ses frères, il fut fait Général des Galères de France, & servit avec zèle contre les Huguenots jusqu'à sa mort arrivée l'an 1566.

Il avoit épousé Louise de Rieux , Comtesse de Harcourt, Dame de Rieux & d'Ancenis, fille de Claude I. Sire de Rieux, Comte de Harcourt , & de Susanne de Bourbon-Montpensier. Il en eut,

I. CHARLES DE LORRAINE I. du nom, Duc d'Elbeuf.

II. MARIE , alliée à Charles de Lorraine , Duc d'Aumale.

I I.

CHARLES DE LORRAINE I. du nom, Duc d'Elbeuf, Comte de Harcourt , de Lillebonne & de Rieux, Pair, Grand-Ecuyer & Grand-Veneur de France, Chevalier des Ordres du Roi, fut très-bien auprès de Henri III. qui en 1581. érigea son Marquisat d'Elbeuf en Duché-Pairie , & le fit Chevalier de ses Ordres l'année suivante. Soupçonné ensuite d'avoir eu part aux desseins de Henri I. Duc de Guise son cousin, il fut arrêté à Blois le jour du meur-

tre

tre de ce Prince. Il fit sa paix avec le Roi Henri IV. en 1594.
En lui soumettant le Poitou, il stipula que l'exercice de la
Religion Catholique seroit rétabli à la Rochelle, à Fon-
tenai, à Niort, & en quelques autres Places de ces quartiers. Il fut confirmé dans le Gouvernement de cette Province par ce Monarque, qu'il servit fidèlement jusqu'à sa
mort arrivée en 1605. Ce Prince distingué par son goût
pour les beaux arts, s'étoit sur tout appliqué à la Musi-
que & à la Poësie Françoise. Il réüssit même dans ces deux
genres d'amusemens.

Il laissa de Marguerite Chabo son épouse, fille & héritière d'Eléonor Chabot, Comte de Charnay & de Busançois,
Grand-Ecuyer de France, les enfans qui suivent,

I. CHARLES DE LORRAINE II. du nom,
Duc d'Elbeuf.

II. HENRI DE LORRAINE, Comte de Harcourt, tige de la branche d'Armagnac.

III. CLAUDE-ELEONORE DE LORRAINE, Dame
de Beaumênil, mariée à Louis Gouffier, Duc de Rouän-
nés, morte l'an 1654.

IV. HENRIETTE, Abbesse de Nôtre-Dame de
Soisson, morte l'an 1669. dans sa 77me année.

V. FRANÇOISE, morte sans alliance en 1626.
âgée de 27. ans.

I I I.

CHARLES DE LORRAINE II. du nom, Duc
d'Elbeuf, Pair de France, Comte de Harcourt, de
Lillebonne & de Rieux, Chevalier des Ordres du Roi, &
Gouverneur de Picardie, partagea avec le Comte de Harcourt son frère, le riche héritage de la Maison de Rieux.
Dans la guèrre que fit le Roi Louis XIII. aux Huguenots,
le Duc d'Elbeuf battit le 1. Février 1622. un corps de leurs
toupes, commandé par le Marquis de la Force. Il assiégea
ensuite, & força le dernier jour du même mois, la Ville de
Montravelle dans le Périgord. Il forma peu de tems après
le siége de Tonneins, battit deux fois le secours que Mr.

de

de la Force voulut y jetter, prit la Place & la réduifit en cendres pour venger les cruautés commifes par les Calviniftes lorfqu'ils s'étoient emparés de ce Château. Au commencement des démêlés de Gafton, frère unique du Roi Louis XIII. avec ce Monarque, ou plutôt avec le Cardinal de Richelieu fon Miniftre, ce Prince s'attacha à Gafton; il fut en conféquence déclaré criminel de lèze-majefté, & dépouillé de fes emplois. Il fit fa paix l'année fuivante, & fut rétabli dans fes biens. L'autôrité du Cardinal Mazarin pendant la minorité du Roi Louis XIV. ayant excité parmi les Grands du Roïaume, le même mécontentement qu'avoit caufé fous le régne précédent celle du Cardinal de Richelieu, le Duc d'Elbeuf, dans la guèrre de Paris, qui fuivit en 1648 la journée des barricades, fut nommé par le Parlement, un des Généraux des troupes levées contre le Miniftre. Cette guèrre peu digne des grands noms qui y prirent part, finit l'année fuivante par l'amniftie générale que le Roi accorda à ceux qui l'avoient excité. Au Sacre de ce Monarque le Duc d'Elbeuf repréfenta le Comte de Flandres. Il mourut l'an 1657, ayant eu de Catherine-Henritette de Bourbon, fille naturelle du Roi Henri IV,

I. CHARLES III. Duc d'Elbeuf.

II. HENRI, Abbé d'Homblières, mort en 1648, dans fa vingt-fixième année.

III. FRANCOIS DE LORRAINE, Comte de Harcourt, tige de cette branche.

IV. FRANCOIS-MARIE, tige de la branche de Lillebonne.

V. CATHERINE, Religieufe au Port-Roïal, morte l'an 1645.

VI. MARIE-MARGUERITE-IGNACE, dite Mademoifelle d'Elbeuf, Dame du Palais de la Reine, morte fans alliance le 7. Août 1679, âgée de 50. ans.

IV.

I V.

CHARLES DE LORRAINE III. du nom, Duc d'Elbeuf, Pair de France, Chevalier des Ordres du Roi, Gouverneur de Picardie, ayant pris part avec le Duc son père aux troubles excités pendant la minorité de Louis XIV, se jetta en 1649. dans Montreüil qu'il maintint dans le parti des Frondeurs. Il avoit alors dix-neuf ans. Il mourut l'an 1692. Il avoit épousé en premières nôces Anne-Elisabeth, Comtesse de Lannoy, fille unique de Charles Comte de Lannoy, Chevalier des Ordres du Roi, morte en 1654. Il prit une seconde alliance en 1659. avec Elisabeth de la Tour d'Auvergne, fille aînée de Frédéric-Maurice Duc de Boüillon, morte le 23. Octobre 1680. Il se maria en troisième nôces en 1684. avec Françoise de Montaut, fille & héritière de Philippe de Montaut, Duc de Navailles, Maréchal de France.

Il eut des enfans de ces trois mariages. Du premier vinrent,

I. CHARLES DE LORRAINE, Chevalier de Malthe, mort l'an 1690. dans sa quarantième année.

II. ANNE-ELISABETH DE LORRAINE, mariée en 1669. avec Charles-Henri de Lorraine, Prince de Vaudémont, fils du Duc Charles IV.

Du second lit sortirent,

I. HENRI DE LORRAINE, Duc d'Elbeuf.

II. LOUIS, Abbé d'Orcamp, mort en 1693. âgé de trente-un an.

III. EMMANUEL-MAURICE DE LORRAINE, dit le Prince d'Elbeuf, né le 20. Décembre 1677. Il passa au service de l'Empereur en 1706, commanda la Cavalerie de ce Monarque dans le Roïaume de Naples, & y épousa en 1713. la fille unique du Duc de Salsa. Il est revenu en France l'an 1719.

IV. MARIE-ELEONORE, Religieuse de la Visitation à Paris.

V. MARIE-FRANÇOISE, Religieuse du même Ordre.

Du

Du troifième lit, Charles III. eut Sufanne-Henriette de Lorraine, mariée en 1704. à Charles IV. de Gonzague, dernier Duc de Mantouë, mort fans enfans l'an 1708. & Louife-Anne-Radegonde de Lorraine, Abbeffe de l'Abbaïe Roïale de St. Saens, née le 10. Juillet 1689.

V.

HENRI DE LORRAINE, Duc d'Elbeuf, Pair de France, Lieutenant - Général des armées du Roi, Gouverneur de la Province de Picardie, & des Comtés d'Artois & de Hainaut, premier Prince du Sang de Lorraine, eft né le 7. d'Août 1661. Ce Prince fit fa première campagne en 1677, & fe trouva aux fiéges de Valenciennes & de Cambray, fervit l'année fuivante en qualité d'Aide de Camp du Roi à ceux de Lille & d'Ipres. Il eut la cuiffe caffée à ce dernier fiége. L'an 1688. il accompagna le Dauphin fils du Roi Louis XIV. au fiége de Philifbourg. Après la prife de Mons il fut fait Maréchal de Camp, fervit en cette qualité l'année fuivante à la prife de Namur, & combattit enfuite à la journée de Steinkerque. Il fe trouva auffi en 1693. à la bataille de Nerwinde, & au fiége de Charleroi, & donna par tout des preuves de fon courage. Trois ans après il fut déclaré Lieutenant-Général des armées du Roi. En 1698. il eut l'honneur d'époufer au nom du Duc Léopold I. la Princeffe Elifabeth-Charlotte d'Orléans, petite-fille de France. D'Anne-Charlotte de Rochechouart fon époufe, fille de Louis-Victor, Maréchal de Vivone, Duc & Pair de France, il n'a eu que Philippe Prince d'Elbeuf, qui allant reconnoître les ennemis près de Chivas en Piémont l'an 1705. fut tué d'un coup de piftolet à l'âge de 27. ans. Il n'avoit point été marié. Et Armande - Charlotte de Lorraine, née en 1683. morte fans alliance l'an 1706.

BRANCHE

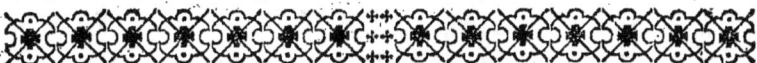

BRANCHE DE HARCOURT.

I.

FRANÇOIS DE LORRAINE, troisième fils de Charles II. Duc d'Elbeuf, fut Comte de Harcourt & de Rochefort, &c. Il épousa Anne d'Ornano, Comtesse de Montlaur, Marquise de Maubec, & Baronne d'Aubenas, fille de François - Alphonse d'Ornano, premier Ecuyer de Gaston de France Duc d'Orléans, & de Margu. de Montlaur. Il en eut,

I. ALPHONSE-HENRI-CHARLES DE LORRAINE, Prince de Harcourt.

II. CÉSAR, Comte de Montlaur, mort en Allemagne d'un coup de canon qui lui cassa l'épaule le 27. Juillet 1675.

III. CHARLES, dit l'Abbé de Harcourt, mort le 23. Mars 1683. âgé de 22. ans.

IV. MARIE-ANGELIQUE-HENRIETTE DE LORRAINE, mariée en 1671 à Nugno-Alvarès Pereira de Mello, Duc de Cadaval en Portugal, & morte en couches l'an 1674.

V. FRANÇOISE DE LORRAINE, Abbesse de Montmartre, morte en 1699. âgée de 42. ans.

I I.

ALPHONSE-HENRI-CHARLES DE LORRAINE, Prince de Harcourt, &c. suivit le Roi Louis le Grand dans sa conquête de la Hollande, & servit avec distinction les campagnes suivantes. Il fut choisi en 1679. pour accompagner en Espagne la Reine épouse de Charles II. fille de Philippe de France Duc d'Orléans, Père du Roi. Il passa ensuite au service de la République de Venise contre les Turcs, & y soutint toute la réputation de sa Maison. Il fut blessé l'an 1688. au siége

de

de Négrepont, & occupa l'année fuivante les paffages de l'Ifthme de Corinthe. Ce Prince mourut au mois de Février 1719. Il avoit époufé Françoife de Brancas, Dame du Palais de la Reine, fille aînée & héritière de Charles Comte de Brancas, Chevalier d'honneur de la Reine Anne d'Autriche, mère de Louis le Grand. Il en eut,

I. ANNE-MARIE-JOSEPH, Prince de Guife.

II. FRANÇOIS, Prince de Montlaur, mort l'an 1705. âgé de 21. ans.

III. FRANCOIS-MARIE, Prince de Maubec, bleffé & fait prifonnier à la bataille de Hochftet en 1704. mort au fiége de Turin en 1706. dans fa 20me. année.

I I I.

ANNE-MARIE-JOSEPH DE LORRAINE, Comte de Harcourt, de Montlaur & de St. Romaize, Marquis de Maubec, Baron d'Aubenas, de Montbonnet & d'Aygufe, Seigneur de Montpezat, de Miremonde & de Gratteloup, &c. connu fous le nom de Prince de Guife, nâquit le 30. Avril 1679. Il fut d'abord déftiné à l'état éccléfiaftique, & pourvû de quelques bénéfices; il s'en démit en 1705. en renonçant à cet état. En 1718. ce Prince ayant acheté quelques tèrres en Lorraine, le Duc Leopold I. y joignit quelques autres Seigneuries, & érigea le tout en Comté fous le nom de Guife fur Mofelle, renouvellant ainfi en fa faveur le nom de Guife éteint depuis 20. ans. Ce Prince époufa le 2. Juillet 1705. Marie-Louife-Chrêtienne Jeanin de Caftille, fille unique de Gafpard Marquis de Montjeu, morte l'an 1736. Il en a laiffé à fa mort arrivée le 29. Avril 1739,

I. LOUIS-MARIE-LEOPOLD DE LORRAINE, aujourd'hui Comte d'Harcourt, Prince de Guife, &c. né à Paris le 17. Décembre 1720.

II. LOUISE-HENRIETTE DE LORRAINE, mariée le 21. Mars 1725. avec Emmanuel Theodofe de la Tour d'Auvergne, Duc de Bouillon, mort le 17. Mai 1734.

V   Elle

Elle mourut à Paris le 31. Mars 1737, ne laiſſant qu'une fille née le 20. Décembre 1728.

III. ELISABETH-SOPHIE DE LORRAINE, mariée le 7. Avril 1734. à Louis-François-Armand de Wignerod du Pleſſis, Duc de Richelieu, Pair de France, &c.

BRANCHE DE LILLEBONNE.

FRANÇOIS-MARIE DE LORRAINE, Prince de Lillebonne, Damoiſeau de Commercy, quatrième fils de Charles II. Duc d'Elbeuf, né le 4. Avril 1627. épouſa en premières nôces Chriſtine d'Etrées, fille de François-Annibal Duc d'Etrées, Pair & Marêchal de France, morte trois mois après ſon mariage. En 1660. Charles IV. Duc de Lorraine, dans la vûë de s'attacher plus étroitement un Prince dans lequel il avoit reconnu beaucoup de génie, & de grands talens pour la guèrre, lui fit épouſer la Princeſſe Anne ſa fille. Il lui donna quatre ans après le commandement de ſes troupes contre l'Electeur Palatin. Le Prince de Lillebonne juſtifia pendant tout le cours de cette guèrre le choix du Duc ſon beaupère. Il battit en 1665. les troupes de l'Electeur près de Frankendal, & s'empara de leur camp. La paix entre le Duc & l'Electeur fut le fruit de cette victoire. Le Prince de retour en Lorraine, entra en poſſeſſion de la Tèrre de Commercy que Charles IV. venoit d'acheter pour lui du Cardinal de Retz pour la ſomme de cinq cent trente mille livres. L'Electeur Palatin ayant recommencé l'année ſuivante les hoſtilités dans le Comté de Falkenſtein que le Duc avoit acheté pour le Prince de Vaudémont ſon fils, le Prince de Lillebonne eut ordre de marcher de nouveau contre lui. Après divers échecs l'ennemi fut encore obligé de conſentir à un traité qu'il obſerva mal, quoique le Roi Très-Chrêtien y eut la principale part. Après ce traité le Roi ayant demandé à Charles IV. ſes troupes pour la guèrre de Flandres, le Prince ſon gendre en eut la conduite, & ſe diſtingua dans cette guèrre au ſiége de Douay

& de

& de Lille. La paix concluë à Aix-la Chapelle, fut suivie d'un ordre au Duc de licencier toutes ses troupes. A peine l'eut-il fait, que l'Electeur Palatin rentra en campagne à dessein de s'emparer de Landstoul & de Honec, Places que l'Empereur Ferdinand III. avoit confié au Duc. A la nouvelle du siége de la première de ces Places, Charles IV. ramassa à la hâte ce qu'il put de ses vieux soldats retournés alors à la culture de leurs terres; il y joignit quelques nouvelles milices. A la tête de cette armée qui ne montoit en tout qu'à près cinq mille hommes, la plûpart mal armé & plus mal habillés, le Prince de Lillebonne alla chercher les ennemis. Les troupes des deux partis se rencontrèrent auprès de Binghen. Les Palatins beaucoup plus nombreux, avoient résolu d'affamer la petite armée du Prince qui n'en fut que plus déterminé à leur livrer bataille. Elle se donna le 26. Juin 1668. La victoire du Prince fut complette. Les ennemis eurent deux mille hommes tués dans l'action, mille blessés, & quatre cent faits prisonniers. Le Prince ayant passé la nuit sur le champ de bataille, envoya un Trompette à l'Electeur pour lui dire que s'il vouloit prendre sa revanche il lui laisseroit choisir le champ de bataille. Il ne reçut point de réponse; ainsi après avoir ruïné le païs ennemis, comme faute d'artillerie il étoit hors d'état de s'emparer de quelque Place où il put se maintenir, il fut contraint de revenir hiverner en Lorraine. Le Roi obligea l'année suivante les deux partis à désarmer. Le Prince de Lillebonne passa alors au service de France, & fut fait quelque tems après Lieutenant-Général des armées du Roi. Il mourut l'an 1694. laissant d'Anne légitimée de Lorraine, sa seconde femme,

I. CHARLES-FRANÇOIS DE LORRAINE, Prince de Commercy. Il s'attacha au service de l'Empereur l'an 1684, & vint joindre en Hongrie le Duc Charles V, chef de sa Maison. Il fut blessé l'année suivante en repoussant les Infidèles sortis de Neuhausel, & se trouva ensuite à la bataille de Strigonie. Il servit aussi avec distinction en 1686, & fut blessé dans un assaut donné à la Ville de Bude pendant le premier siége de cette Place. A la bataille de

Mohatz

Mohatz donnée en 1687. il paſſa dans le camp des ennemis avec les premières troupes de cavalerie. Un Janiſſaire qu'il avoit bleſſé ayant jetté ſon enſeigne par tèrre, & le Prince étant deſcendu de cheval pour la ramaſſer, deux Janiſſaires vinrent dans le moment fondre ſur lui. Il tua le premier, & fut bleſſé par le ſecond. Il fallut lui arracher avec violence le fer qui lui étoit reſté dans le corps ; il ne quitta pas pour cela ſon enſeigne qu'il apporta lui-même au Duc de Lorraine. Il fallut même toute l'autorité de ce Prince pour l'engager à ſe retirer. Il ſe trouva la campagne ſuivante au ſiége de Belgrade, & y fut encore bleſſé d'un éclat de bombe. En 1689. après le ſiége de Mayence, il fut envoyé par le Duc de Lorraine pour porter à l'Empereur la nouvelle de la priſe de cette importante Place. A la bataille de Luzzara en 1702, il chargea juſqu'à quatre fois à la tête de l'aîle droite de l'armée Imperiale, avec cette intrépidité qui lui avoit déja couté tant de ſang. Il périt en cette occaſion à l'âge de 41. ans, ſans avoir été marié.

II. JEAN-FRANÇOIS DE PAULE DE LORRAINE, fut tué dans l'armée Françoiſe à la bataille de Nerwinde dans ſa vingt-huitième année.

III. BEATRIX-HIERONYME DE LORRAINE, élûë Abbeſſe de Remiremont en 1711, morte à Paris le 9. Février 1738. dans ſa ſoixante & ſeizième année.

IV. ELISABETH DE LORRAINE, mariée en 1691. à Louis de Melun Prince d'Epinoy.

BRANCHE D'ARMAGNAC.

I.

HENRI DE LORRAINE, Comte de Harcourt, d'Armagnac & de Brionne, Vicomte de Marſan, Chevalier des Ordres du Roi, Grand Ecuyer de France, Sénéchal de Bourgogne, Gouverneur d'Anjou, &c. ſecond fils de Charles I. de Lorraine Duc l'Elbeuf, fut un des plus grands Capitaines de ſon tems. Il commença à ſe

faire connoître à la bataille de Prague en Bohême l'an 1620.
Revenu en France il servit en qualité de Volontaire dans
les guerres contre les Huguenots, & se trouva aux siéges
fameux de St. Jean d'Angely, de Montauban, du Fort de
l'Isle de Rhé & de la Rochelle. Il se signala en 1629. à
l'attaque du pas de Suze, & continua dans la suite à rendre à l'Etat les services les plus importans. Envoyé en
1636. en Provence pour s'opposer aux entreprises des Espagnols qui s'étoient emparés des Isles voisines, il fit le
21. Février de l'année suivante une descente dans l'Isle
de Sardaigne, prit la Ville d'Oristan & la mit au pillage.
Se portant ensuite sur les Isles de Ste. Marguerite & de St.
Honorat, il en chassa les ennemis après leur avoir tué quinze cens hommes. Sa réputation croissant de jour en jour
par le succès de ces vigoureuses expéditions, le Roi ne tarda pas à l'emploïer dans des occasions encore plus importantes. Chargé en 1639. du commandement de l'armée
Françoise en Piémont à la place du Cardinal de la Valette
dont le peu de capacité y avoit mis les affaires en très-
mauvais état, il attaqua auprès de Quiers l'armée ennemie
commandée par le Prince Thomas de Savoïe. Ce Prince
avec le Marquis de Leganés Général des Espagnols, s'étoient
postés de façon qu'ils coupoient les vivres au Comte. Il
ne pouvoit se retirer qu'en passant entre les deux corps d'armée dont chacun étoit plus fort que le sien. Pour se dégager il partit de nuit avec tant d'ordre & de secret, que Leganés n'eut avis de sa marche que lorsqu'il étoit déjà aux
mains avec le Prince Thomas qui avoit voulu s'y opposer.
La cavalerie Espagnole accourut, mais l'armée du Prince
ayant été rompuë, elle fut aisément repoussée. La perte
des ennemis monta en cette occasion à plus de trois mille
hommes. L'année suivante le Général Espagnol fut encore
plus maltraité. Il assiégeoit Casal depuis vingt jours, le
Comte marcha à lui, força ses lignes, lui fit périr plus de
cinq mille hommes tués ou noïés, prit douze piéces de
canon, & presque tout le bagage. Cette action de vigueur
fut d'autant plus glorieuse, que les ennemis se trouvoient
presque de moitié plus forts. Le Comte alla aussi-tôt mettre

le

le siége devant Turin dans le dessein d'affamer cette Capitale. Il n'avoit que dix mille hommes, nombre à peine suffisant pour garnir les lignes de circonvallation qu'il fallut
faire. Leganés les ayant attaqué le 11. Juillet, fut repoussé
avec perte. Il prit donc le parti d'affamer la petite armée
du Comte, ce qui donna alors un spectacle dont il n'y a
point d'exemple dans l'histoire. La Citadelle étoit assiégée
par le Prince Thomas maître de la Ville; la Ville l'étoit
par le Comte de Harcourt, & ce Comte se trouvoit lui-
même assiégé dans son camp par le Marquis de Leganés.
Attaqué tous les jours par l'armée de ce Général, &
inquiété par les fréquentes sorties des troupes qui se trouvoient dans la Ville aussi nombreuses que les siennes, il
ne laissa pas cependant de venir à bout de son entreprise.
La Ville lui fut renduë le 24. Septembre. Cette conquête
fit tant d'honneur au Comte, que le brave & célèbre Jean
de Werth, dit en l'apprenant, qu'il *aimeroit mieux être*
Général Harcourt qu'Empereur. Il ne borna pas-là ses exploits. Le 15. Mai de l'année suivante il obligea le Prince
Thomas à lever le siége de Chivas, & emporta au mois de
Septembre la Ville de Coni, Place importante pour assurer
la communication avec la Provence. En 1643. il fut envoïé en Angleterre par la Reine mère de Louis XIV. pour
travailler à appaiser par sa médiation les troubles qui agi-
toient cet Etat. L'acharnement des Parlementaires contre le
Roi Charles I, rendit cette négociation infructueuse. Deux
ans après le Comte nommé Viceroi de Catalogne, battit les
Espagnols entre Llorens & Balaguer, leur tua mille hommes, & fit deux mille prisonniers. Il prit ensuite au mois
d'Octobre la dernière de ces Places. Le siége de Lerida fut
moins heureux, il fut contraint de le lever l'an 1646.
& d'abandonner son canon avec une partie de son bagage.
Le Prince de Condé essuïa l'année suivante devant cette
Place le même sort. En 1649. le Comte de Harcourt
commandant en chef l'armée de Flandres pendant les troubles de la minorité de Louis XIV. auquel il demeura toujours fidèle, défit auprès de Valenciennes un corps de troupes du Duc de Lorraine Charles IV. alors joint aux Espagnols,

gnols, il leur tailla enfuite en pièces huit cent chevaux
entre Douai & St. Amand, en furprit deux mille peu de
jours après, & prit Condé en deux jours de tranchée. Il
fut nommé deux ans après Général de l'armée deftinée à
agir contre le Prince de Condé, que fon mécontentement
du Cardinal Mazarin venoit de porter à prendre ouverte-
ment les armes pour commencer la guèrre civile. Il obligea ce Prince à lever le fiége de Cognac, & prit fur les
Rebelles la tour de St. Nicolas de la Rochelle où ils s'é-
toient fortifiés. Mais mécontent lui même du Cardinal, il
fe retira l'année fuivante en Alface dont il avoit été fait
Gouverneur quelques années auparavant, & s'empara de la
Ville de Philifbourg qu'il rendit depuis au Roi. Ce Monarque au lieu du Gouvernement d'Alface lui donna celui d'Anjou. Il mourut fubitement dans l'Abbaïe de Roïaumont le
25. Juillet 1666. âgé de 66. ans.

Il avoit époufé Marguerite-Philippe du Cambout, veuve
du Cuc de Puylaurens, & fille de Charles du Cambout,
Baron du Pontchâteau, Chevalier des Ordres du Roi. Il
en eut,

I. LOUIS, Comte d'Armagnac.

II. PHILIPPE, dit le Chevalier de Lorraine, Abbé
de St. Jean des Vignes, de St. Benoît fur Loire, de Ti-
ron, &c. Chevalier des Ordres du Roi, mort le 8. Décembre 1702. âgé de 59. ans.

III. ALPHONSE-LOUIS DE LOR. Chevalier
de Malthe, Abbé de Roïaumont, & Général des Galères
de la Religion, dit le Chevalier de Harcourt, mort en
1689. âgé 45. ans.

IV. RAIMOND-BERENGER DE LOR. Ab-
bé de St. Faron de Meaux, né en 1647. mort en 1689.

V. CHARLES DE LOR. Comte de Marfan, tige
de cette branche.

VI. ARMANDE-HENRIETTE DE LOR.
Abbeffe de Nôtre-Dame de Soiffon, née en 1640. morte
en 1684.

II.

I. I.

LOUIS DE LORRAINE, Comte d'Arma-
gnac, de Charny & de Brionne, Chevalier des Ordres du Roi, Grand-Ecuyer de France, Sénéchal de Bourgogne, Gouverneur d'Anjou, né l'an 1641, se trouva à
l'âge de seize ans à la prise des Villes de Tournai, de
Douai & de Lille, & l'année suivante à la conquête de
la Franche-Comté. Il se distingua aussi dans la guerre de
Hollande, sur tout au siége de Zutphen, & continua de
servir en Flandres les campagnes suivantes. Il mourut le
13. Juin 1718. âgé de 77. ans.

De son épouse Catherine de Neufville, fille de Nicolas
Duc de Villeroi, Pair & Maréchal de France, il avoit eu,

I. HENRI DE LOR. II. du nom, Comte de
Brionne.

II. FRANÇOIS-ARMAND DE LOR. Abbé
de Roïaumont & de St. Faron de Meaux, Primat de Nancy, & Evêque de Baïeux, mort le 9. Juin 1728.

III. CAMILLE DE LOR. Maréchal de Camp des
armées du Roi, Grand Maréchal de Lorraine, mort l'an
1715. sans alliance âgé de 49. ans. Il avoit fait en Allemagne la campagne de 1688. & les suivantes, à la tête d'un
régiment de cavalerie.

IV. LOUIS-ALPHONSE-IGNACE DE LOR.
dit le Bailli d'Armagnac, servit sur mer en 1690. & les
années suivantes en qualité de Chef d'Escadre. Il fut tué
au combat naval près de Malaga en Espagne l'an 1704.
âgé de 29. ans.

V. ANNE-MARIE DE LOR. Abbé de la Chai-
se & de Montirandé, mourut de la petite-vérole à Monaco le 19. Octobre 1719, dans sa trente-deuxième année.

VI. CHARLES DE LOR. Comte d'Armagnac,
dit le Prince Charles, Grand-Ecuyer de France, Chevalier
des Ordres du Roi, & Lieutenant-Général de ses armées,
né le 22. Février 1684. fut fait Mestre-de-Camp d'un régiment de cavalerie par la démission du Prince Camille son
frère

frère en 1702, Brigadier des armées du Roi en 1704, Maréchal de Camp en 1708, & Lieutenant-Général en 1712. Il s'étoit trouvé peu auparavant à la déroute des ennemis près de Denain, & l'année précédente au combat de Harleux, & y avoit donné des preuves de son courage. Il épousa le 22. Mai 1717. Françoise-Adelaïde de Noailles, fille d'Adrien-Maurice Duc de Noailles, Pair & Maréchal de France, & de Françoise d'Aubigné. Il n'en a point d'enfans.

VII. MARGUERITE DE LOR. épousa en 1675. Nugno-Alvarés-Pereira de Mello, Duc de Cadaval, Marquis de Ferreira, &c. dont elle fut la troisième femme. Elle mourut le 16. Décembre 1730.

VIII. MARIE DE LOR. fut mariée à Antoine de Grimaldi, Prince de Monaco, Duc de Valentinois, &c. Elle mourut l'an 1724. dans sa cinquante-unième année.

IX. CHARLOTTE DE LOR. dite Mademoiselle d'Armagnac, née le 6. Mai 1678.

III.

HENRI DE LORRAINE II. du nom, Comte de Brionne, Chevalier des Ordres du Roi, Grand-Ecuyer de France en survivance, né le 15. Novembre 1661, mourut avant son père le 3. Avril 1713. Il avoit accompagné Louis Dauphin de France au siége de Philisbourg en 1688. Il laissa de Marie-Madeleine d'Epinay, fille & héritière de Louis Marquis d'Epinay & de Broon, &c. son épouse.

I. LOUIS II. Prince de Lambesc.

II. MARIE-LOUISE DE LOR. dite Mademoiselle de Brionne, morte sans alliance le 18. Octobre 1724. dans sa trente-unième année.

X   IV.

I V.

LOUIS II. DE LORRAINE, Prince de Lambefc, Comte de Brenne & de Brionne, Baron de Pontarci, de Mareüil, de la Vieille-Tour, d'Orgon, &c. Grand-Sénéchal héréditaire de Bourgogne, Gouverneur & Lieutenant-Général pour le Roi de la Province d'Anjou, Ville & Château d'Angers, & du Pont de Cé, né le 13. Février 1692. fervit d'abord dans les Moufquetaires du Roi. Il fut fait enfuite Meftre-de-Camp d'un régiment de cavalerie par la démiffion du Prince Charles de Lorraine fon oncle en 1708. Il fe trouva l'année fuivante à la tête de fon régiment à la bataille de Malplaquet, & y reçut trois coups de fabre fur la tête. Il a époufé Jeanne-Henriette-Marguerite de Durfort, fille de Jacques-Henri Duc de Duras, dont il a

LOUIS-CHARLES DE LOR. Comte de Brionne, Gouverneur, & Lieutenant-Général pour le Roi de la Province d'Anjou, par démiffion du Prince fon père. Il eft né au mois de Septembre 1725. Le 2. Février 1740. il époufa Louife-Charlotte de Grammont, morte à Paris le 2. du même mois de cette année 1742. dans fa 17me. année.

BRANCHE DE MARSAN.

I.

CHARLES DE LORRAINE, Comte de Marfan, Sire de Pons, Prince de Mortagne, &c. Chevalier des Ordres du Roi, cinquième fils de Henri I, Comte de Harcourt & d'Armagnac, né le 8. Avril 1648. fervit avec réputation fur-tout aux fiéges de Maftricht & de Befançon, fuivit le Roi Louis le Grand à ceux de Mons & de Namur; mourut l'an 1708.

Il avoit époufé en premières nôces, en 1683. Marie d'Albret, veuve de Charles-Amanjeu d'Albret, Sire de Pons, Prince de Mortagne, & fille unique de Céfar-Phébus

bus

bus d'Albret, Comte de Mioſſens, &c. Il n'en eut point
d'enfans, & ne laiſſa pas de recueillir la riche ſucceſſion de
cette Maiſon, dont cette Dame étoit l'unique héritière. Il
prit une ſeconde alliance en 1696, avec Catherine-Thérèſe
de Matignon, Marquiſe de Lonré, veuve de Jean-Baptiſte
Colbert, Marquis de Seignelay, Miniſtre & Secretaire d'E-
tat, & fille de Henri de Matignon, Comte de Thorigni.
Il en a laiſſé,

I. CHARLES-LOUIS DE LOR. Prince de Pons.

II. JACQUES-HENRI DE LOR. Prince de Li-
xim, Marquis d'Ambleville, &c. Grand-Maître de la Maiſon
du Duc de Lorraine, Chevalier des Ordres du Roi, & Me-
ſtre de Camp d'un régiment de cavalerie au ſervice de France, né à Paris le 24. Mars 1698, mort au ſiége de Philiſ-
bourg l'an 1734, ſans laiſſer d'enfans de ſon mariage avec
Margueritte-Gabrielle de Beauvau, fille de René-Marc,
Marquis de Beauvau, Prince de Craon, & de Marguerite
de Ligniville.

I I.

CHARLES-LOUIS DE LORRAINE,
Sire de Pons, Prince de Mortagne, Souverain de Be-
deilles, Marquis de Mirembeau & d'Ambleville, Baron de
Coraze, de Mioſſens & de Gerderetz, &c. né le 21. Octobre 1696, & connu ſous le nom de Prince de Pons, fit
en 1717, la campagne de Hongrie, & fut fait à ſon retour
Colonel d'un régiment d'infanterie petit-vieux-corps, dont
il s'eſt démis en faveur du Comte de Marſan ſon fils. Il fut
reçu Chevalier des Ordres du Roi l'an 1724. D'Eliſabeth
de Roquelaure, fille de Gaſton-Jean-Baptiſte Duc de Roquelaure, Marêchal de France, il a eu,

I. GASTON JEAN-BAPTISTE CHARLES
DE LOR. Comte de Marſan, né le 7. Février 1721.

II. LOUIS-JOSEPH, Chevalier de Lorraine, né le
5. Octobre 1724, mort en 1727.

III. LOUIS-CAMILLE DE LOR. né le 18. Décembre 1725.

IV.

IV. LEOPOLDINE-ELISABETH-CHAR-
LOTTE DE LOR. née le 2 Octobre 1716. reçuë Cha-
noinesse à Remiremont en 1727, & mariée le 1. Mars 1733.
avec Joachim de Zuniga, Soto-Mayor, Comte de Belalca-
zar, fils du Duc de Bejar, Grand d'Espagne, Chevalier de la
Toison d'or, & Major-Dome Major du Prince des Asturies.

V. LOUISE-HENRIETTE-GABRIELLE DE
LOR. Demoiselle de Marsan, née le 30. Octobre 1718.

VI. FRANCOISE-MARGUERITE DE
LOR. Demoiselle de Mirembeau, née le 1. Janvier 1723.

F I N.

www.ingramcontent.com/pod-product-compliance
Lightning Source LLC
Chambersburg PA
CBHW062213270326
41930CB00009B/1722